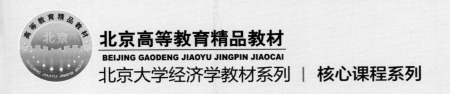

北京大学经济学教材系列 | 核心课程系列

2nd Edition
INTERNATIONAL TRADE

国际贸易

（第二版）

李权 著

图书在版编目(CIP)数据

国际贸易/李权著. —2 版. —北京:北京大学出版社,2014.10
(北京大学经济学教材系列)
ISBN 978-7-301-24826-3

Ⅰ.①国… Ⅱ.①李… Ⅲ.①国际贸易—高等学校—教材 Ⅳ.①F74

中国版本图书馆 CIP 数据核字(2014)第 216943 号

书　　　名：国际贸易(第二版)
著作责任者：李　权　著
策 划 编 辑：郝小楠
责 任 编 辑：马　霄
标 准 书 号：ISBN 978-7-301-24826-3/F·4052
出 版 发 行：北京大学出版社
地　　　址：北京市海淀区成府路 205 号　100871
网　　　址：http://www.pup.cn
电 子 信 箱：em@pup.cn　　QQ:552063295
新 浪 微 博：@北京大学出版社　@北京大学出版社经管图书
电　　　话：邮购部 62752015　发行部 62750672　编辑部 62752926　出版部 62754962
印 刷 者：北京富生印刷厂
经 销 者：新华书店
　　　　　787 毫米×1092 毫米　16 开本　14.75 印张　336 千字
　　　　　2005 年 10 月第 1 版
　　　　　2014 年 10 月第 2 版　2014 年 10 月第 1 次印刷
印　　　数：0001—3000 册
定　　　价：32.00 元

未经许可,不得以任何方式复制或抄袭本书之部分或全部内容。
版权所有,侵权必究
举报电话:010-62752024　电子信箱:fd@pup.pku.edu.cn

编委会名单

丛书主编：孙祁祥

编　　委：（按汉语拼音排序）

　　　　　董志勇　何小锋　林双林　平新乔
　　　　　宋　敏　王跃生　叶静怡　章　政
　　　　　郑　伟

总　序

在经济全球化趋势不断强化和技术进步对经济活动的影响不断深化的时代,各种经济活动、相关关系和经济现象不是趋于简单化,而是变得越来越复杂,越来越具有嬗变性和多样性。如何对更纷繁、更复杂、更多彩的经济现象在理论上进行更透彻的理解和把握,科学地解释、有效地解决经济活动过程中已经存在的、即将面对的一系列问题,是现在和未来的各类经济工作者需要高度关注的重要课题。

北京大学经济学院作为国家教育部确定的"国家经济学基础人才培养基地"和"全国人才培养模式创新实验区",一直致力于不断地全面提升教学和科研水平,不断吸引和培养世界一流的入学学生及毕业生,不断地推出具有重大学术价值的科研成果,以创建世界一流的经济学院。而创建世界一流经济学院,一个必要条件就是培养世界一流的经济学人才。我们的目标是让学生能够得到系统的、科学的、严格的专业训练,系统而深入地掌握经济学学习和研究的基本方法、基本原理和最新动态,为他们能够科学地解释和有效地解决他们即将面对的现实经济问题奠定基础。

基于这种认识,北京大学经济学院在近年来深入总结了人才培养各个方面的经验教训,在全面考察和深入研究国内外著名经济院系本科生、硕士研究生、博士研究生的培养方案以及学科建设和课程设置经验的基础上,对本院学生的培养方案和课程设置等进行了全方位改革,并组织编撰了"北京大学经济学教材系列"。

编撰该系列教材的基本宗旨是:

第一,学科发展的国际经验与中国实际的有机结合。在教学的实践中我们深刻地认识到,任何一本国际顶尖的教材,都存在一个与中国经济实践有机结合的问题。某些基本原理和方法可能具有国际普适性,但对原理和方法的把握则必须与本土的经济活动相联系,必须把抽象的原理与本土鲜活的、丰富多彩的经济现象相联系。我们力争在该系列教材中,充分吸收国际范围内同类教材所承载的理论体系和方法论体系,在此基础上,切实运用中国案例进行解读和理解,使其成为能够解释和解决学生遇到的经济现象和经济问题的知识。

第二,"成熟的"理论、方法与最新研究成果的有机结合。教科书的内容必须是"成熟"或"相对成熟"的理论和方法,即具有一定"公认度"的理论和方法,不能是"一家之言",否则就不是教材,而是"专著"。从一定意义上说,教材是"成熟"或"相对成熟"的理论和方法的"汇编",所以,相对"滞后"于经济发展实际和理论研究的现状是教材的一个特点。然而,经济活动过程及其相关现象是不断变化着的,经济理论的研究也在时刻发生着变化,我们要告诉学生的不仅仅是那些已经成熟的东西,而且要培养学生把握学术发展最新动态的能力。因此,在系统介绍已有的理论体系和方法论基础的同时,本系列教材还向学生介绍了相关理论及其方法的创新点。

第三,"国际规范"与"中国特点"在写作范式上的有机结合。经济学在中国发展的

"规范化""国际化""现代化"与"本土化"关系的处理,是多年来学术界讨论学科发展的一个焦点问题。本系列教材不可能对这一问题作出确定性的回答,但是在写作范式上,却争取做好这种结合。基本理论和方法的阐述坚持"规范化""国际化""现代化",而语言的表述则坚守"本土化",以适应本土师生的阅读习惯和文本解读方式。

本系列教材的作者均是我院主讲同门课程的教师,各教材也是他们在多年教案的基础上修订而成的。自2004年本系列教材推出以来至本次全面改版之前,共出版教材18本,其中有6本教材入选国家级规划教材("九五"至"十二五"),4本获选北京市精品教材及立项,多部教材成为该领域的经典,形成了良好的教学与学术影响,成为本科教材的品牌系列。

在北京大学经济学院成立100周年之际,为了更好地适应新时期的教学需要以及教材发展要求,我们特对本系列教材进行全面改版,并吸收近年来的优秀教材进入系列,以飨读者。当然,我们也深刻地认识到,教材建设是一个长期的动态过程,已出版教材总是会存在不够成熟的地方,总是会存在这样那样的缺陷。本系列教材出版以来,已有三分之一的教材至少改版一次。我们也真诚地期待能继续听到专家和读者的意见,以期使其不断地得到充实和完善。

十分感谢北京大学出版社的真诚合作和相关人员付出的艰辛劳动。感谢经济学院历届的学生们,你们为经济学院的教学工作作出了特有的贡献。

将此系列教材真诚地献给使用它们的老师和学生们!

北京大学经济学院教材编委会
2013年3月

前　言

本版教材全面、系统地阐释了国际贸易经典理论、政策运用及实践发展,并以中美贸易为典型案例,分析并揭示了传统国际贸易的特征、内生的障碍及其进一步拓展的必要性。与前一版相比,第二版教材的新特点主要体现在三个方面:

第一,在内容上,根据十年来国际贸易发展的新形势,在系统梳理经典理论和政策的基础之上,增补了国际要素流动、贸易便利化、国际贸易谈判等方面的最新趋势分析,例如人才流动的方向性变化及其重要意义、巨型区域合作组织的发展格局及中国的对策、现代国际贸易谈判的"正和模式"及实现路径等。

第二,在结构上,根据多年教学实践经验,按照国际贸易理论——政策——实践——经典案例分析的逻辑进行阐述,深入浅出地展示了国际贸易的知识体系及其现实运用。

第三,在教学模式上,综合借鉴国际、国内经典教材,博采众长,并结合课堂教学的实践经验,进一步探索案例教学和互动式启发教学的应用。

非常感谢北京大学出版社对本教材的修订工作给予的支持,在本书的写作过程中,郝小楠编辑、马霄编辑提出的富有建设性的意见和一丝不苟的工作使我受益匪浅。近三十年来,国内外的学术前辈和学届同行、北京大学和其他很多高校的师生对我从事国际贸易的教学和研究工作给予了莫大的激励和宝贵的启发。在此,特向各位致以最诚挚的感谢。

第二版教材在上一版的基础上查遗补缺,修改了一些错误和不足之处,但仍难免有所疏漏,恳请广大读者指正。

李权
2014 年 9 月

目 录

引言 ……………………………………………………………………… (1)

第一篇　国际贸易的经典模型及理论拓展

第一章　单一要素的古典模型 …………………………………………… (9)
　　第一节　绝对优势与比较优势 ……………………………………… (9)
　　第二节　两国模型 …………………………………………………… (11)
　　第三节　多个国家、多种产品模型 ………………………………… (13)

第二章　两要素的新古典模型 …………………………………………… (17)
　　第一节　H-O 模型及其推论 ………………………………………… (17)
　　第二节　要素基础上的贸易制约 …………………………………… (25)
　　第三节　H-O 模型面临的挑战及其解释 …………………………… (29)

第三章　规模经济理论 …………………………………………………… (32)
　　第一节　报酬递增与国际贸易 ……………………………………… (32)
　　第二节　静态分析：规模经济与国际贸易相互促进 ……………… (38)
　　第三节　动态分析：历史与技术的作用 …………………………… (39)

第四章　国际贸易理论的拓展 …………………………………………… (42)
　　第一节　需求因素与技术周期 ……………………………………… (42)
　　第二节　要素流动与服务贸易 ……………………………………… (43)
　　第三节　信息技术更新贸易模型 …………………………………… (47)

第五章　贸易保护的经典理论 …………………………………………… (50)
　　第一节　贸易保护的经济原理 ……………………………………… (50)
　　第二节　贸易保护的政治及社会目标 ……………………………… (54)

第二篇　国际贸易的政策运用及新型贸易秩序

第六章　WTO 概述 ……………………………………………………… (61)
　　第一节　WTO 总体框架 …………………………………………… (61)
　　第二节　WTO 的制度分析 ………………………………………… (63)

第七章　关税 ……………………………………………………………… (72)
　　第一节　关税的经济影响 …………………………………………… (73)
　　第二节　WTO 的关税制度 ………………………………………… (76)

目录

第八章　数量限制 ………………………………………………………………… (80)
　　第一节　进口配额 …………………………………………………………… (80)
　　第二节　"自愿"出口限制 …………………………………………………… (82)

第九章　"不公平"贸易 …………………………………………………………… (86)
　　第一节　补贴与反补贴 ……………………………………………………… (86)
　　第二节　倾销与反倾销 ……………………………………………………… (91)

第十章　其他非关税措施 ………………………………………………………… (99)
　　第一节　政府采购及行政措施干预 ………………………………………… (99)
　　第二节　技术和环境措施 …………………………………………………… (102)

第十一章　地区经济集团 ………………………………………………………… (106)
　　第一节　地区经济集团的发展态势 ………………………………………… (106)
　　第二节　地区经济集团的经济学原理 ……………………………………… (109)

第三篇　国际贸易的交易完成及微观制度特征

第十二章　贸易规则 ……………………………………………………………… (119)
　　第一节　合同的成立及贸易术语的选用 …………………………………… (120)
　　第二节　物流运作：国际货物和保险 ……………………………………… (127)
　　第三节　资金流运作：国际货款的收付 …………………………………… (132)

第十三章　贸易方式 ……………………………………………………………… (137)
　　第一节　进出口贸易与三角贸易 …………………………………………… (137)
　　第二节　直接贸易与间接贸易 ……………………………………………… (140)
　　第三节　品牌服务与贸易便利化 …………………………………………… (144)

第十四章　贸易谈判 ……………………………………………………………… (147)
　　第一节　博弈论与谈判 ……………………………………………………… (147)
　　第二节　信息论与谈判 ……………………………………………………… (153)
　　第三节　商务文化与谈判 …………………………………………………… (156)

第四篇　综合案例分析：中美贸易的模式及转型

第十五章　传统中美贸易的驱动与制约因素分析 ……………………………… (161)
　　第一节　要素驱动型传统中美贸易 ………………………………………… (161)
　　第二节　规模经济与中美贸易 ……………………………………………… (165)

第十六章 传统"要素驱动"模式的欠缺与拓展 …… (168)
    第一节 实证研究质疑"技术扩散负作用论" …… (168)
    第二节 技术扩散中"需求因素"理应强化 …… (172)
    第三节 "信息产业"要求"需求方规模经济" …… (174)

第十七章 "要素驱动"向"技术驱动"转型 …… (177)
    第一节 新型世界经贸秩序强调"技术驱动" …… (177)
    第二节 网络经济要求贸易模型的新陈代谢 …… (181)

第十八章 中美贸易的转型与展望 …… (186)
    第一节 中美贸易模式转型的方向 …… (186)
    第二节 中美贸易模式转型的进程 …… (189)
    第三节 中美贸易模式转型的前景 …… (191)
    第四节 中美贸易趋势观测和政策建议 …… (194)

主要参考文献 …… (197)

附录一 局部均衡分析和一般均衡分析 …… (200)

附录二 相关数据资料 …… (209)

附录三 部分专栏及案例分析思考题解题思路 …… (217)

引言

国际贸易在中国有着悠久的历史渊源。早在汉唐时期,"丝绸之路"就沟通了东西方的经济和文化。如今,由中国、哈萨克斯坦、吉尔吉斯斯坦联合申报的"丝绸之路"已成为首例跨国申报成功的世界文化遗产。中国已经成为全球货物贸易第一大国,海关总署的数据显示:2014年上半年中国对外贸易逐步回暖,以人民币计算进出口总额12.4万亿元,其中出口6.5万亿元,进口5.9万亿元,顺差6 306.1亿元,收缩6.5%;以美元计价的进出口总额增长1.2%,出口增长0.9%,进口增长1.5%;2014年5月,中国对外贸易总额从4月份的下降1.4%转为上升1.5%,6月份进一步上升5.6%;一般贸易平稳增长,占中国对外贸易的55%;加工贸易有所下降,约占中国对外贸易的31.6%。

2009年7月开始,跨境人民币结算开始运行。海关总署的数据显示:如今中国对外贸易的11.7%已经使用跨境人民币结算。2013年9月29日,中国上海自由贸易试验区(简称上海自贸区)正式运行,其首要任务是加快政府职能的转变,一系列改革措施展示了中国外贸政策转型与升级的新态势。2014年巴西世界杯充分体现了中国元素及其变化:从百万余只世界杯吉祥物"弗莱古",到里约热内卢的高质量城铁线路列车,再到世界杯赛场上"中国英利"的醒目标志,"中国制造"正在走向"中国智造"。中国对外贸易从政策制度、商品结构到地域结构的转型与升级已成为进行时。

一、什么是国际贸易

国际贸易是国家(地区)与国家(地区)之间的贸易。在WTO的成员中,除了独立的主权国家之外,还有单独关税区。因此在政治意义上统一的中国代表了WTO四个独立的成员方:中国内地、中国香港地区、中国澳门地区和中国台湾地区,而WTO事务中的"中国"则仅代表中国内地。

进一步剖析国际贸易这一基本概念,首先要理解"国际"的含义,为此我们比较国际贸易与国内贸易、国际贸易与对外贸易、国际贸易与世界贸易这三组基本概念。国际贸易与国内贸易的划分标准是"国籍"还是地理上的"国界"呢?答案是后者。这有助于我们理解为什么美国巨额的贸易逆差与其强大的综合国力和高消费同时存在。在美国的对外贸易中,有相当大的比例是其跨国公司内部的交易,因此逆差造成的"流失"的美元中有相当大的比例仍然控制在"美国人"手中。

国际贸易与对外贸易的内涵基本上是一致的,但两者考察的角度不同:前者是从全球视角考察国家(地区)与国家(地区)之间的贸易,后者则是从一方角度考察某个国家(地区)与其他国家(地区)之间的贸易。

国际贸易与世界贸易之间的区别和联系,我们应从WTO的基本原则——非歧视原则出发。该原则包含了两个方面:最惠国待遇原则要求每一成员方平等地对待不同的外来产品和服务提供者;国民待遇原则要求每一成员方给予外来产品和服务提供者的相关待遇不得低于本国产品和服务提供者。由此可见,WTO作为世界贸易秩序的规则不仅包括"国际"范畴,而且包括"国内"领域。因此,世界贸易是国际贸易与国内贸易的总和。

"贸易"一词在英文字典中的解释是关于生产、分配和交换的商务,或其中的任何分支。在世界贸易发展的历程中,贸易的概念伴随经济、文化、生活方式的变迁经历了从狭义到广义的拓展。传统的贸易仅针对货物贸易和物流配送,但现代的贸易理念已经获得了极大的丰富。WTO的基本范畴涵盖了货物贸易、服务贸易以及与贸易有关的知识产权等三大领域。

专栏1

GATS 和 TRIPs 的基本范畴

WTO 的《服务贸易总协定》(General Agreement on Trade in Services, GATS)规范了四种形式的服务贸易:跨境提供(Cross-border Supply)、境外消费(Consumption Abroad)、商业存在(Commercial Presence)、自然人移动(Movement of Personnel)。

WTO 的《与贸易有关的知识产权协定》(Trade-Related Aspects of Intellectual Property Rights, TRIPs)涵括了七个方面的知识产权:版权和相关权利(Copyright and Related Rights)、商标权(Trademarks)、地理标识(Geographical Indications)、工业设计(Industrial Designs)、专利(Patent)、集成电路布局设计(Layout-Designs of Integrated Circuits)、未公开信息(Undisclosed Information)。

二、国际贸易产生的经济原理

国际贸易的产生和发展并不是纯粹的经济现象,它往往有其历史、文化甚至宗教的渊源,并与政治因素也有着密切的关系。这里运用微观经济学的基本方法,着重从经济层面进行分析。

在局部均衡分析①的基础模型当中,供给曲线与需求曲线的交点决定了均衡的价格和产量,如图1所示,这是自给自足的经济,没有对外贸易。

当引入国际市场时,如果国际市场价格与国内均衡价格 P_0 不同,图1的均衡会被打破。

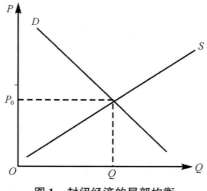

图1 封闭经济的局部均衡

---

① 详见附录一。

如图 2 所示,当国际价格 P_w 低于 P_0 时,需求大于供给,国内供不应求的部分由进口来补充;反之,当国际价格 P'_w 高于 P_0 时,供给大于需求,超量的供给出口到国际市场。这样,进出口就产生了。

进出口对一国的福利会产生什么影响? 在图 2 的进口图示中,$P_w < P_0$,消费者剩余增加了 $(a+b)$,生产者剩余减少了 $(-a)$,社会净福利增加了 $(+b)$。在图 2 的出口图示中,$P'_w > P_0$,消费者剩余减少了 $(-c)$,生产者剩余增加了 $(c+d)$,社会净福利增加了 $(+d)$。由此可见,无论进口还是出口,都会使一国社会净福利增加。

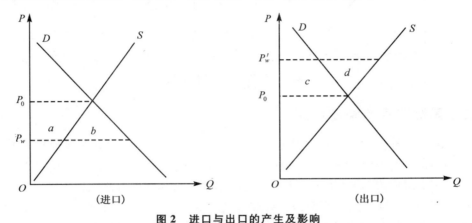

图 2 进口与出口的产生及影响

在一般均衡分析①中,如图 3 所示,无差异曲线和生产可能性曲线的切点 A 决定了一国的消费和生产状况。在该点上经济自给自足,没有进出口。

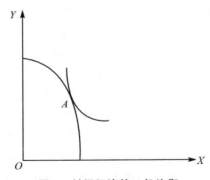

图 3 封闭经济的一般均衡

当引入国际市场时,由于各国封闭状态下的商品价格不同,商品流向相对高价的区域,直到形成统一的国际均衡价格。各国的生产和消费状况随之发生改变,国际均衡价格与生产可能性曲线的切点决定了新的生产点;无差异曲线移动到与国际均衡价格相切的位置,其切点是新的消费点。

图 4 考察了在贸易平衡的情况下两个贸易伙伴的进出口情况及福利状况的变化。在国际均衡价格下,生产点从原来的 A、B 分别移向 A'、B',消费点从原来的 A、B 分别移向 C、D,两国的贸易三角分别为 △A'EC 和 △B'FD。贸易双方的无差异曲线都向离原点更

---

① 详见附录一。

远的方向移动,代表了贸易的获利和"双赢"的结果。

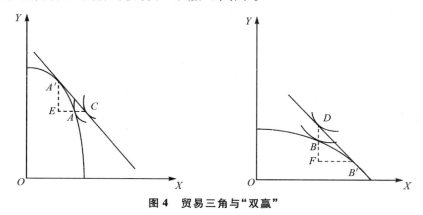

图 4 贸易三角与"双赢"

三、国际贸易的制度特征

就宏观层面而言,第二次世界大战以后,从关贸总协定(GATT)到世界贸易组织(WTO)的多边贸易体制逐渐扩大。1947 年 23 个缔约方签署了《关税与贸易总协定》,2001 年年底中国成为 WTO 第 143 个成员方。多边贸易体制四分之三以上的成员方是发展中国家,中国"入世"后,一直努力探寻如何更好地发挥其应有的积极作用,推动世界贸易秩序向更为公平、合理的方向发展。借助 WTO 的争端解决机制,中国近年来在许多重大经贸问题上有效地解决了贸易纠纷。例如 2011 年 7 月,被誉为"中国起诉欧盟第一案"的"紧固件案"中国胜诉,中国的诉求直接指出欧盟原来的《反倾销基本法》的相关条款违反了 WTO 规则,并要求对欧盟如何履行裁决提出具体的执行建议,获得了 WTO 的支持。2014 年 7 月 8 日,WTO 作出终裁,美国一项针对中国 24 类产品的反补贴反倾销措施违反 WTO 规则,驳回了美方的上诉请求,涉案中国产品年出口金额逾 72 亿美元。

对于"入世"后的中国而言,为了更好地制定发展战略,必须明确在多边贸易体制下单边、双边、多边关系的基本定位。单边贸易制度指一国(地区)独立地行使本国(地区)政策、法律的制度,其典型的代表是美国贸易法中的"301 条款",它赋予美国政府单边报复的权利。WTO 成立之后,欧盟等成员方进行投诉,认为这种单边报复制度违背了 WTO 争端解决机制的基本要求。WTO 的裁决认定,"301 条款"本身并不违背多边义务,但美国政府在实施该条款时应该遵守其在乌拉圭回合上签署的"行政措施陈述",在争端解决机制的框架下进行。该案例说明,WTO 并非超国家的机构,它尊重各成员方独立的主权,但它也表明,WTO 规则对于各成员方具有宪法性的地位,各成员方应调整本国(地区)的政策法令,使之与其在多边贸易体制下的基本义务相吻合。

此外,与多边贸易体制并驾齐驱,甚至有着更迅猛发展态势的是区域经济与贸易合作。从 GATT 到 WTO,一直明文规定不得阻止成员方建立地区经济集团,或签署以此为目标的临时性合作协定;但同时也规定,在合作的过程中,各成员方不得提高对外保护程度。地区经济集团的组建有助于削减多边贸易谈判的交易成本,也有助于提高相对弱小国家(地区)的谈判地位。中国"入世"以后,在履行多边贸易体制下基本义务的同时,也在积极寻求建立经贸合作集团。

中国对外贸易在双边贸易发展方面也取得了显著成绩,海关总署的数据显示,2014

年上半年中国主要双边贸易额总体呈现上升趋势：中欧贸易额 1.79 万亿元，上升 9.6%，占中国对外贸易总额的 14.4%；中美贸易额 1.57 万亿元，上升 2.8%，占中国对外贸易总额的 12.7%；中国与东盟贸易额 1.35 万亿元，上升 2.6%，占中国对外贸易总额的 10.9%；中日贸易额 0.93 万亿元，上升 1.3%，占中国对外贸易总额的 7.5%；内地与香港地区贸易额 0.98 万亿元，略有下降，占内地对外贸易总额的 7.9%。

从微观层面来考察，国际贸易中交易的完成有其独特的制度特征。在长期的国际贸易实践中，形成了象征性交货的贸易惯例，即买方的付款针对卖方提交的全套合格单据，而不是货物本身，货物在运输途中的风险由买方承担。下面的章节将进一步详细阐述国际贸易交易完成的主要环节和象征性交货的制度特征。

第一篇 国际贸易的经典模型及理论拓展

第一章 单一要素的古典模型

本章概要

萨缪尔森将比较优势理论誉为经济学中最深刻的真理之一。本章系统介绍了比较优势理论的基本含义及其对国际贸易的基石作用,并分析了古典模型的框架特征。

此外,本章还重点探讨了两国模型的拓展问题,从而为中国外贸从双边到多边视角的发展提供了理论依据。

学习目标

1. 理解比较优势的含义。
2. 掌握两国模型的分析。
3. 了解多国、多产品的分析方法。
4. 实证检验与现实意义。

古典国际贸易理论包括亚当·斯密的绝对优势理论和大卫·李嘉图的比较优势理论,其共同特征是建立在劳动力这一单一要素的框架基础之上。

第一节 绝对优势与比较优势

古典国际贸易理论认为,绝对优势与比较优势是国际贸易产生和发展的原因,每个国家应集中生产自己有绝对/比较优势的产品,进口自己没有绝对/比较优势的产品,其结果是贸易的双方都能获利。

一、亚当·斯密的绝对优势理论

亚当·斯密在1776年出版的《国富论》中有一段精辟的阐述:如果一件物品的购买费用小于自己生产的成本,那么就不应该自己生产,这是每一位精明的家长都知道的格言,裁缝不想自己制作鞋子,而向鞋匠购买;私人家庭中理性行为的道理在国家行为中很难是荒唐的,如果一个国家能以比我们低的成本提供商品,我们最好用自己有优势的商品与它们进行交换。

绝对优势的确定是从商品生产中需要投入的要素绝对量出发,如果一国生产某商品需要投入的劳动时间比较少,则该国在该产品上具有绝对优势。

以英国和葡萄牙生产棉布和酒为例,如果两国生产两种产品的单位量需要投入的劳动时间如表1.1所示。

表 1.1　绝对优势示例

	棉布（1 单位）	酒（1 单位）
英	80	120
葡	90	80

表 1.1 显示，英国生产棉布需要投入的劳动时间比较少，因此在棉布生产上具有绝对优势；葡萄牙在酒的生产上需要投入的劳动时间比较少，因此在酒的生产上具有绝对优势。英国应该集中生产和出口棉布，进口酒；葡萄牙应该集中生产和出口酒，进口棉布；其结果是贸易双方都能获利。

另一方面，根据绝对优势理论，如果两国之间不能形成绝对优势与绝对劣势之间的交叉分工，则不可能产生贸易机会。

表 1.2 显示，英国在棉布和酒两种产品上都没有绝对优势，属于"绝对劣势国家"；葡萄牙在两种产品上都具有绝对优势，属于"绝对优势国家"；根据绝对优势理论，两国之间不可能产生贸易机会。

表 1.2　"绝对优势国家"与"绝对劣势国家"

	棉布（1 单位）	酒（1 单位）
英	100	120
葡	90	80

二、大卫·李嘉图的比较优势理论

李嘉图在 1817 年出版的《政治经济学与赋税原理》一书中对比较优势作出了精彩的解释：英国的情形可能是生产棉布需要 100 个人劳动一年，而如果酿制葡萄酒则需要 120 个人劳动同样长的时间。因此，英国发现通过出口棉布来进口葡萄酒对自己比较有利。葡萄牙生产葡萄酒可能只需要 80 个人劳动一年，而生产棉布却需要 90 个人劳动一年。因此，对葡萄牙来说，出口葡萄酒以交换棉布是有利的。即使葡萄牙进口的商品在本国制造时所需要的劳动少于英国，这种交换仍然会发生。虽然葡萄牙能够以 90 个人的劳动生产棉布，但它宁可从一个需要 100 个人的劳动生产的国家进口棉布。对葡萄牙来说，与其挪用种植葡萄的一部分资本去织造棉布，还不如用该资本来生产葡萄酒，因为由此可以从英国换得更多的棉布。因此，英国将以 100 个人的劳动产品交换 80 个人的劳动产品。[①]

从这段著名的论述中可以体会到比较优势的含义：如果一国生产某种产品的相对生产成本比较低，则该国在该产品上具有比较优势。相对生产成本 $C_A = \dfrac{L_A/Q_A}{L_B/Q_B}$，其中 A、B 代表两种产品，$L_A$、$L_B$ 分别表示两种产品生产中投入的劳动时间，Q_A、Q_B 分别表示两种产品的产量。例如，根据表 1.2，两国生产两种产品的相对生产成本如表 1.3 所示。

---

① 参见海闻、P.林德特、王新奎著，《国际贸易》，上海人民出版社，2003 年版。

表 1.3　相对生产成本比较

	棉布(1 单位)	酒(1 单位)
英	5/6	1.2
葡	9/8	8/9

表 1.3 显示，英国生产棉布的相对生产成本比较低，葡萄牙生产酒的相对生产成本比较低，因此英国在棉布生产上具有比较优势，葡萄牙在酒的生产上具有比较优势。贸易的格局是英国集中生产和出口棉布、进口酒；葡萄牙集中生产和出口酒、进口棉布。

新古典经济学时期引入了"机会成本"的概念，即在资源一定的条件下，多生产 1 单位某种产品必须放弃另一种产品的生产，所放弃的另一种产品数量就是多生产 1 单位产品的机会成本。一国生产某产品的机会成本比较低，则该国在该产品生产上具有比较优势。

比较优势概念的最早提出者是罗伯特·托伦斯(Robert Torrens)，他在 1815 年发表的《关于玉米对外贸易的论文》中指出：与波兰相比，英国在制造业和玉米生产上都有绝对优势，但英国集中生产棉布，可以从波兰换取比自己生产更多的玉米。李嘉图是第一个用具体数字来说明比较优势原理的经济学家，四个"富有魔力"的数字使得李嘉图成为比较优势理论的代表人物。

保罗·克鲁格曼在《国际经济学》(第五版)中指出，应注意避免对比较优势概念的几种误解：其一，劳动生产率和竞争力论，即认为只有一个国家的生产率达到足以在国际竞争中立足的水平时，它才能从自由贸易中获利；其二，贫民劳动论，即认为外国低工资产品的不公平竞争会损害本国的利益；其三，剥削论，即认为与高工资国家进行贸易会使低工资国家受到剥削并使福利恶化。克鲁格曼指出：第一种观点误解了比较优势概念"相对性"的特点；第二种观点忽视了比较优势概念的本质特征——本国生产 A 产品换取 B 产品比直接生产 B 产品更有利、更便宜；第三种观点应该考虑到如果没有贸易和分工，低工资国家的福利状况可能更糟。

萨缪尔森在其流行于世的《经济学》教科书中指出：比较优势是经济学中最深刻的真理之一，它为国际贸易奠定了坚不可摧的基础，任何忽视比较优势的国家在经济增长和人民生活方面都会付出沉重的代价。

第二节　两国模型

古典模型在两个国家、两种产品的框架下阐述了绝对/比较优势下国际贸易和分工的基本格局。

一、基本假定

(1) $2 \times 2 \times 1$ 模型：两个国家、两种产品、一种要素投入(劳动力)；
(2) 生产技术不同导致劳动生产率的绝对/相对差异；
(3) 完全竞争的商品市场和要素市场；
(4) 生产要素在国内可以自由流动，在国际上不流动；

(5) 规模报酬不变;

(6) 没有运输成本和其他交易费用;

(7) 两国贸易平衡。

二、"双赢"结果

国际贸易和分工格局如图 1.1 所示。两国封闭经济下的一般均衡点分别在 A、B,国际贸易改变了交换比率,形成统一的国际均衡价格 TOT,使两国的生产点分别移向 A'、B',消费点分别移向 C、D,贸易三角①分别为 $\triangle A'EC$、$\triangle B'FD$。两国的无差异曲线均向离原点更远的方向移动,代表着贸易带来"双赢"的结果。

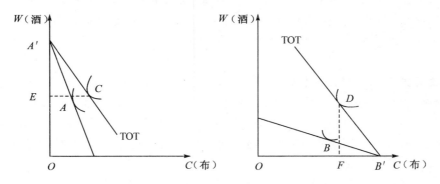

图 1.1 古典模型图示

贸易获利的构成如图 1.2 所示。A 点为封闭经济条件下的一般均衡点,过 A 点作国际价格 TOT 的平行虚线,与该虚线相切的是无差异曲线 2。无差异曲线从 1 到 2 的移动是生产状况不变、交换比率改变带来的获利,被称为交换所得;无差异曲线从 2 到 3 的移动是交换比率不变、生产状况改变带来的获利,被称为分工所得。交换所得与分工所得共同成为贸易获利的源泉。

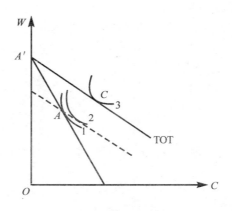

图 1.2 贸易获利的构成

---

① 贸易三角的两条直角边分别代表了进出口量。

三、国际均衡价格的决定

两国封闭经济条件下的价格确定了国际均衡价格的上下限,约翰·斯图亚特·穆勒的国际需求方程确定了贸易条件:出口品价值=进口品价值,一个国家生产的物品总是按该国全部出口品价值恰好抵偿全部进口品价值的规律与其他国家进行交换,这是供给=需求规律的延伸。

如图 1.3 所示,两国封闭经济条件下的价格分别为 1 和 4/3,提供能力分别为 OQ_1、Q_1Q_2,当价格为 1 时,国家 1 提供 OQ_1 的相对产量,当价格为 4/3 时,总相对产量中再加入国家 2 的 Q_1Q_2 部分,从而得到相对供给曲线 RS;RD 是产品的相对需求曲线,RD 与 RS 的交点决定了国际均衡价格。在一般情况下,国际均衡价格处于(1,4/3)之间,特殊情况下可能落在 1 或 4/3,这时一国实现完全专业化,而另一国则生产两种产品,但这并不改变基本结论:一国要实现专业化,必定分工生产自己具有比较优势的产品。

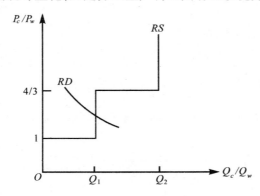

图 1.3 相对供需决定均衡价格

第三节 多个国家、多种产品模型

两国模型在双边贸易层面集中体现了古典理论的贸易和分工思想,而两国模型的拓展分析则有助于进一步理解贸易理念的现实运用。

一、两种产品和几个国家

令 a、b 分别代表两种产品的相对生产成本,$1,\cdots,n$ 分别代表 n 个国家,则可以排列出比较优势链:

$$\left(\frac{a}{b}\right)_1 < \left(\frac{a}{b}\right)_2 < \cdots < \left(\frac{a}{b}\right)_n$$

可以根据图 1.3 的原理确定国际均衡价格,如图 1.4 所示,相对供给(RS)与相对需求(RD)共同确定了国际均衡价格 P^*,

如果 $\left(\frac{a}{b}\right)_i < P^*$,则 i 国生产出口 a,进口 b;

如果 $\left(\frac{a}{b}\right)_j > P^*$,则 j 国生产出口 b,进口 a;

如果 $\left(\dfrac{a}{b}\right)_n = P^*$，则 n 国的进出口情况不确定。

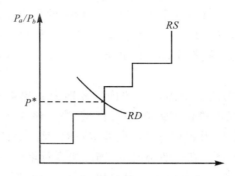

图 1.4　多国模型下的国际均衡价格

二、两个国家 m 种产品

令 A、B 分别代表两国单位产品的劳动投入情况，则可以形成比较优势链：

$$\left(\frac{A}{B}\right)_1 < \left(\frac{A}{B}\right)_2 < \cdots < \left(\frac{A}{B}\right)_m$$

萨缪尔森以供求关系决定论来解释两国分工和贸易格局：

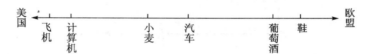

在美国与欧盟之间，比较优势的分布决定了美国生产飞机和计算机、欧盟生产鞋和葡萄酒，两国分工的界限是汽车还是小麦取决于国际市场的需求情况。例如国际市场对计算机需求旺盛，则美国会将更多的资源投入到计算机的生产上，而可能将汽车的生产让给欧盟。

克鲁格曼从相对工资的比较出发来确定分工的格局。令 w、w^* 分别表示美、欧的工资率，α_{Lj}、α_{Lj}^* 分别表示美、欧生产 j 产品的单位劳动投入，当满足 $w\alpha_{Lj} < w^*\alpha_{Lj}^*$ 时，美国将生产 j 产品；反之，欧盟将生产 j 产品。

图 1.5 显示了劳动力市场的相对供求均衡。为简化问题，假定劳动力的相对供给为 RS_L，劳动力的相对需求为 RD_L。随着美国相对工资的上升，对劳动力的相对需求减少；当相对工资上升到一定程度时，欧盟可以加入生产，对美国劳动力的相对需求急剧减少，出现水平线，这时两国都生产该产品。

图 1.5 中 RD_L 与 RS_L 的交点决定均衡的相对工资水平为 P^*，当 $\dfrac{\alpha_{Lj}^*}{\alpha_{Lj}} > P^*$ 时，美国生产 j 产品，否则欧盟生产 j 产品。水平线对应的纵轴截距是相应的两国相对劳动力成本 $\dfrac{\alpha_{Lj}^*}{\alpha_{Lj}}$，因此美国应专业化生产飞机、计算机和小麦，欧盟应专业化生产鞋、葡萄酒和汽车。

迈克·道格尔（G. D. A. Mac Dougall）以 1937 年为例，考察了美国与英国各行业的出口绩效与劳动生产率之间的关系。根据道格尔的估计，当时美英平均工资水平之比为

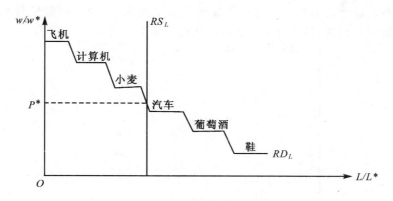

图 1.5 相对工资与专业分工

$w/w^* = 2/1$,通过对 25 个部门进行检验发现:首先,决定两国贸易模式的因素是比较优势而不是绝对优势;其次,有 20 个部门服从于假设检验,即克鲁格曼的相对工资与专业化分工格局——当 $\dfrac{\alpha_{Lj}^*}{\alpha_{Lj}} > 2$ 时,美英相应的出口之比大于 1;反之,则小于 1。

三、多个国家、多种产品[①]

埃奇沃斯引入技术系数 $\log a$、$\log b$、$\log c$、$\log d$、$\log e$ 分析了 2 个国家 5 种产品的贸易格局:

图 1.6(一)表示国家 1 的情况,O' 代表工资水平的自然对数 $\log w_1$;$O'a' = \log a_1 + \log w_1$,$O'b' = \log b_1 + \log w_1$,…,其中 a_1,b_1…代表国家 1 中 5 种产品的单位劳动投入。

图 1.6(二)表示国家 2 的情况,O'' 代表 $\log w_2$;$O''a'' = \log a_2 + \log w_2$,$O''b'' = \log b_2 + \log w_2$,…,其中 a_2,b_2…代表国家 2 中 5 种产品的单位劳动投入。

图 1.6(三)将两个国家合在一起进行比较,可以直观地考察到国家 1 应该生产和出口 a、b 两种产品,国家 2 应该生产和出口 d、e 两种产品,产品 c 的生产和分工格局不确定。

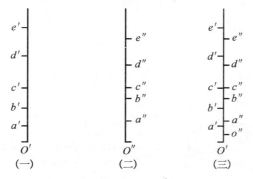

图 1.6 埃奇沃斯 2 国 5 种产品模型

[①] 参见〔意〕G. 甘道尔夫著,王小明等译,《国际经济学·第一卷:国际贸易纯理论》,中国经济出版社,1999 年版。

瓦伊纳在埃奇沃斯的框架下进一步探讨了多个国家、多种产品的贸易与分工情况，从图 1.7 中可以观察到，各国分工与贸易的格局如表 1.4 所示：

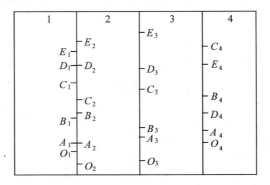

图 1.7　瓦伊纳 4 个国家 5 种产品模型

表 1.4　4 个国家 5 种产品贸易格局

	国家 1	国家 2	国家 3	国家 4
出口	A	B	C	D、E
进口	B、C、D、E	B、D、E	A、C、D、E	A、B、C

案例分析思考题

案例 1.1　泰格·伍兹应该自己修剪草坪吗？[①]

泰格·伍兹（Tiger Woods）是当代最天才的高尔夫球手之一，如果他自己修剪草坪，一定也能做得出类拔萃，并能节省大量时间。例如他只用 2 小时就能完成修剪工作，而同样的 2 小时如果用于拍摄运动广告，可以赚到 1 万美元；邻居佛瑞斯特·吉姆普能用 4 小时完成修剪工作，同样的 4 小时他可以在麦当劳工作挣 20 美元。理性的选择是伍兹应当雇用吉姆普修剪草坪，只要支付的工资在 20 美元到 1 万美元之间，双方都能获利。

请从本案例中体会比较优势的含义，以及比较优势与绝对优势的区别。

[①]　参见〔美〕曼昆著，梁小民译，《经济学原理》（第二版），北京大学出版社，2001 年版，第 56 页。

第二章 两要素的新古典模型

▐本章概要▐

本章系统介绍了诺贝尔经济学奖得主俄林及其导师赫克歇尔的要素禀赋理论，并分析了其主要的推论及短期中的利益分配问题。本章涉及新古典国际贸易理论的四大定理——H-O 模型及其三个推论，从贸易格局到要素变化，从短期利益分配到长期要素收益影响，全方位揭示了以要素为基础的国际贸易框架。

H-O 模型面临着实证检验及新的贸易现实的挑战，里昂惕夫之谜与新 H-O 模型成为其中的经典例证及拓展尝试。H-O 模型框架对现代国际贸易仍然具有重要意义。

▐学习目标▐

1. H-O 模型的基本含义和贸易获利分析。
2. 国际贸易对要素收益的影响。
(1) 从一国角度衡量，分为短期的特定要素模型和长期的斯图尔珀—萨缪尔森定理。
(2) 从两国角度衡量：H-O-S 定理。
3. 从动态角度理解要素禀赋的变化。
4. H-O 模型面临的挑战及其解释。

新古典国际贸易理论进一步纳入了资本要素，使贸易模型从单一要素拓展到两要素，从而与贸易实践有了更密切的联系。

第一节 H-O 模型及其推论

赫克歇尔(Heckscher)与俄林(Ohlin)是新古典要素禀赋理论的代表人物，所以该理论被称为 H-O 理论。

赫克歇尔在其 1919 年发表的《国际贸易对收入分配的影响》一文中指出：产生国际贸易的前提条件可以概括为相互进行交换的国家之间生产要素的相对稀缺程度（即生产要素的相对价格）和不同产品中所用生产要素的不同比例。

俄林在其 1933 年出版的《地区间贸易与国际贸易》一书中举了一个通俗的例子：澳大利亚土地供应丰裕，但人口稀少，同大多数其他国家相比，土地便宜而工资高，因而生产像羊毛这样需要土地多、劳动力少的产品是便宜的；同样，那些拥有较多熟练工人和充裕资本的地区，如果专门从事制造业，则会有利可图。

一、H-O 模型

H-O 模型揭示了要素禀赋理论的基本含义:不同国家拥有不同的要素禀赋,不同产品生产中的要素密集度不同,一个国家应该集中生产和出口在生产中密集使用本国充裕要素的产品,进口在生产中密集使用本国稀缺要素的产品,其结果是贸易双方都能获利。

这里涉及两个基本概念:要素禀赋是从国家层面考察,各国按照人均资本存量的不同,分为资本密集型国家和劳动密集型国家;要素密集度是从产品层面考察,根据各种产品在生产中需要投入的资本/劳动(K/L)比率不同,分为资本密集型产品和劳动密集产品。值得注意的是,要素禀赋和要素密集度都是相对的概念。另外,H-O 模型假定产品的要素密集度不变。

1. H-O 模型的基本假定

(1) $2 \times 2 \times 2$ 框架:两个国家(一个资本密集型国家,一个劳动密集型国家),两种产品 X 和 Y(一种资本密集型产品,一种劳动密集型产品),两种要素(一种资本 K,一种劳动 L);

(2) 生产技术不变;

(3) 两国消费偏好完全相同;

(4) 规模报酬不变;

(5) 生产要素在国内可以自由流动,在国际上不流动;

(6) 完全竞争的商品市场和要素市场;

(7) 无运输成本和其他交易费用;

(8) 两国贸易平衡。

2. 生产与分工的格局

(1) 充分就业关系式:

$$\alpha_{Kx} \cdot X + \alpha_{Ky} \cdot Y = K$$
$$\alpha_{Lx} \cdot X + \alpha_{Ly} \cdot Y = L \tag{2.1}$$

其中 α 为单位产品的投入。

(2) (2.1)式除以 L,变形求解得:

$$X/L = \frac{\alpha_{Ly} \cdot K/L - \alpha_{Ky}}{\alpha_{Kx} \cdot \alpha_{Ly} - \alpha_{Ky} \cdot \alpha_{Lx}}$$

$$Y/L = \frac{\alpha_{Kx} - \alpha_{Lx} \cdot K/L}{\alpha_{Kx} \cdot \alpha_{Ly} - \alpha_{Ky} \cdot \alpha_{Lx}}$$

$$\frac{X/L}{Y/L} = \frac{X}{Y} = \frac{\alpha_{Ly} \cdot K/L - \alpha_{Ky}}{\alpha_{Kx} - \alpha_{Lx} \cdot K/L} \tag{2.2}$$

(3) 对(2.2)式求导得:

$$\frac{\mathrm{d}(X/Y)}{\mathrm{d}(K/L)} = \frac{\alpha_{Ly} \cdot \alpha_{Kx} - \alpha_{Lx} \cdot \alpha_{Ly}}{(\alpha_{Kx} - \alpha_{Lx} \cdot K/L)^2}$$

$$= \alpha_{Lx} \cdot \alpha_{Ly} \cdot \frac{\alpha_{Kx}/\alpha_{Lx} - \alpha_{Ky}/L_y}{(\alpha_{Kx} - \alpha_{Lx} \cdot K/L)^2}$$

当 X 为资本密集型商品时，$\frac{\alpha_{Kx}}{\alpha_{Lx}} > \frac{\alpha_{Ky}}{\alpha_{Ly}}$，导数值为正，意味着 K/L 越大，商品 X 与 Y 的产出比率越高；当 X 为劳动密集型商品时，$\frac{\alpha_{Kx}}{\alpha_{Lx}} < \frac{\alpha_{Ky}}{\alpha_{Ly}}$，导数值为负，意味着 K/L 越小，商品 X 与 Y 的产出比率越高。

3. "双赢"结果

如图 2.1 所示，X、Y 分别代表劳动密集型和资本密集型产品，两国生产可能性曲线的位置和形状意味着一个是资本密集型国家，另一个是劳动密集型国家。封闭经济条件下两国的一般均衡点分别为 A、B；引入国际贸易之后，在国际均衡价格 TOT 下，两国生产点分别移向 A'、B'，消费点移向 C，形成贸易三角 $\triangle A'DC$ 和 $\triangle B'EC$。贸易的结果是无差异曲线向离原点更远的方向移动，意味着两国都获得了福利的增长。与古典模型的分析相似，贸易获利的构成由交换所得与分工所得两部分组成。

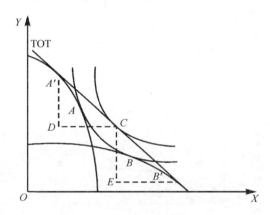

图 2.1　H-O 模型的"双赢"结果

4. 国际均衡价格的决定

在 H-O 模型框架下，国际均衡价格的决定可以根据提供曲线（Offer Curves）的分析方法进行。提供曲线是在不同国际交换比率下一国愿意出口的数量与能够进口的数量组合的轨迹。

图 2.2 描绘了提供曲线的推导及国际均衡价格的决定。在不同的国际交换比率下各国的贸易三角不同，将价格比率所确定的贸易三角放在一个平面内，则在不同价格线上能找到对应点，它表示在该价格水平下一国愿意出口的数量和能够进口的数量。每个国家这些点的轨迹分别形成了该国的提供曲线。两国提供曲线的交点与原点的连线即国际均衡价格，它位于封闭经济条件下两国产品相对价格（从原点出发与两国提供曲线相切的虚线的斜率）之间。提供曲线一般凹向进口轴，意味着随着进口量的增长，一国愿意放弃的出口商品会逐渐减少。

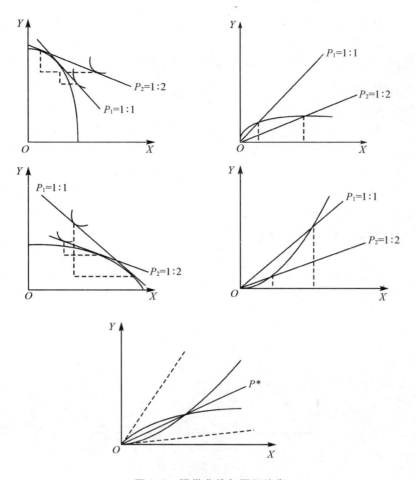

图 2.2 提供曲线与国际均衡

二、推论一:罗布津斯基定理

罗布津斯基(Rybczynski)定理指出:在商品相对价格不变的前提下,某一要素的增加会使密集使用该要素的商品生产增加,密集使用其他要素的商品生产减少,该国比较优势向密集使用要素增长的行业转移。

罗布津斯基定理解释了经济学中诸如"荷兰病"一类的现象。20 世纪 70 年代,欧洲北海地区发现了石油,荷兰的大量资源集中到石油开采行业,而制造业则发生了萎缩。这一现象在北海沿岸的其他欧洲国家曾相继出现。

罗布津斯基定理揭示了比较优势动态变化的规律。一个劳动密集型小国,随着经济发展中资本积累的速度快于劳动力增长的速度,其出口品中的资本含量会逐渐增加。该国劳动力要素的增长带来"出口扩张型"增长,资本要素的增长带来"进口替代型"增长。

（一）罗布津斯基定理的证明

（1）劳动与资本在各部门中的比例关系及总量由(2.3)式表示：

$$L_x + L_y = L$$
$$\rho_x \cdot L_x + \rho_y \cdot L_y = K \tag{2.3}$$

其中 ρ_x、ρ_y 分别代表 X 部门、Y 部门的人均资本量，由(2.3)式可推出：

$$L_x = \frac{\rho_y \cdot L - K}{\rho_y - \rho_x}, L_y = \frac{K - \rho_x \cdot L}{\rho_y - \rho_x} \tag{2.4}$$

（2）一次齐次生产函数的简化形式为：

$$X = L_x \cdot g_x(\rho_x), Y = L_y \cdot g_y(\rho_y)$$

当商品的相对价格不变时，$g_x(\rho_x)$、$g_y(\rho_y)$ 不变。

$$\frac{\partial X}{\partial L} = \frac{\partial L_x}{\partial L} \cdot g_x(\rho_x), \frac{\partial Y}{\partial L} = \frac{\partial L_y}{\partial L} \cdot g_y(\rho_y) \tag{2.5}$$

（3）将(2.4)式代入(2.5)式得

$$\frac{\partial X}{\partial L} = \frac{\rho_y}{\rho_y - \rho_x} \cdot g_x, \frac{\partial Y}{\partial L} = \frac{\rho_x}{\rho_y - \rho_x} \cdot g_y$$

因为 $\rho_y > \rho_x$，所以有 $\frac{\partial X}{\partial L} > 0, \frac{\partial Y}{\partial L} < 0$，即 X 与 L 的增长成正比，Y 与 L 的增长成反比。

（二）罗布津斯基定理的图示

图 2.3 显示，在商品相对价格不变的情况下，劳动力要素的增长使劳动密集型商品 x 的生产增加，资本密集型商品 y 的生产减少，生产点从 M 移向 N。

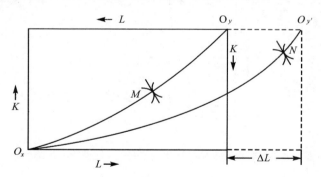

图 2.3 罗布津斯基定理图示

三、推论二：要素价格均等化定理

赫克歇尔、俄林和萨缪尔森先后提出并系统阐述了要素价格均等化定理，因此该定理被称为 H-O-S 定理，其基本含义是国际贸易使两国同类要素的绝对价格和相对价格趋于均等，因此商品流动代替了要素流动。

赫克歇尔在《国际贸易对收入分配的影响》一文中指出：如果所有国家的生产技术都相同，贸易必然会发展到各国相对稀缺要素价格出现均等化；贸易不可避免的结果是，这种均等化既是相对的又是绝对的。

俄林在其 1933 年《地区间贸易与国际贸易》一书中指出:斯堪的纳维亚半岛北部的森林产品便宜,所以出口木材,但是如果不出口木材,斯堪的纳维亚的森林还会更便宜;相反,在美国森林相当昂贵,如果不从加拿大和斯堪的纳维亚输入木材,美国的森林价格还会更高。

萨缪尔森在其 1948 年发表的《国际贸易与要素价格均衡化》一文中指出:自由贸易不仅使两国的商品价格相等,而且使两国生产要素的价格相等,以致两国所有工人都能获得同样的工资率,所有资本(或土地)都能获得同样的利润(或租金)报酬,而不管两国生产要素的供给与需求模式如何。

(一) 相对要素价格的均等化

在 H-O 模型的基本假定下,商品价格与要素价格之间存在对应关系:国际贸易使商品相对价格相等,要素相对价格也会趋于均等。

从基础模型(图 2.1)出发,国际贸易使两国生产点从 A、B 移向 A'、B',消费点从 A、B 移向 C,这是要素价格均等化的过程。

从生产角度考察,在图 2.4 中,Ⅰ、Ⅱ 两国的两条交换契约线是 X、Y 两种产品等产量线切点的连线。贸易前,Ⅰ 国在 A 点生产,Ⅱ 国在 B 点生产,$\left(\dfrac{K}{L}\right)_A > \left(\dfrac{K}{L}\right)_B$。贸易后,两国生产点分别向 A'、B' 移动,$\left(\dfrac{K}{L}\right)_{A'} = \left(\dfrac{K}{L}\right)_{B'}$。

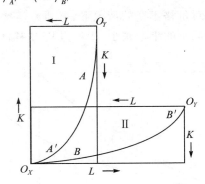

图 2.4 相对要素价格均等化图示(一):从生产的角度考察

从消费角度考察,图 2.5 以图 2.1 为基础,贸易前 Ⅰ 国在图 2.1 中的 A 点消费,对应的 $\dfrac{P_x}{P_y}$ 为图 2.5 中的 P_A,$\dfrac{w}{r}$ 为图 2.5 中的 $\left(\dfrac{w}{r}\right)_A$;同理,Ⅱ 国在 B 点消费,对应的 $\dfrac{P_x}{P_y}$ 为图 2.5 中的 P_B,$\dfrac{w}{r}$ 为图 2.5 中的 $\left(\dfrac{w}{r}\right)_B$;贸易后,Ⅰ 国和 Ⅱ 国的消费点在 C 点,对应的 $\dfrac{P_x}{P_y}$ 为图 2.5 中的 P_C,$\dfrac{w}{r}$ 为图 2.5 中的 $\left(\dfrac{w}{r}\right)_C$。

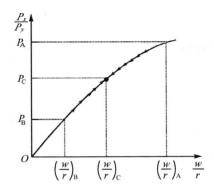

图 2.5 相对要素价格均等化图示(二):从消费的角度考察

(二) 绝对要素价格的均等化

劳动密集型国家原来劳动力比较便宜,资本比较昂贵,随着不断生产和出口劳动密集型产品,进口资本密集型产品,对劳动力的需求相对增加,劳动力价格上升;对资本的需求相对减少,资本的价格下降。资本密集型国家的情况则正好与之相反。随着贸易的发展,两个国家的要素价格逐渐趋于相等。

(1) 一次齐次生产函数:
$$Y = F(K, L)$$
$$F(\mu K, \mu L) = \mu F(K, L)$$

其简化形式为
$$Y = LF\left(\frac{K}{L}, 1\right) = Lf\left(\frac{K}{L}\right)$$
$$Y = KF\left(1, \frac{L}{K}\right) = kg\left(\frac{L}{K}\right)$$

经济含义为:人均产出可以表示为人均资本的函数。

(2) 生产函数的径向性特征意味着:
$$\frac{\partial Y}{\partial K} = g\left(\frac{K}{L}\right) - \frac{L}{K}g'\left(\frac{K}{L}\right) = f'\left(\frac{K}{L}\right)$$
$$\frac{\partial Y}{\partial L} = f\left(\frac{K}{L}\right) - \frac{K}{L}f'\left(\frac{K}{L}\right) = g'\left(\frac{L}{K}\right)$$

经济含义为:边际生产力仅仅是投入比率的函数。

(3) 由于
$$\left(\frac{K}{L}\right)_{1x} = \left(\frac{K}{L}\right)_{2x}, \left(\frac{K}{L}\right)_{1y} = \left(\frac{K}{L}\right)_{2y}$$

则
$$MPK_{1x} = MPK_{2x}, MPL_{1x} = MPL_{2x}$$
$$MPK_{1y} = MPK_{2y}, MPL_{1y} = MPL_{2y}$$

因此,

$$MPK_1 = MPK_2, MPL_1 = MPL_2^{①}$$

其中1、2分别代表两个国家。

(三) 要素价格均等化的限制

在现实当中,随着国际贸易的发展,发达国家和发展中国家的工资差距不是在缩小,而是在扩大。显然这并不符合要素价格均等化的趋势。究其原因:一方面是各种贸易壁垒阻碍了一部分正常贸易;另一方面是发达国家的服务行业的发展吸纳了大量劳动力,维持了劳动力的高价格。服务业劳动生产率的提高相对缓慢,而且某些领域的贸易还存在自然的或人为的障碍(如理发服务的跨国交易,不仅涉及交通成本问题,还涉及可能存在的人员流动壁垒),这就增加了对本国劳动力的需求。

另外,按照萨缪尔森—约翰逊图(见图2.6)的基本原理,只有当要素禀赋与要素密集度作用下出现要素价格均等化区域时,才可能出现均等化结果。

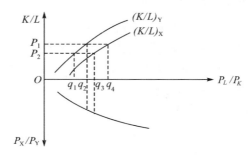

图 2.6 萨缪尔森—约翰逊图

图2.6中横轴代表劳动力和资本的相对价格;以原点O为界,纵轴上半部分是资本/劳动比率,下半部分是两种商品的相对价格。国家1、国家2的要素禀赋分别为P_1、P_2,商品X、Y的要素密集度分别用两条曲线的斜率表示。国家1完全专业化生产Y时,可以达到q_2的要素相对价格,完全专业化生产X时,可以达到q_4的要素相对价格;国家2完全专业化生产Y时,可以达到q_1的要素相对价格,完全专业化生产X时,可以达到q_3的要素相对价格。因此两国的要素禀赋和两种产品的要素密集度决定存在着(q_2, q_3)的均等化区域,两国贸易会出现要素价格的均等化。反之,如果两国的要素禀赋和两种产品的要素密集度决定不存在均等化区域,则两国贸易不会使要素价格均等化。

四、推论三:斯图尔珀—萨缪尔森定理

斯图尔珀—萨缪尔森(Stolper-Samuelson)定理(简称S-S定理)进一步解释了国际贸易对要素名义收益的影响。具体而言,国际贸易使得在出口部门中密集使用的要素报酬增加,在进口部门中密集使用的要素报酬减少,不论该要素在哪一部门中使用。

以劳动密集型国家为例,生产出口X、进口Y。X生产的扩张需要相对较多的L和相对较少的K,而Y部门转移出来的是相对较少的L和相对较多的K,其结果MPL上升,

---

① MPK、MPL分别是K和L的边际产出,即多使用一单位K、L所引起的产出增量,反映了实际利率、实际工资水平。

MPK 下降。这里 MPL、MPK 分别是劳动、资本的边际产品,即增加一单位产出需要增加的要素投入,它们代表了实际要素收益。

要素名义收益的表达式为:

$$W_X \uparrow \uparrow = P_X \uparrow \cdot MPL_X \uparrow$$
$$R_X = P_X \uparrow \cdot MPK_X \downarrow$$
$$W_Y = P_Y \downarrow \cdot MPL_Y \uparrow$$
$$R_Y \downarrow \downarrow = P_Y \downarrow \cdot MPK_Y \downarrow$$

由于要素在国内各部门之间可以自由流动,两部门的名义工资和名义利率完全相等。国际贸易使出口部门商品相对价格上升,导致要素价格加倍上升;进口部门商品相对价格下降,导致要素价格加倍下降,这被称为"放大效应"。

S-S 定理揭示了一个基本规律:自由贸易可以提高本国充裕要素的真实报酬,贸易保护则可以提高本国稀缺要素的真实报酬。

第二节　要素基础上的贸易制约

H-O 模型是自由贸易的经典理论,但这一框架本身也存在着对贸易的内在制约。

一、福利恶化型增长

当放松罗布津斯基定理关于商品相对价格不变的基本假定时,劳动密集型大国的出口扩张型增长可能会导致福利恶化型增长。巴格瓦蒂认为福利恶化型增长在具备一定条件时会发生:其一,经济增长必须偏向出口部门;其二,外国对本国商品的需求价格弹性非常小,因此出口供给的扩大一定会导致出口价格迅速下跌;其三,该国必须是贸易大国,其进出口量的变化会影响国际均衡价格;其四,该国的国民经济对其产品出口存在高度依赖。

如图 2.7 所示,原来的国际均衡价格为 TOT_1,无差异曲线为 IC_1,出口扩张型增长使生产可能性曲线向外扩张,出口的扩大恶化了贸易条件,国际均衡价格变成 TOT_2,无差异曲线移向 IC_2,福利出现减退。

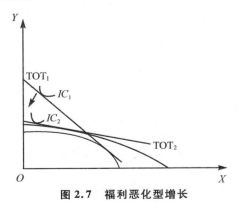

图 2.7　福利恶化型增长

二、技术进步与贸易制约

在 H-O 模型框架下,技术进步具有偏向性,往往倾向于发生在进口替代部门,从而形

成了对贸易的制约。以中性技术进步[①]为例:

（一）中性技术进步对要素密集度的影响

如图 2.8 所示,令 A、B 两种商品原来的交换比率为 1:4,A 部门发生中性技术进步,生产同样数量的商品需要投入的资源减少,$A'A'$ 与 AA 代表同样的产量水平。在商品交换比率不变的情况下,要素相对价格线从 P_1 变成了 P_2,资本要素密集度下降,相对价格上升。

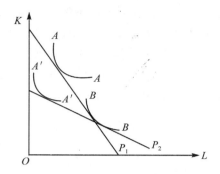

图 2.8　中性技术进步与要素密集度变化

结论是,如果一个部门出现中性技术进步,在商品相对价格不变的情况下,该部门相对密集使用的要素的密集度在两个部门均下降,同时该要素的相对价格上升。

（二）中性技术进步对生产水平的影响

A 部门中性技术进步使资本要素密集度下降,意味着图 2.9 中生产点从 P 点移向 P' 点,A 的产量扩大,B 的产量减少。结论是,中性技术进步使受益于这一进步的部门产量增加,另一部门产量下降。

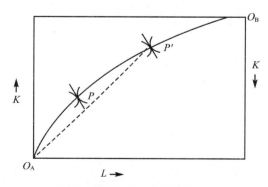

图 2.9　中性技术进步与产量变化

（三）中性技术进步对贸易条件的影响

在不存在劣质品的情况下,产量的变化会使发生中性技术进步的部门产品价格下

---

① 希克斯对中性技术进步的定义为,在 $\bar{K}/\bar{L}$ 不变时,技术进步使两种要素的边际生产力同比例增长。

降。如果该部门是可出口部门,则会恶化贸易条件;如果该部门是进口替代部门,则会改善贸易条件。

因此,一国出于对贸易条件的考虑,应选择进口替代部门的技术进步;但出口部门技术进步的滞后会影响一国产品的国际竞争力。这种具有偏向性的技术进步最终会制约一国的贸易发展。

三、特定要素模型

萨缪尔森和琼斯建立了特定要素模型,尼瑞和马萨称之为短期内某些要素不流动的 H-O 模型。该模型假定有两类要素:特定要素和公共要素,工业制成品中使用特定要素(K)和公共要素(L),农业生产中使用特定要素(土地)和公共要素(L)。该模型认为,国际贸易使进口部门特定要素所有者的收益下降,出口部门特定要素所有者的收益上升,因此贸易政策应倾向于"奖出限入"。

(一) 名义工资和劳动力配置

(1) 完全竞争市场的短期均衡条件:要素边际产品价值 = 要素的价格,即
$$P_X \cdot MPL_X = P_{LX}$$
$$P_Y \cdot MPL_Y = P_{LY}$$

(2) 劳动力的流动性意味着部门之间工资率相等:$P_{LX} = P_{LY} = P_L = W$

因此,
$$P_X \cdot MPL_X = W$$
$$P_Y \cdot MPL_Y = W$$

(3) 约束条件:劳动力总供给 $L = L_X + L_Y$。

如图 2.10 所示,两条曲线分别代表两部门劳动力的需求曲线,均衡点决定名义工资水平为 W^*,$O_X L^*$ 的劳动力配置在 X 部门,$O_Y L^*$ 的劳动力配置在 Y 部门。

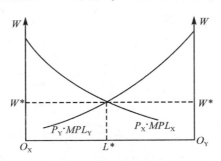

图 2.10 名义工资和劳动力的配置

(二) 公式转换与特定要素收益

已知
$$P_X \cdot MPL_X = W$$
$$P_Y \cdot MPL_Y = W$$

所以

$$MPL_Y = \frac{P_X}{P_Y} \cdot MPL_X$$

因此两部门实际工资之间的关系为

$$W_Y = \frac{P_X}{P_Y} W_X$$

如图 2.11 所示,当实际工资水平为 MPL^* 时,劳动力的配置为 OL^*,总产值为 $A+B$ 的面积,其中 A 是特定要素收益,B 是实际工资总额。

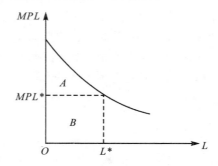

图 2.11　总产值构成与特定要素收益

(三) 国际贸易的影响

图 2.12 是由图 2.10 经过公式转换得出的,纵轴分别代表 Y 部门的实际工资水平,以及 X 部门的实际工资水平乘以产品相对价格。起初均衡点为 E,它决定了劳动力配置的分界点为 L^*,纵轴位置为 W_1。

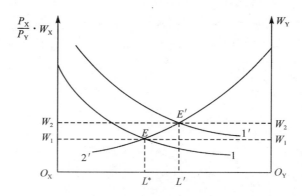

图 2.12　国际贸易对特定要素收益的影响

假定出口 X、进口 Y,则 $\frac{P_X}{P_Y}$ 上升,曲线 1 垂直向上移动 $\left(\frac{P_X}{P_Y}\right)$ 上升值,到达 $1'$ 的位置,均衡点变为 E',这时劳动力的配置分界点为 L',纵轴位置上升到 W_2。

由此可知,Y 部门实际工资水平上升。根据图 2.11,该部门特定要素收益下降。$\left(\frac{P_X}{P_Y} \cdot W_X\right)$ 总体垂直移动幅度为 W_1W_2,小于 $\frac{P_X}{P_Y}$ 上升的幅度(曲线 1 和 $1'$ 的垂直距离),所以 W_X 下降,X 部门特定要素收益上升。因此国际贸易就使出口部门特定要素收益上升,进口部门特定要素收益下降。

第三节　H-O 模型面临的挑战及其解释

H-O 模型面临实证检验及第二次世界大战后新的国际贸易现象的挑战。经济学家们尝试着用对 H-O 模型尽可能偏离最小的方式来解释这些挑战。

一、里昂惕夫之谜

诺贝尔经济学奖获得者、美国经济学家华西里·里昂惕夫（Wassily Leontief）运用他的投入—产出分析方法，对 1947 年美国的出口行业和与进口相竞争的行业[①]的资本存量与工人数量的比值进行了计算，结果发现生产出口产品每一个劳动力一年中使用的资本为 14 010 美元（即资本—劳动的比率约为 14∶1），而生产与进口相竞争的行业的产品每一个劳动力一年使用的资本为 18 180 美元（即资本—劳动的比率约为 18∶1）。也就是说，进口品的资本含量高于出口品，这与 H-O 理论所推断的结果正好相反。经过多次验证，1951 年和 1962 年出现了与 1947 年相同的情况，即美国出口品中的资本含量低于进口品。这一结果引起了经济学家的关注，被称为里昂惕夫之谜。

经济学家对里昂惕夫之谜提出了种种解释，以下是三种具有代表性的解释方法。

第一种，要素禀赋反向论。H-O 理论的 2×2×2 模型假定的两种产品中一种是劳动密集型产品，另一种是资本密集型产品。但是在现实中却不乏这样的产品：在资本密集型国家，它是在资本密集方式下生产；在劳动密集型国家，它是在劳动密集方式下生产。以农产品为例，中国很多农村地区都还是主要依靠劳动力，故它在中国属于劳动密集型产品；而美国则实行高度集约化、机械化、现代化的生产方式，美国农民一按机器按钮，就可以去跳迪斯科，所以农产品在美国的资本含量高得多。里昂惕夫等人用与进口竞争的美国同行业的资料来计算进口品的资本—劳动比率，很可能会因要素禀赋反向的作用而提高了这一比率的真实值。

第二种，人力资本说。里昂惕夫本人最推崇人力资本说的解释方法。这一观点认为，美国当时的教育水平是世界上最高的，而教育是一种投资，所以受到良好训练的美国劳动力蕴涵了更多的资本，这就是人力资本。里昂惕夫经过计算认为，美国工人一年劳动的产量是外国工人一年劳动产量的三倍，因此美国工人所使用的资本应乘以三。里昂惕夫之谜所揭示的美国出口品比进口品中的劳动含量更高，这个劳动是富含人力资本的劳动，它更类似于一种资本。

第三种，从全球角度考察，美国最充裕的要素不是资本，而是高技能的熟练劳动力，因此美国出口品中所含的劳动力比较多。

二、新 H-O 模型

第二次世界大战以后，国际贸易中出现了一个新的现象——产业内贸易日趋明显。产业内贸易是指同一产业既出口又进口同一产品，使用 H-O 模型的原理难以解释这类发

[①] 由于进口国的资料不好搜集，里昂惕夫运用了与进口相竞争的美国同行业的资料。

生在要素密集度相似的领域的贸易现象。经济学家法尔维提出了新 H-O 模型,试图用对 H-O 模型偏离最小的方式来解释产业内贸易这一现象。

新 H-O 模型在 H-O 模型 $2\times2\times2$ 框架的基础上,引入产品的垂直差别,即质量等级的差别;另外还引入了质量指数 α,即生产质量为 α 的产品需要 1 单位劳动和 α 单位的资本。

(一) 基本模型

(1) 成本函数:

$$P_1(\alpha) = W_1 + \alpha R_1$$
$$P_2(\alpha) = W_2 + \alpha R_2$$

其中 1、2 代表两个国家,W 是工资,R 是利率。

(2) 不失一般性,假定 $W_1 > W_2$,则 $R_1 < R_2$

$$P_1(\alpha) - P_2(\alpha) = W_1 - W_2 + \alpha(R_1 - R_2)$$

当 $P_1 = P_2$ 时,$\alpha^* = \dfrac{W_1 - W_2}{R_2 - R_1} > 0$

(3) 贸易和分工格局:

当 $P_1 \neq P_2$ 时,$P_1(\alpha) - P_2(\alpha) = (W_1 - W_2) \cdot \dfrac{\alpha^* - \alpha}{\alpha^*}$

当 $\alpha < \alpha^*$ 时,$P_1(\alpha) - P_2(\alpha) > 0$,国家 2 有成本优势;

当 $\alpha > \alpha^*$ 时,$P_1(\alpha) - P_2(\alpha) < 0$,国家 1 有成本优势。

(二) 图示

如图 2.13 所示,国家 1 是资本密集型国家,有较高的工资水平(W_1)和较低的利率水平(直线 P_1 斜率比较小);国家 2 是劳动密集型国家,有较低的工资水平(W_2)和较高的利率水平(直线 P_2 斜率比较大)。$P_1(\alpha)$、$P_2(\alpha)$ 是成本线,其交点确定了均等成本的质量水平 α^*。当 $\alpha < \alpha^*$ 时,国家 2 有成本优势,应该生产和出口该产品;当 $\alpha > \alpha^*$ 时,国家 1 有成本优势,应该生产和出口该产品。

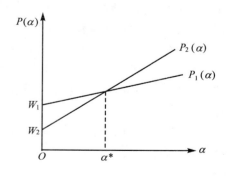

图 2.13 新 H-O 模型图示

案例分析思考题

案例 2.1 中国出口商品构成的动态变化

据中国海关统计的资料,截止到 2000 年,中国机电行业的平均增值率仅为 25.5%,

与美国的48.7%、日本的35.9%相距甚远。在"要素驱动"的全球比较优势链上,中国尚处于典型的劳动密集型阶段,升级的空间非常有限,而且遥遥无期。

请从表2.1的数据中体会贸易商品构成的动态变化及其反映的国际贸易理论原理。

表2.1 中国机电产品出口占出口总额的比例　　　　　　（单位:%）

年　　份	比　例　值
1981—1985	7.97%
1986—1990	13.70%
1991—1995	25.51%
2001	44.60%
2002	50.00%
2003	51.90%

资料来源:《国际商报》有关年份。

第三章 规模经济理论

▌本章概要▌

　　本章系统地分析了将报酬递增引入国际贸易理论的主要框架：马歇尔框架、张伯伦框架、古诺框架等，介绍了坎姆模型、克鲁格曼 PP-ZZ 模型等经典贸易模型，从静态角度阐明了规模经济与国际贸易的相互促进，从动态角度分析了历史与技术的作用。

　　规模经济的引入为现代南北贸易、产业内贸易等现象提供了理论依据，但在此基础上的历史、技术的作用却使南北贸易障碍重重，这是值得深思的贸易理论与实践问题。

▌学习目标▌

1. 理解规模经济的含义及其市场条件。
2. 掌握规模经济理论的分析方法。
3. 分析规模经济对国际贸易的双重影响。
4. 思考规模经济理论对中国外贸的借鉴意义。

　　第二次世界大战以后出现了许多新的国际贸易现象：贸易机会大量聚集在要素禀赋相似的发达国家之间和要素密集度相似的同一产业内部，北北贸易占到国际贸易的四分之三以上；一个国家同时出口又进口同一产品的产业内贸易现象日益突现。在这些新格局下，传统的要素禀赋理论面临着严峻的挑战，当代新国际贸易理论应运而生，其中规模经济理论具有典型的代表性。

　　在微观经济学中，当所有投入的均衡增加导致同比例、更大比例、更小比例的产出增加时，生产表现为规模收益不变、规模收益递增和规模收益递减，其中规模收益递增也就是通常所说的规模经济。值得注意的是，国际贸易理论模型将规模经济区分为外部和内部两种，它们各自所对应的市场条件不同。外部规模经济是随着行业内企业数目的增加，在单个企业产量不变的情况下，产品的平均成本不断降低；内部规模经济是随着企业产量的扩大，产品的平均成本不断降低，它往往与不完全竞争市场条件紧密相联。因此规模经济与反垄断也就成为效率与公平的冲突。从国际反垄断的经典案例考察，反垄断主要针对的是滥用垄断权力的行为，其矛头并未指向经济规律形成的规模经济；另一方面，作为政府干预经济的手段，反垄断又带有强烈的政治动机和国家利益影响。

第一节 报酬递增与国际贸易

　　根据外部规模经济与内部规模经济的划分以及市场条件的不同，报酬递增与国际贸易的关系在不同框架下得到了不同层面的验证。

一、马歇尔框架：外部规模经济

马歇尔框架的特点是强调外部经济，在此基础上关于报酬递增与国际贸易的探讨主要集中于外部规模经济领域。

（一）坎姆模型

坎姆模型(1964)在传统贸易模型的框架基础上侧重于探讨外部规模经济与国际贸易的关系。

1. 基本假定

（1）2×2 框架，两个国家有相同的生产函数、要素禀赋、消费偏好和市场规模，两个部门至少有一个存在外部规模经济；

（2）完全竞争的商品市场和要素市场；

（3）没有运输成本和其他交易费用；

（4）两国贸易平衡。

2. 简单图示

如图 3.1 所示，根据基本假定，两国具有相同的生产可能性曲线和无差异曲线，封闭经济下的均衡点在 E 点，由于存在外部规模经济，生产可能性曲线的形状凸向原点。当引入国际贸易时，两国可以完全专业化生产一种产品，一国在 A 点生产 Y 产品，另一国在 B 点生产 X 产品，在 AB 线斜率代表的国际均衡价格下，无差异曲线向离原点更远的方向移动，消费点移动到 E' 点，两国的贸易三角分别为 $\triangle ACE'$、$\triangle BDE'$。

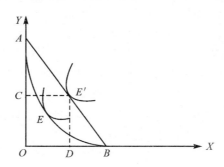

图 3.1 坎姆模型简单图示

3. 关键启示

坎姆模型的关键启示在于：首先，即使不存在比较优势和要素禀赋的差异，国际贸易也会发生，外部规模经济是国际贸易的独立源泉；其次，国际贸易的分工格局是多均衡解，历史的作用、偶然的因素都可能决定分工，借助规模经济，分工得以巩固。

（二）埃西尔模型

埃西尔模型(1982)假定有"鱼"和"芯片"两种产品，前者规模报酬不变，后者存在外部规模经济；两个国家生产这两种产品，每个国家只有一种生产要素——劳动力。在 2×2×1 的框架下，存在着多均衡解。

第一类是　（芯片,鱼）　　（鱼）
第二类是　（芯片）　　　（鱼）
第三类是　（芯片）　　　（芯片,鱼）

由于两个国家可以互相置换角色,在这个简单模型下可得到六种均衡。

在第一类均衡中,由于两国都生产一种报酬不变的商品"鱼",按照传统贸易理论,会出现要素价格的均等化,产生贸易的经济一体化效应,使世界的资源作为整体进行配置;此时贸易使"芯片"产业规模扩大,单位劳动成本下降,从而使各国从贸易中获利。在另两类均衡中,外部规模经济使相关产品的生产发生集中。

埃西尔模型的重要启示在于:无论是传统 H-O 模型还是存在外部规模经济的模型,"贸易的经济一体化效应"都是贸易均衡的深层次作用,它使得世界资源作为整体进行配置;另外,报酬递增是贸易产生和贸易收益的独立源泉,而不是传统理论所认为的报酬递增只是贸易的结果和良好的愿望。

(三) 克鲁格曼的进一步分析

保罗·克鲁格曼(Paul Krugman)的进一步分析中假定,其一,生产要素种类等于规模报酬不变的产业数量,从而存在着要素价格均等的"贸易的经济一体化效应";其二,假定有一种产品具有规模报酬递增的特性。

首先,规模经济导致国际贸易和国际分工,但分工的模式是不确定的,存在多均衡解。其次,从整体上说,要素禀赋理论仍然有效:从生产的角度考察,一国产品的要素密集度与该国的要素禀赋具有一致性;从消费的角度考察,在消费方式相同的情况下,消费品的要素密集度相同。

贸易的获利来自要素决定的比较优势与规模经济。

如图 3.2 所示,贸易前等产量线 II 与等成本线 AA 相切于 X,OX 代表每单位产品投入的向量。"贸易的一体化效应"改变了要素的相对价格,贸易后等成本线变为 TT,更小资源向量的收入 OY 就可以购买原来的单位商品,因此 XY 是要素作用下的比较优势获利。当存在规模经济时,产品的平均成本下降,等产量线向内部移动到 $I'I'$,意味着生产同样产量需要更少资源。$T'T'$ 平行于 TT 并与 $I'I'$ 相切,购买原来单位商品所需要的资源进一步减少到 OZ,YZ 是规模经济带来的获利。

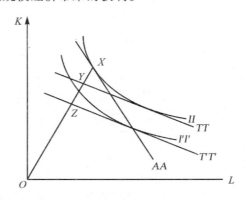

图 3.2　克鲁格曼的贸易获利分析

（四）马歇尔框架的基本结论

马歇尔框架认为，要素禀赋和规模经济都是导致国际贸易产生并带来贸易获利的源泉。

从贸易的基础来进行考察，虽然贸易模式具有不确定性，但从总体上看，要素比例仍然发挥作用，各国是本国充裕要素的要素服务净出口国；同时，由于存在外部规模经济，相关产业会发生地理集中，这种集中是贸易独立的源泉，而且即使国与国要素禀赋相同也会带来贸易机会。

从贸易的获利来进行考察，贸易使要素服务价格发生变化，从而使各国获利；另外，报酬递增产业可以获得更大的规模，结果形成规模经济，使各国获利。

二、张伯伦框架：内部规模经济和不完全竞争

张伯伦框架突出了不完全竞争市场和产品的异质性特征，着重考察内部规模经济与国际贸易的关系。

（一）赫尔普曼和克鲁格曼综合模型

在"贸易的一体化效应"下，赫尔普曼和克鲁格曼综合模型（1985）揭示，内部规模经济、不完全竞争与要素禀赋基础的并存关系。

1. 基本假定

（1）2×2×2框架：两个国家（本国和外国），两种产品（其中食品是同质的，规模报酬不变；工业制成品是异质的，规模报酬递增，存在垄断），两种要素（资本 K 和劳动力 L）；

（2）两国在消费偏好、技术与市场结构方面与一体化的世界相同；

（3）商品与要素价格与一体化的世界相同。

2. 模型图示

如图3.3所示，外围方框表示世界拥有的要素总量，从原点 O 考察本国情况，原点 O^* 考察外国情况。世界的所有资源用于生产两种产品，OQ 的斜率代表工业制成品的要素密集度，OQ' 的斜率代表食品的要素密集度，O^*Q 平行于 OQ'，O^*Q' 平行于 OQ。两种产品由两个国家来生产，任意假定生产的分界点在 E 点，每种产品的生产按照产品本身

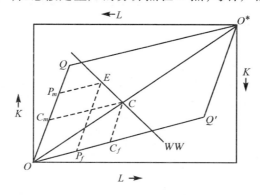

图3.3　克鲁格曼简单综合模型

的要素密集度进行,决定了本国生产 OP_m 的工业制成品,OP_f 的食品,EP_m 平行于 OQ',EP_f 平行于 OQ。由于假定消费偏好和市场结构相同,消费点必然在 OO^* 线上,WW 的斜率代表了本国要素的相对价格,通过 E 点,是因为本国生产能力决定了其消费水平,WW 与 OO^* 相交于 C,这是两国消费的分界点。对每种产品的消费按产品本身的要素密集度进行,CC_m 平行于 OQ',CC_f 平行于 OQ,从而决定了本国消费 OC_m 的工业制成品和 OC_f 的食品。

从生产和消费情况考察,本国是食品的纯进口国;工业制成品中存在异质性产品和规模经济导致的产业内贸易,所以本国是工业制成品的净出口国。

(二)综合模型的贸易模式与 H-O 模型比较

在 H-O 模型下贸易是在产业之间进行,而在综合模型当中则还存在着工业品的产业内贸易。

如图 3.4 所示,H-O 模型下形成的是食品与工业制成品的产业间贸易,本国出口工业制成品,进口食品。简单综合模型中以虚线为界,同时存在着产业间贸易和产业内贸易,其中工业品中存在着产业内贸易,本国是净出口国;食品是产业间贸易,本国是纯进口国。

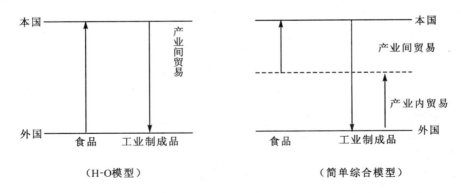

图 3.4 简单综合模型与 H-O 模型的贸易格局比较

综合模型的关键启示在于:它揭示了规模经济与传统要素禀赋理论可以并存,分别成为国际贸易独立的源泉。

(三)克鲁格曼 PP-ZZ 模型

克鲁格曼 PP-ZZ 模型在张伯伦框架的不完全竞争和异质性产品基础上揭示了国际贸易产生的原因及贸易的获利。

(1) 基本关系式:

$$l_i = \alpha + Bx_i, \alpha > o, B > O \tag{3.1}$$

$$L = \sum l_i \tag{3.2}$$

$$LC_i = x_i \tag{3.3}$$

其中 l_i 是企业 i 的劳动力投入,α 是固定投入,B 是反映投入产出关系的系数,x_i 是企业 i 的产出,C_i 是每个人对产品 i 的需求。(3.1)式意味着存在内部规模经济,(3.2)

式代表要素市场的均衡,(3.3)式代表商品市场的均衡。

（2）企业利润最大化短期均衡条件：$MR = MC$，即

$$P_i\left(1 - \frac{1}{\varepsilon}\right) = BW \Rightarrow \frac{P_i}{W} = \frac{B\varepsilon}{\varepsilon - 1}$$

其中P_i是商品i的价格，ε是需求的价格弹性。由此得到PP线，其经济含义是消费需求越大，厂商能索要的价格越高。

（3）企业利润最大化长期均衡条件：$TR = TC$，即

$$P_i X_i(\alpha + BX_i) = w(\alpha + Bx_i) \Rightarrow \frac{P_i}{W} = \frac{\alpha}{LC_i} + B$$

由此得到ZZ线，其经济含义是消费需求越大，厂商规模越大，产品成本越低，售价越低。

（4）国际贸易的影响是，引入另一个同类经济，有相同的偏好、资源储备和技术，并有人口L^*。则ZZ表达式中分母扩大，ZZ线向左移动（如图3.5所示），其结果是$\left(\frac{P_i}{W}\right)$和$(C_i)$都下降。

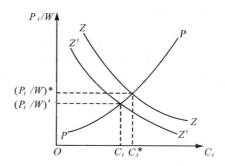

图3.5 克鲁格曼 PP-ZZ 模型

令产品种类数等于企业数n，

$$n = \frac{L}{\alpha + Bx_i} = \frac{L}{\alpha + B \cdot LC_i} = \frac{1}{\frac{\alpha}{L} + BC_i}$$

因为国际贸易扩大了L，缩小了C_i，所以n的值扩大。

因此，国际贸易对生产的影响是通过规模扩大降低成本，对消费的影响是消费品种增加，每种产品的消费量减少。

三、古诺框架：寡头垄断与相互倾销

克鲁格曼对古诺框架的探讨进一步补充了报酬递增与国际贸易的理论体系。

（一）基本假定

(1) 两个国家都有1个由少数企业组成的产业；
(2) 企业按古诺双头垄断模型进行竞争；
(3) 贸易前该产业产品的价格在两国之间相同。

(二) 主要观点

由于产品供应垄断者预见到出口比在本国市场销售具有更高的需求弹性,从而互相进入别国市场,由此产生了国际贸易,贸易使得世界产业比进行贸易前本国的产业数量更少,但企业规模更大,竞争更加激烈。在贸易的预竞争效应中潜在的贸易发挥了主要的作用。

第二节 静态分析:规模经济与国际贸易相互促进

将规模经济引入国际贸易理论分析的研究方法,为第二次世界大战后北北贸易机会密集及产业内贸易等新的国际贸易现象提供了理论依据。规模经济与国际贸易之间呈现出显著的相互促进关系。

一、规模经济促进国际贸易

如图 3.6 所示,在不存在规模经济的情况下,生产可能性曲线凹向原点,贸易三角分别为 $\triangle ADC$ 和 $\triangle BDC'$;在存在规模经济的条件下,生产可能性曲线凸向原点,实现完全专业化分工,贸易三角扩大到 $\triangle CEA'$、$\triangle C'E'B'$。这揭示了规模经济对国际贸易的促进作用。

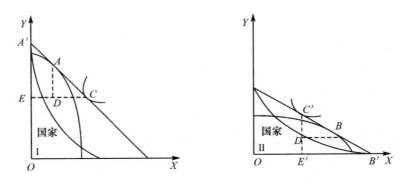

图 3.6 规模经济扩大了贸易三角

二、规模经济促进产业内贸易

如图 3.7 所示,贸易前美国和日本各自生产和消费 100 万辆轿车和卡车;由于存在规模经济,产品的平均成本随产量的扩大而降低,如果实现完全专业化生产,美国生产 200 万辆卡车,日本生产 200 万辆轿车,100 万辆留作本国消费,另 100 万辆与对方进行交换,则在总的生产和消费量不变的情况下,平均成本降低。

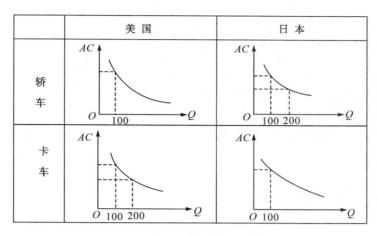

图 3.7 规模经济促进产业内贸易

三、国际贸易促进规模经济

如图 3.8 所示,封闭经济条件下的需求曲线为 D,对应的边际收益曲线为 MR,$MR = MC$,决定长期均衡点 E,对应的平均成本为 AC_1,产量为 Q_1。国际贸易扩大了市场,需求曲线向外拓展到虚线,由于本国企业只占据国际市场的一部分,故本国企业面临的需求曲线回落到 D',对应的边际收益为 MR',$MR' = MC$ 决定新的长期均衡点 E',对应的平均成本为 AC_2,产量为 Q_2。国际贸易导致平均成本随产量扩大而降低,实现了规模经济效应。

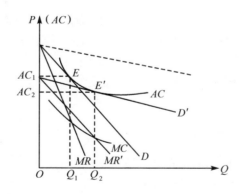

图 3.8 国际贸易促进规模经济

第三节 动态分析:历史与技术的作用

规模经济的动态效应突出了历史与技术的作用,并集中体现在"不平衡发展"理论和"蛙跳模型"中。

一、历史的作用:不平衡发展理论

克鲁格曼在《国际贸易新理论》中提出了"不平衡发展理论",揭示了南北贸易中规模经济的作用使落后国家的工业被来自先进国家的进口制成品所摧毁的结果。

(一) 基本假定

(1) 假定存在两个地区(北方 N,南方 S),每个地区的工业部门都通过资本积累而成长起来,两地区的技术和行为方程相同,劳动力相等;

(2) 工业部门中存在外部规模经济;

(3) 工业品 M 使用 K、L,农产品中使用 L。

(二) 基本模型

(1) 两地区工业的利润率表达式分别为:

$$P_N = \frac{P_M - V_N}{C_N}, \qquad P_S = \frac{P_N - V_S}{C_S}$$

其中 P_M 是用农产品来表示的工业制成品的价格,$V_N(V_S)$ 是北(南)方地区单位产出所需要的劳动量,$C_N(C_S)$ 是北(南)方地区单位产出所需要的资本量。

(2) 假定 $L_N = L_S = \bar{L}$,可知存在函数关系 $C_N(K_N)$、$C_S(K_S)$、$V_N(K_N)$、$V_S(K_S)$;由于存在规模经济效应,$C' < 0$,$V' < 0$。

(3) 根据利润率表达式可知,假定 P_M 不变,必然存在 $P_N > P_S$,从而资本存量较大的国家利润率较高;另外,由于规模经济下产量扩大带来成本降低,P_M 会下降,直到南方工业无法承受亏损而破产。

(三) 结论

随着工业规模经济效应的作用,北方成本不断降低,南方成本则不断上升,工业品相对价格下降,直到某一点正好是落后地区的工业不能完成并开始衰退的状态;这种现象一经出现,便是一条不归路,直到落后地区生产工业制成品的部门最后消失。历史的作用展示了自由贸易使落后国家工业发展的"星星之火"不断被来自先进国家的进口制成品所扑灭的结果。

二、技术的作用:"蛙跳模型"

布瑞齐斯(Brejis)、克鲁格曼和齐东(Tsiddon)共同建立了"蛙跳模型",解释了技术领导权转移导致"后来居上"的国际经济与贸易现象。

(一) 基本假定

(1) 两个国家(领先国英国与后起国美国)、两种产品(食品在技术上稳定不变、规模报酬不变、劳动生产率在两国相同;工业制成品不断发生技术进步,存在规模经济和明显的学习效应),一种投入(劳动力,假定两国有相同的劳动力要素)。

(2) 技术的变化分为两类:一类是"量变性"通过"干中学"[①]形成的技术累进,另一类是使技术发生根本性变化的比较重要的技术突破。

---

① "干中学"(learning by doing)是指随着劳动者熟练程度的提高,劳动生产率不断提高。一般而言,企业历史累积产量每翻一番,产品的平均成本降低 20%—30%。

（3）四个前提条件：领先国与后起国工资成本差异足够大；新技术在初始时比旧技术的效率低；旧技术的经验对新技术并不重要；新技术最终比旧技术有显著的生产率增进。

（二）基本观点

"蛙跳模型"认为，领先国在旧技术上有"干中学"效应，旧技术的生产率比新技术初始时高，故领先国会选择沿用旧技术；后起国由于劳动力成本较低，可以一开始就选择新技术，从而在未来取得技术优势；技术领导权的转移最终导致"后来居上"。

（三）进出口的逆转

根据波斯纳的技术差距模型，新技术扩散到某个国家会产生需求时滞和模仿时滞。需求时滞是从新技术引入到产生需求的时间间隔，模仿时滞是从新技术引入到本国生产者能够模仿生产的时间间隔。当需求时滞小于模仿时滞时，该国需要进口该产品。

"蛙跳模型"中随着技术领导权发生转移，原来的领先国成为新技术产品的进口国，后起国则成为该产品的出口国。

案例分析思考题 》》

案例3.1 考察整个近代的中美贸易，中国为美国的工业品提供了原材料和重要的销售市场，美国重化学工业品的大量进口对近代中国的工业化起到了积极的作用。在这一时期，轻工业品在双边贸易中所占的比重越来越小，说明中国近代工业的发展对美国的轻工业产品起到了抵制作用。因此，中美双方在工业领域根据两国要素差异决定的比较优势事实上形成了中国发展劳动密集型轻工业、美国发展资本密集型重工业的分工和贸易格局。

请思考为什么近代中美贸易的发展没有完全符合克鲁格曼"不平衡发展"理论的基本结论。

第四章　国际贸易理论的拓展

▌本章概要▌

　　本章介绍了国际贸易理论拓展的新尝试——需求因素与技术周期的作用,以及信息技术作用下的网络效应的探讨。前面的经典贸易理论基本上都是纯供给分析。需求方面的影响在现代贸易中的地位越来越重要。
　　另外,由于现代技术的发展对传统经济的理论与实践提出了一些全新的课题,国际贸易理论也应当随之拓展。

▌学习目标▌

1. 理解需求因素对国际贸易格局的影响。
2. 掌握国际贸易理论的动态分析方法。
3. 了解信息技术对国际贸易理论的影响。
4. 思考国际贸易理论的拓展方向及其对中国的指导意义。

　　国际贸易理论的经典模型探讨了贸易产生和发展的原因、贸易的获利以及贸易对要素收益的影响等基本问题,集中考察了货物贸易领域的情况,而且大多侧重于从供给角度进行分析。国际贸易理论的拓展体现在对需求因素作用和技术生命周期的分析,以及与要素活动相关的服务贸易理论。随着现代技术的日新月异,网络经济和信息技术对国际贸易理论也提出了创新要求。

第一节　需求因素与技术周期

　　对需求因素的重视和对技术生命周期的分析集中体现在林德的重叠需求论和维农的产品生命周期理论上。

一、林德的重叠需求论

　　1961年,瑞典经济学家林德(Staffan Burenstam Linder)提出"重叠需求论",又称"偏好相似论",从需求和市场相似性的角度解释第二次世界大战以后大量国际贸易集中在发达国家之间的现象。该理论认为,制成品的对外贸易是国内贸易的一种延伸,或者说国际市场是国内市场的拓展。市场延伸和拓展的方向由需求因素决定,需求结构是决定贸易格局的重要因素,两国收入水平越接近,两国需求结构越相似,两国间的贸易机会就越密集。发达国家的平均收入水平比较接近,所以具有相似的需求结构和更多的贸易机会。
　　如图4.1所示,美国与英国的人均收入水平分别为Y_A和Y_E,$O\alpha$、$O\beta$分别代表产品质量品位的最低、最高边界。Y_A决定了美国消费商品的品位范围$[A',A]$。Y_E决定了英国消费商品的品位范围$[E',E]$。由于Y_A与Y_E比较接近,两国消费商品的品位重叠区域$[A',E]$比较长,因此贸易机会比较密集。反之,如果两国人均收入相差悬殊,消费商品的品位没有重叠区域,两国之间就没有贸易机会。

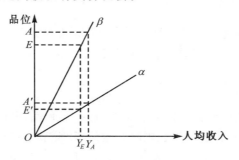

图4.1 林德的重叠需求论

二、维农的产品生命周期理论

维农(Raymond Vernon)的产品生命周期理论从动态角度解释了技术从创新到扩散带来的比较优势的变化:在初始期,决定比较优势的是技术的垄断权,创新国具有比较优势,是产品的生产和出口国,根据林德的重叠需求论,这些产品的进口方是有着相似人均收入水平和市场条件的其他发达国家;在成长期,技术逐渐扩散,决定比较优势的是实现大规模生产的资本要素,其他发达国家具有比较优势;在成熟期,技术已经被普遍掌握,决定比较优势的是廉价的劳动力和原材料成本,发展中国家具有比较优势。

如图4.2所示,$t_0 \to t_1$是产品的初始期,$t_1 \to t_2$是成长期,t_2以后是成熟期。从图示中可以直观地考察美日之间、中美之间贸易逆差的根本经济原因,在$[t_1,t_2]$时期,日本等其他发达国家出口势头日趋强劲,而美国作为领先国则逐渐成为进口国;在t_2时期以后,中国等发展中国家成为出口的主要力量。

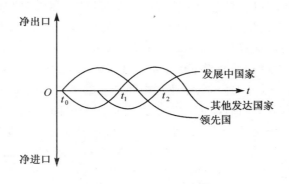

图4.2 产品生命周期理论

第二节 要素流动与服务贸易

经典贸易模型一般假定生产要素在国际上不流动,侧重于考察商品流动问题。而在现实中,生产要素的国际流动日益成为现代经济与贸易的重要特征,因此国际贸易理论也就相应地从传统货物贸易拓展到服务贸易领域。

一、资本的国际流动

资本在国际上流动的主要方式有两种:一种是单纯的货币资本流动或称资产组合投资(Portfolio Investment);另一种是外国直接投资(Foreign Direct Investment,简称 FDI)。

(一) 资产组合投资

资产组合投资是资本国际流动的一种主要方式,它包括国际借贷和国际证券投资两种形式。国际借贷包括外国政府贷款、国际金融组织①贷款、外国商业银行贷款以及出口信贷等不同类型。进入 21 世纪以来,发达国家是国际资本市场的主要融资者,其国际银团贷款额一度占全体总额超过 90%。② 近年来,发展中国家的融资地位日益提升。2012 年美国经济学家斯蒂格利茨提出建立金砖国家开发银行,2014 年 7 月 15 日,金砖国家领导人第六次会晤,宣布成立金砖国家开发银行,总部设在上海。

国际证券投资可以分为国际股票投资和国际债券投资。发达国家在国际证券市场上也是主要的融资者,2000 年其国际负债证券市场的净发行额占全球总额的 94%,而发展中国家在国际负债证券市场的净发行额仅占全球总额的 3%。③

(二) 外国直接投资

资本在国际上流动的另一种主要方式是外国直接投资,它包括在东道国创立新企业和并购东道国的企业两种基本方式。

在经济全球化的大潮中,跨国公司作为世界经济的重要行为主体,对经济全球化的产生和发展起着直接的推动作用。生产国际化是经济全球化的核心。目前,全世界生产量的三分之一以上由跨国公司直接控制,因此企业的跨国生产已成为国际贸易发展的主导因素,经济全球化也可以说是企业生产经营的价值链"大爆炸"的时代。

按照邓宁的三优势模型(OIL Paradigm),企业的抉择取决于其对三种优势状况的评估:第一种是所有权特定优势(Ownership Specific Advantages,又称"企业特定优势"),即无形资产优势和企业规模经济优势;第二种是内部化优势(Internalisation Specific Advantages),即在由于东道国政府的限制、企业对中间产品的垄断和高额的市场交易成本导致市场失灵的情况下,企业利用内部市场实现无形资产和中间产品的交换和运用,从而克服外部市场失灵的障碍,使成本趋于最小,并获得市场内部化的其他利益;第三种是区位特定优势(Location Specific Advantages),即东道国(目标市场)拥有的优势,如自然禀赋优势、政治经济制度优势、政府法规优势和基础设施优势等。当企业同时具备三种优势时,会选择对外直接投资(FDI);当企业具备前两种优势时,会选择商品的出口;当企业只具备第一种优势时,会选择特许权转让。

---

① 国际金融组织主要包括国际货币基金组织、世界银行及其附属机构(国际金融公司和国际开发协会)、亚洲开发银行、泛美开发银行和欧洲投资银行等。
② 资料来源:海闻、P. 林德特、王新奎著,《国际贸易》,上海人民出版社,2003 年版。
③ 同上。

跨国公司的国际生产推动了各种生产要素的国际流动和优化组合,在专业化的基础上,实现了规模经济,带动了投入产出的提高,促进了技术创新和高新技术的产业化。在资本形成、技术进步、就业、企业管理等方面,跨国公司的国际生产对东道国都产生了重要的影响。

国际资本流动与国际贸易之间的关系是学术界关注的重要问题。1999年诺贝尔经济学奖获得者罗伯特·蒙代尔(Robert Mundell)是最早研究国际贸易与要素流动之间关系的经济学家,他在赫克歇尔—俄林的要素禀赋理论模型的基础上得出了国际贸易与要素流动之间是替代关系的结论:对国际贸易的阻碍会促进要素的流动,而对要素流动的限制则会促进国际贸易;通过这种替代作用,要素在国际上的流动和国际贸易都能实现商品和要素价格的均等化。

蒙代尔在模型中假定资本流动是因为关税等贸易壁垒引致,如果这一假定被放松,而且外国资本主要流入出口部门而不是进口替代部门的话,投资与贸易之间就表现为一种互补关系而不是替代关系。这时资本流动将导致进一步的国际分工和专业化生产,从而扩大贸易规模。

二、劳动力的国际流动

劳动力在国际上大规模流动的典型时期是19世纪末20世纪初。当时成千上万的居民为了谋求更好的生活而长途跋涉,许多中国人迁居到东南亚地区和加利福尼亚,印度人移居到非洲和加勒比海地区,不少日本人则移民到巴西,大批来自被称为欧洲外围地区的斯堪的纳维亚、爱尔兰、意大利和东欧的居民移居到土地充足、工资较高的美国、加拿大、阿根廷和澳大利亚。

按照克鲁格曼的"国际劳动力流动的原因及影响"模型,这种移民浪潮会使国际上的真实工资趋同。假定一个由本国和外国组成的世界,两国各拥有两种生产要素——土地和劳动力;两国只生产一种产品。由于土地一般被认为是不可流动的,因此这是一个通过国际劳动力流动形成一体化的模型。

图4.3中横轴代表全世界的劳动力,纵轴代表劳动力的边际产出,O和MPL分别代表本国的情况,O^*和MPL^*分别代表外国的情况。在没有劳动力的国际流动时,劳动力在两国之间配置的分界点是L_1,本国使用OL_1的劳动力,外国使用O^*L_1的劳动力,这时明显地出现了外国实际工资水平高于本国的现象。因此如果劳动力可以在国际上自由流动的话,本国的劳动力会流向外国,直到两国的实际工资相等为止。这里的均衡点A决定了世界劳动的重新配置情况是本国使用OL_2的劳动力、外国使用O^*L_2的劳动力。

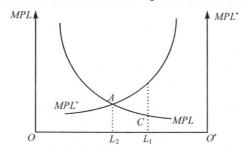

图4.3 国际劳动力流动的原因及影响

生产要素的国际流动首先打破了传统国际贸易理论关于生产要素只在国内各部门之间流动、在国际上不流动的假定；另外，生产要素的流动大量地涉及服务贸易领域。例如从外国直接投资的存量来看，发达国家的国际生产大部分是在服务业，而传统的国际贸易理论主要针对货物贸易领域，因而如何更好地将其拓展到服务贸易领域也就成为一个重要的问题。

巴格瓦蒂（Bhagwatti）等人把生产要素的国际流动分为暂时流动和永久流动，认为生产要素在国际上的暂时流动为服务贸易，而生产要素的永久流动则不属于服务贸易——资本在国际上的永久流动是国际直接投资，人员在国际上的永久流动则是国际移民。这一概念性的划分在WTO的规则中得到了体现。WTO的《服务贸易总协定》（GATS）将服务贸易划分为跨境提供、境外消费、商业存在、自然人移动等四种基本类型，这一划分是和巴格瓦蒂等学者的观点完全一致的，即将生产要素的暂时流动划分为服务贸易。对生产要素永久流动的规范主要体现在《与贸易有关的投资措施协议》（Agreement on Trade Related Investment，简称TRIMs）等货物贸易领域的规则当中。

专栏4.1

随着全球化和信息化的深入发展，世界各国的相互依存越来越密切。与资本、能源、技术的全球化进程相伴，劳动力在全球范围的流动日益频繁。特别是技术移民，对劳动力输入国和输出国都有着非常重要和深远的影响。与发展问题息息相关，技术移民成为各国移民的重要组成部分。中国已经成为世界第四大移民输出国，中国的移民目的国主要是美国、加拿大、澳大利亚、新西兰等；中国对国际移民正变得越来越有吸引力，过去十年，中国的国际移民输入量增长了35%，其中来自北方国家的移民数量大幅增加。[①] 2010年4月，中国《国家中长期人才发展规划纲要（2010—2020）》提出，要实施更加开放的人才政策，探索实行技术移民。积极探索实行技术移民，已经成为中国发展的一项战略性要求，中国以宽广的视野、开阔的胸襟、完善的制度迎接天下英才的时代已经到来。但目前中国还忍受着巨大的留学赤字：中国已成为世界第一大留学生输出国，自改革开放以来，306万中国学生赴国外留学，2013年中国留学人数达41.3万人；但2013年来华学生35.6万人，其中60%是短期学习语言的留学生。[②] 在各国不断加强人才国际流动方面的交流与合作的进程中，中国在积极参与并努力实现共享天下英才的共赢局面。

关于传统的国际贸易理论是否适用于服务贸易领域，学术界主要存在以下三种看法。第一种观点认为，国际贸易原理不适用于服务贸易，其典型代表是最早尝试运用国际贸易原理来解释服务贸易模式的R.迪克（R. Dick）和H.迪克（H. Dicke），他们在1979年的一篇论文中运用显示比较优势（Revealed Comparative Advantage，简称RCA）[③]的方法

---

① 资料来源："人才交流与技术移民政策国际研讨会"会议资料，中共中央组织部人才工作局、国家外国专家局主编，2014年6月，北京。
② 同上。
③ RCA =（某国某种产品的出口额/该国全部产品的出口额）/（世界该种产品的出口额/世界全部产品的出口总额），该比例的值越大，说明该国在该产品上的比较优势越大。

来验证知识密集型服务贸易的现实格局是否遵循比较优势原理。他们对18个OECD国家的资料进行了跨部门回归分析,其结果是,没有证据表明比较优势在服务贸易模式的决定中发挥了作用。尽管这一结果可以部分归因于非关税壁垒的存在,但他们仍然坚持认为如果不考虑贸易扭曲,要素禀赋在服务贸易中没有重要的影响。

第二种观点认为国际贸易原理完全适用于服务贸易。例如,1981年,萨皮尔(Sapir)和卢兹(Lutz)进行了一系列著名的服务贸易的实证研究。其主要结果是传统贸易理论不仅适用于货物贸易,也适用于服务贸易,要素禀赋在货物贸易和服务贸易模式的决定上都具有重要作用。1986年,拉尔(Lall)通过对发展中国家的实证研究,也得出了相似的结论。美国著名国际经济学家理查德·库伯(Ricard Kumpe)坚持认为:作为一个简单的思想,比较优势论是普遍有效的;正如存在于商品生产中那样,比较优势也存在于服务业中。

第三种观点既肯定国际贸易的基本原理对于服务贸易的适用性,同时也承认具体理论在解释服务贸易上的缺陷,因此主张在利用国际贸易理论来解释服务贸易时,必须对传统理论进行若干修正。例如,1984年,迪尔多夫(Deardorf)首先分析了传统国际贸易理论用于服务贸易的局限性,认为由于某些要素服务可以由国外提供,会导致比较优势理论失灵。然后,他运用标准的H-O模型,通过改变其中的个别约束条件,率先成功地解释了国际服务贸易是如何遵循比较优势原则的。

国际学术界比较一致的看法是,服务贸易作为国际贸易的一种形式,是可以用国际贸易理论来进行研究的。但是,由于服务贸易具有许多货物贸易所不具备的特征,在运用以后者为实践基础的传统国际贸易理论来解释前者时,必须对相关理论进行适当的修正。

第三节 信息技术更新贸易模型

国际贸易的信息技术发展趋势是现代贸易的重要特征。信息技术在国际贸易中的广泛运用带来了贸易的便利、效率的提高和交易成本的降低,国际贸易正在从"纸上贸易"向"无纸贸易"过渡。全球贸易网点网络(Global Trade Point Network)计划的实施推动了国际贸易的信息技术化发展进程,UN/EDIFACT(《联合国行政、商务和运输电子数据交换模式》)规定了贸易文件中所需要的共同的数据标准,《京都公约》也涉及了海关程序简化和协调的问题。贸易文件以电子形式提交在很多国家已经成为定式:新加坡自1989年开始采用Tradenet网络以来,极大地提高了进口审批的效率,目前98%以上的申报文件都通过这个系统处理;而在美国、加拿大和欧盟一些成员国中,90%以上的海关手续都以电子形式申报。

信息技术具有显著的需求方规模经济。以太网的创始人梅特卡夫指出,随着网络用户的增加,网络对于其中每一位用户的效用值递增;假定网络中用户数量为n,网络对所有人的总价值与$n(n-1)$成正比。需求方规模经济又被称为网络外部性,或"正反馈"效应,它推动着新型贸易"双赢"的产生。

一、信息市场定价与贸易理论创新

在传统贸易模型中,价格差异是贸易产生的原因,贸易的结果形成了国际均衡价格。

价格决定机制是经济学模型的中心问题,传统经济学的基本定价原理是以成本和收益的衡量作为参照系,通常在边际收益等于边际成本时达到厂商利润最大化的均衡。

图 4.4 揭示了信息技术产品市场的基本定价特征。图中横轴代表的是产品的质量和性能(S),将消费者按偏好的不同分为高类型、低类型,他们消费信息技术产品所获得的边际收益(MR)分别用 HH、LL 两条线的斜率来表示。图中的曲线是成本线,成本和收益都是以质量和性能为参照系,区别于传统的量化分析。

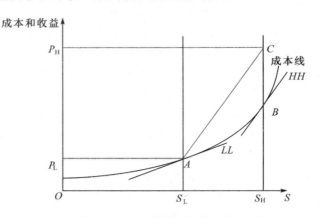

图 4.4　信息技术产品市场的"二级差异定价"

遵循边际收益等于边际成本($MR = MC$)的利润最大化原则,高、低两类消费者的市场均衡分别在 B、A 点达到,其消费产品的质量分别如 S_H、S_L 点所示,过这两点的垂线上任一点代表的产品质量相同,所以 MC 分别等同 S_H、S_L 点。对于高类型产品的生产者而言,如果进一步提高价格仍然满足 $MR = MC$ 的均衡条件,那么他会理性地选择提价。价格提高的稳定上限在 C 点上(AC 平行于 HH),如果继续提高价格,高类型消费者就可能向低类型消费转移。由于高类型产品的提供者对其产品具有一定程度的垄断,可以最终实现 P_H 的定价。低类型产品的提供者面临激烈的市场竞争,难以效仿高类型产品,最终的定价在 P_L。

图 4.4 所示的"二级差异定价"模型是从质量和性能角度衡量的信息技术产品定价原理,其重要启示在于对质量与性能的强化。首先,在信息技术产品市场上,量化概念的边际成本几乎为零(信息技术产品的复制成本接近于零),依照传统定价只能是零价格,而厂商在零价格下无法生存。其次,是改变了传统供需两分的分析方法,代之以供需互动的边际定价机制。该定价模型体现了信息技术产品市场的价格歧视特征,生产者攫取了所有的消费者剩余,其前提是市场上的消费者信息是完全的,生产者通晓用户的偏好。

二、简单博弈均衡与信息技术扩散

信息技术扩散的简单博弈均衡原理在于:

		用　户　A	
		新　技　术	旧　技　术
用　户　B	新　技　术	(a,a)	(m,n)
	旧　技　术	(n,m)	(b,b)

不失一般性,假定新旧两种技术具有"正反馈"[①]效应,$a>n,b>m$。该博弈意味着与其他用户一起使用同一技术比单独使用某一技术会产生较高的效用(或效益)。

由于存在着"正反馈"的需求方规模经济利益驱动,与其他用户一起使用同一技术会比单独使用某一技术产生较高的效用,该博弈的纳什均衡解为(a,a)和(b,b)。其结果可能有四种情况,每一种均衡结果都实现了集体效用大于个体加总的获利:

(1) (新,新),当$(a,a)>(b,b)$时;
(2) (旧,旧),当$(a,a)<(b,b)$时;
(3) 超额惯量:(旧,旧),当$(a,a)>(b,b)$时;
(4) 超额动量:(新,新),当$(a,a)<(b,b)$时。

第一种均衡意味着,如果新技术的效用满足程度高于旧技术,则消费者选择新技术;第二种均衡意味着,如果新技术的效用满足程度次于旧技术,则消费者选择停留在旧技术。这两种均衡符合消费者的理性选择,但其前提条件是,必须使消费者能够充分了解、比较和选择技术,同时要适度保障技术所有人的基本权益;另外,消费群体之间的文化、习惯乃至伦理等要求能够实现协调一致,接受共同标准。此外,由于信息技术产品大都是经验产品,存在着"次品市场"的风险,这种均衡的背后必须有合理的制度支持。按照信息技术本身的特性和消费者的理性,第三、四种均衡情况属于特例。但是,当考虑到制度影响和制度差异时,它们又可能成为常例。

信息技术的经济特性和市场规律对传统国际贸易理论提出了新的要求,为国际贸易提供了新的基础和驱动因素,从而也在客观上要求形成合理的制约机制。信息技术具有显著的带动性,它使国际贸易的领域获得了极大的拓展,对新贸易理论的探讨具有重要的理论和现实意义。

案例分析思考题 》

案例4.1 *纺织品服装业的发展*

欧美最早向其他国家大宗输出纺织品,20世纪初,洋布占领中国,挤垮了土布;几十年后情况正好相反,欧美成为净进口国,主要出口国是发展中国家,尤其是中国。请结合当代国际贸易理论解释这种产业领先地位转移的现象。

[①] 正反馈又称需求方规模经济或网络外部性,正如前述梅特卡夫法则所示,加入一个大的网络总会得到更高的价值,集体选择总优于个体选择。

第五章　贸易保护的经典理论

▰本章概要▰

　　本章着重介绍了经典的贸易保护理论及其在现实中的运用。贸易保护不仅是一个经济问题，往往还牵涉政治及社会目标。本章系统阐述了重商主义及其现代翻版、保护新生工业理论等经济原理，以及国家安全论、保护就业论等政治、社会分析。这些理论的分析有助于全面、客观、深刻地审视和评价现实贸易政策。

▰学习目标▰

1. 了解贸易保护的经济利益根源。
2. 体会贸易保护的政治、社会目标。
3. 思考贸易保护与自由贸易之间的辩证关系。

　　经济学家们从静态和动态的角度，分析了国际贸易会给贸易双方带来福利，并能够促进经济的增长；无论是采取关税还是非关税措施，实行贸易保护主义政策，常给社会带来净的福利损失。然而，在现实世界中存在着形形色色的贸易保护政策，没有绝对的自由贸易。本章介绍了贸易保护的经典理论。

第一节　贸易保护的经济原理

　　萨缪尔森在其流行于世的《经济学》教材中指出，政府的作用主要体现在以下四个方面：提高经济效率、改善收入分配、稳定经济、在国际无政府状态下代表国家利益。

一、重商主义及其现代翻版

　　最早的贸易保护理论是 15—17 世纪流行于欧洲的重商主义，其代表作品是英国的托马斯·曼于 1664 年出版的《英国来自对外贸易的财富》。

　　重商主义的主要观点是：金银货币是财富的唯一形式，它反映了一国的富裕程度和国力的强弱。为了增加金银货币，除了开采金银矿之外，只有发展对外贸易并保持贸易顺差，使外国的金银财富流入国内，这是增加财富的最可靠途径。

　　为了保持贸易顺差，重商主义的政策主张是"奖出限入"；由国家管制对外贸易、管制本国工业；鼓励和扶持幼弱的本国工业。

　　重商主义在资本积累时期发挥了重要的作用，对后世也有深远的影响，例如凯恩斯主义主张追求贸易顺差，以及第二次世界大战后日本"贸易立国、出口第一"的基本国策，无不体现了重商主义的政策思想。

　　亚当·斯密对重商主义提出了两点批判：

第一,重商主义混淆了"财富"(Wealth)和"财宝"(Treasure)这两个基本概念。金银货币作为财宝,只是财富的一部分。

第二,重商主义对贸易获利的理解存在偏差。它认为贸易获利意味着贸易伙伴财富流失。而实际上贸易使双方都获利,其源泉是专业化分工带来的生产率的提高。

20世纪30年代,哈罗德将宏观经济学中的投资乘数引申到国际贸易理论,提出了对外贸易乘数论。该理论的主要观点是:出口类似于投资,对本国经济起到增长乘数的作用。具体来说:出口增加导致收入上升,从而使消费需求增加;增长的消费刺激了生产扩大,使得收入进一步上升;增加的收入刺激了投资的增加,由于投资的乘数作用,国民收入加倍增长。另一方面,进口类似于储蓄,是国民收入的漏洞。所以应"奖出限入"。

对外贸易乘数论被认为是重商主义的现代翻版,在20世纪30年代,它成为"关税战"和"贸易战"的理论依据,加深了当时的经济危机。

二、保护新生工业理论

1791年,美国第一任财政部长汉密尔顿在《制造业的报告》中提出了保护新生工业的思想。1841年,德国经济学家李斯特在其代表作《政治经济学的国民体系》中系统地阐述了保护新生工业理论。

保护新生工业理论以生产力理论为基础,以保护关税制度为核心,是为后进国家服务的理论。它的基本观点包括以下几方面内容。

(一)保护时机

李斯特认为,一个国家的发展要经历原始未开化时期、畜牧业时期、农业时期、农工业时期和农工商时期这五个阶段。当时的德国经过工业发展的初级阶段,具备了建成一个工业国的精神上和物质上的必要条件,但还存在更先进的竞争力量,因为当时英国已步入农工商业时期。因此德国有必要也有能力实行对新生工业的保护。

(二)保护对象

新生工业指的是幼稚但有发展前途的工业。保护是要付出代价的,新生工业发展起来后应对这些代价作出补偿并有盈余,这样的保护才是有意义、有价值的。

值得注意的是,受保护的新生工业在起步时,如果国内市场是封闭的,则具有潜在的垄断特征;而恰好是合理保护下的适度开放,打破了这种潜在的垄断,增强了竞争和效率,促进了整个行业的发展。

如图5.1所示,如果国内市场是封闭的,该产业具有潜在的垄断性,按照边际收益(MR)=边际成本(MC)的均衡条件,均衡点 A 对应国内潜在价格是 P_d,潜在产量是 Q_1。在保护新生工业的政策手段下,国外供给的进入打破了这种潜在的垄断性,市场更加具有竞争性,所以世界市场的需求和边际收益以水平线表示,在世界价格 P_w 下,均衡点为 B,国内生产和供应为 Q_2,进口为 Q_2Q_3。因此,保护是过程和手段,而不是目的和结果;保护是为了更好地实现竞争的效率。

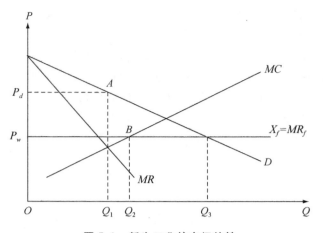

图 5.1 新生工业的市场特性

> 专栏 5.1

印度对纺织业的保护

从 17 世纪到 18 世纪早期,印度是棉纺织品生产的主要国家之一,其产品出口到英国和其他国家及地区。到 19 世纪早期,英国已经完全取代印度统治了世界棉纺织品的生产,并将其产品出口到印度;而印度成为棉花的生产基地,其出产的棉花出口到英国,在那里织成棉布。一种观点认为,工业革命提高了英国的生产技术,使印度这个劳动密集型国家成为棉纺织品的进口国;但工业革命的技术扩散出去,印度掌握这些技术之后,进出口的格局仍然未能改变。另一种观点认为,技术利用效率的国际差距导致印度无法改变进口棉纺织品的状况。

印度独立运动在经济中的体现之一是:必须抵制进口棉纺织品,自己生产棉布,印度的家庭作坊式的棉纺织生产成长起来。1947 年,印度独立政府试图给予这些家庭作坊更多的支持,甚至对本地的纺织工厂征税。这些政策阻碍了印度纺织工厂的发展。印度家庭作坊式的纺织品生产以低廉的工资生存至今。

(三) 保护手段

对新生工业的保护手段主要是利用高关税保护。在新生工业的起步阶段,应逐步提高关税;随着该工业的成长,当其具备竞争能力时,应逐步降低关税,税率的增减视该工业的国际竞争力状况而定。高关税保护期限最长不能超过 30 年。

保护新生工业的原理如图 5.2 所示,虽然后起国有总体的成本优势,但领先国凭借其市场占有量(OQ^*)将价格和成本压低到 P^*(AC^*)。后起国只有达到(OQ')的产量以后,成本优势才能体现出来,在此之前成本高于市场售价(P^*),面临亏损。因此需要高关税提高进口品的价格,使后起国企业度过艰难的起步阶段,并最终赢得成本优势。

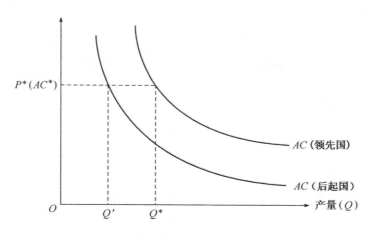

图 5.2 保护新生工业理论

保护新生工业理论对于美、德、日等国家的经济腾飞起到了积极作用,是发展中国家合理保护民族产业的理论依据。但在实践中,往往存在保护对象难以确定等问题,因此有不少失败的教训。

美国经济学家保罗·克鲁格曼对保护新生工业理论提出了两点批判:第一,保护新生工业理论要求在今天保护明天才具备竞争能力和比较优势的产业,而今天发展这些产业的要素投入还很缺乏。第二,高关税保护是次佳的政策选择,促进工业发展的最好办法是建立完善的资本市场以及实行补贴。

三、市场失灵与贸易保护

贸易保护的理论家指出,局部均衡分析方法阐明了关税、配额等贸易保护政策对社会福利可能造成净损失,但这一分析建立在完全竞争和充分就业的有效市场的前提之下,是类似于真空状态的经济分析。现实中国内市场可能存在着种种失灵的情况。如某一部门使用的劳动力在其他情况下可能失业或半失业;资本市场或劳动力市场存在缺陷,使资源不能向高回报部门迅速转移;新兴的或不断革新的行业可能出现技术外溢。面对复杂的现实情况,贸易保护是不可避免的。

就具体产业而言,某些领域存在着明显的市场失灵状态,客观上要求实施政府的干预和保护。最典型的是农产品市场,根据弗里希(Frisch)和丁伯根(Tinbergen)"蛛网循环"理论,由于农产品有着特殊的供给、需求特征,该市场呈现出发散型"蛛网循环",市场价格机制自发作用的结果会离均衡点越来越远。发达国家普遍对农业实施巨额的补贴,例如欧洲的"共同农业政策"每年用政府补贴形成农产品的支持价格,使欧洲这个土地稀缺、没有农产品生产优势的地区成为农产品的出口地。美国一直将农业作为战略性贸易产业计划实施的重要领域,2002年美国总统布什签署了农产品补贴法案,决定在此后10年内,美国联邦政府用于农业的补贴将达1 900亿美元,比旧法案规定的补贴增加了80%;除了对一直接受政府补贴的种植者增加补贴外,还将增加对其他农牧产品生产者的补贴。这一法案使过去基本得不到政府拨款支持的畜牧产品、水果和蔬菜生产者等都获得了美国政府的支持。

第二节 贸易保护的政治及社会目标

贸易保护不是一个纯粹的经济问题,往往与政治及社会目标有着密切的联系。从某种意义上说,政治与社会目标甚至高于经济利益的考量。

一、国家安全论

国家安全论认为,贸易壁垒是保障国家安全所必需的手段。任何希望成为世界强权的国家必须保有某些关键的产业部门,若一国没有钢铁工业、军械武器工业以及若干具有战略意义的工业,那么在战争时期这个国家将会不堪一击。

国家安全论的典型体现是1949年11月成立的"巴统"以及美国对古巴长达四十余年的贸易禁运。"巴统"是国际性的多边出口管制机构,1952年增设了所谓"中国委员会"(China Committee——CHICOM),负责对中国的出口管制。"巴统"在1994年宣告解散,但其影响远未消除。

美国历届政府都对古巴采取敌视政策。1959年初古巴革命胜利;1961年年初,美国同古巴断交;自1962年起,美国对古巴实行全面贸易禁运和经济封锁。贸易禁运给美国和古巴都带来了福利损失,美国国内反对的呼声日涨。"9·11"事件发生后,古巴政府旗帜鲜明地谴责恐怖主义,并表示愿向美国提供医护救援、血浆和其他所有可能需要的帮助。不久,在古巴遭受飓风袭击后,美国政府也破例向古巴递交外交照会表示慰问,并表示愿意提供人道主义援助。2001年12月16日,40年来第一次由美国船满载的首批美国食品和粮食抵达哈瓦那。但好景不长,2002年5月初,美国当局公开宣布:古巴等4个拉美国家是该地区"不稳定国家";以"与恐怖国家有染"为由禁止古巴等国公民入境;以古巴正在发展生物武器技术和把这一技术扩散到一些对美国不友好的"无赖国家"为借口,公然声称,如果古巴不停止这样做,将可能成为美国的打击目标。

二、保护就业论

保护就业论是当前发达国家贸易保护主义的重要理论依据。该理论认为:首先,自由贸易理论存在缺陷,即假设贸易双方将自己的资源转移到有比较优势的部门,所有被转移出去的资源都能被重新利用,而且在高效率的部门使用,而事实并非如此;另外,由于工资差距很大,发达国家大量进口廉价的劳动密集型产品会冲击国内同类产品的生产,使一部分工人失业;而且,进口欠发达国家"血汗工厂"的产品是一种不道德的行为。

保护就业论认识到自由贸易理论有严格的基本前提假设,其结论的严格有效是需要满足必备条件的,这对于我们客观评价和合理运用自由贸易理论有重要意义。但是,保护就业论认为劳动工资决定劳动成本,事实上劳动成本由劳动工资和劳动生产率两方面构成,工资差距完全可以通过劳动生产率的提高得到弥补。20世纪70年代以后,日本工资增长速度快于其他发达国家,但这并没有带来日本劳动成本的相应上升,也没有影响日本的出口增长势头。同时,发达国家对"血汗工厂"的评价是不合理的,不能以富国的标准要求穷国。发达国家拒绝进口所谓"血汗工厂"的产品,只能使欠发达国家更加贫困,制造更多的"血汗工厂",同时也损害发达国家资本和技术密集型产品的出口。

实证分析表明,以限制进口来保护就业成本高、效果差。美国减少100亿美元的进口,可以减少17.9万人的失业;但美国增加100亿美元的出口,可以增加19.3万人的就业。1990年美国因进口冲击造成的失业只占总失业人口的5%—10%。

自20世纪70年代以来,一些发达国家居高不下的失业率成为困扰社会的严重问题,利用贸易保护主义来保护就业,不仅在工人和工会组织,而且在经济学界和其他民众当中都产生了较大的影响,他们支持通过贸易保护主义的法案,要求政府采取贸易保护主义政策。但是,从以上分析可以看到,保护就业论的基本观点是值得商榷的,相关措施也不能从根本上解决发达国家的失业问题。

保护就业论也提出了一个值得思考的问题,国际贸易的最终结果是在比较优势的作用下实现全球资源的更优配置,但在资源转移的过程中,难免会出现一部分资源的闲置或低效率使用,如何解决这类不经济的问题,古典和新古典经济学家都没有提及。在现实当中,这些问题不仅仅存在于发达国家,一些新兴工业化国家或地区在产业结构的升级过程中,劳动密集型产业向海外转移,这些部门的产业工人也面临着失业的困扰。在政策手段方面,保护就业论提出运用贸易壁垒来阻挠发展中国家劳动密集型产品的进口,实践证明这是不可取的。解决本国的就业问题,关键在于合理进行产业结构调整,积极发展服务行业,做好再培训的配套工作,使失业工人能找到再就业的机会。

专栏5.2

"正和博弈"及"以邻为壑"

经典贸易模型揭示了国际贸易带来"双赢"的结果,而信息技术的"需求方规模经济"效应则进一步拓展了贸易的"双赢"。"正和博弈"的结果是贸易获利的诠释,也是贸易产生和发展的利益驱动。经典模型一般认为,价格的差异是贸易的基础,各种理论的分歧主要在于对导致价格差异的原因解释不同:古典理论归因于劳动生产率的绝对/相对差异,新古典理论归因于要素禀赋和要素密集度的不同,当代国际贸易理论引入了规模经济、需求、技术周期等新的因素。

值得注意的是,"正和博弈"和"双赢"结果都是建立在一系列基本假定的基础之上,当现实与假定发生偏离时,政策应当作出相应的调整。贸易理论的发展历史是由自由贸易理论与贸易保护理论的交织与并存共同谱写的。重商主义理论、对外贸易乘数论、保护新生工业理论、战略性贸易和产业政策、保护就业论、国家安全论等形形色色的保护性贸易理论对政策的影响一直存在,在某些时期,尤其是经济不景气或出于政治需要时更容易抬头。事实上,贸易保护与自由贸易是贸易理论及政策中或明或暗的两条主线,它们形成了短期与长期、手段与目标的相辅相成的关系。从一国贸易政策,到双边贸易交往、地区经济合作及多边贸易体制,各层面的贸易理论探讨都应当注意协调这两者之间的关系,使之达到微妙的平衡。

案例分析思考题

案例5.1 美国机车行业的发展

1901年,第一辆机车在美国诞生,此后有约150家生产商;到1978年,由于进口冲击,美国仅剩下哈利—戴维森一家生产商,还有两家日本厂商;1982年,在哈利—戴维森的进口保护请求下,一个USITC的调查小组证实进口的确严重损害了哈利—戴维森的利益,从1983年起,在原有配额外,对进口品征收为期5年的较高关税;高关税使进口品在美国机车市场的份额从原有的60%—70%下降到1984年的31%,哈利—戴维森在国内的市场份额上升,美国该产品的出口在1987—1991年以每年37%的比例高速增长,但美国消费者为每辆机车大约多支付了400—600美元的成本。请结合你对国际贸易理论和政策的理解来分析美国机车行业发展的历程。

案例5.2 请结合WTO的基本规则及其例外条款阐明多边贸易体制如何协调自由贸易与合理贸易保护之间的关系。

案例5.3 美国贸易政策中的保护色彩——1988年《综合贸易法案》(OTA)

1. 201条款(免除条款):进口救济

当进口增加是美国企业亏损的"主要原因"或造成"重大伤害"的威胁时,可以采用关税、配额等数量限制或以上几种措施相结合的进口救济方法,还可以对受害于进口竞争的企业和工人给予适当的行业援助,或选择与进口品的主要供应商谈判达成有秩序的市场协定。OTA扩大了救济范围,包括拍卖配额、国际谈判的发起和立法建议。

2. 232条款(国家安全条款)

总统有调整威胁国家安全的进口产品的权力,总统还可以在任何时候,对认定必须进行调整的进口产品采取任何行动。

考虑:满足计划内国防需求的国内生产受到进口品的影响,国内经济减弱对国家安全的破坏(政府财政收入减少、技术或投资的丢失或国内产品被取代)。

3. 301条款(报复措施)

美国贸易代表办公室、美国企业或其他任何利益相关的国内组织都可以援引"301条款",或要求美国贸易代表办公室引用"301条款"的法律程序对外国政府提出申诉。该条款给予执法部门宽泛的报复权力以便使利益相关的国内企业对外国政府的任何"不公正、不合理或歧视性的、给美国商业造成压力或限制"的活动提出申诉。

"超级301条款"要求贸易代表在每年4月30日将"不公平贸易国家"名单递交国会,他们可能被作为报复对象。首登黑名单的是日本、印度和巴西。日本上黑名单的原因是禁止公共单位购买美国的卫星和超级电脑以及排挤美国木材制品。印度是因为不让外国投资其保险业。巴西是因为对几乎所有进口商品都实行许可证制度。

"特别301条款"涉及知识产权保护问题。中国在1991年首登黑名单,经过谈判,中国同意保护美国在华的专利、版权等,美国随即撤销了对中国的"不公平贸易"指控。中国台湾地区因保护知识产权不力,导致美国的影片、唱片、电脑软件、书籍等被大量盗印、盗版而在1992年被列上黑名单。2001年美国对80个国家的知识产权调查认为乌克兰等51个国家对美国的知识产权保护不力。

4. 337条款(知识产权)

依靠这种保护的美国公民往往是一些"世界上最先进、最具竞争力"的人。美国国际贸易委员会(ITC)可以命令侵权产品禁止入境,停止侵权。

5. 303条款(反补贴税)、731条款(反倾销税)

乌拉圭回合达成协议以前,在美国存在两套反补贴的税法:一套是适用于与美国有补贴协议的国家或地区(适用补贴协议),另一套是针对那些与美国没有补贴协议的国家或地区(适用1930年的关税法第303节的规定,简称303条款)。1994年乌拉圭回合谈判签署了反补贴措施协议,美国根据在协议中承诺的义务废止了1930年关税法第303

节,美国关税法第7部分成为政府采取反补贴措施时适用的统一法律。近些年,美国频繁对华适用反补贴法,这打破了"反补贴法不适用于非市场经济国家"的历史。

美国反倾销政策的保护性由来已久,731条款是其中的一个路径。例如2003年6月23日,美国Penn专业化学有限公司依据美国贸易法案731条款就原产于中国的四氢糠醇向美国国际贸易委员会提起反倾销诉讼。

请从美国贸易法中的保护性规定中体会贸易保护与自由贸易的关系。

第二篇 国际贸易的政策运用及新型贸易秩序

第六章　WTO 概述

▮本章概要▮

　　本章介绍了多边贸易体制的基本框架和运行机制,着重阐明了 WTO 的基本原则,并运用经济学的原理分析了其市场特性,揭示了多边贸易体制作为各成员方政府行为规范及作为市场的基本属性。
　　争端解决机制是 WTO 皇冠上的明珠,本章分析了其准自动的基本程序和矛盾重重的执行程序,以及这一机制中体现的效率与公平。

▮学习目标▮

1. 了解 WTO 与 GATT 的区别与联系。
2. 理解 WTO 的基本原则。
3. 体会 WTO 的市场特性。
4. 通过案例分析掌握 WTO 争端解决机制的基本特征和基本程序。

　　世界贸易组织(World Trade Organization,简称 WTO)目前已成为华夏大地上众所周知的名称。中国"入世"已十多年,人们对 WTO 的认识也从起初的新奇过渡到更多深层的思考。

第一节　WTO 总体框架

　　WTO 是对关税与贸易总协定(General Agreement on Tariff and Trade,简称 GATT)的继承与发展,是目前国际经济新秩序的三大支柱之一。

一、从 GATT 到 WTO

　　第二次世界大战以后国际经济秩序面临三大基本问题:货币问题、投资问题和贸易壁垒削减问题,为此分别成立了三个重要的机构:国际货币基金组织(IMF)、国际复兴开发银行(后改称世界银行)和 GATT。1947 年,23 个缔约方签署了《关税与贸易总协定》(GATT 1947),成立了 GATT。到 1996 年,GATT 作为机构退出了历史舞台,被 WTO 取代;但作为协议经过修订后依然存在,GATT 1994 成为 WTO 货物贸易规则的核心部分。
　　GATT 在其历史上举行了八轮多边贸易谈判,大大削减了贸易壁垒,促进了贸易的自由化。尤其是第八轮——乌拉圭回合在三个方面取得了突破性的进展:一是将长期游离在多边贸易体制之外的农产品贸易和纺织品服装贸易纳入了多边贸易体制;二是将其管辖范围从 GATT 时期的货物贸易领域进一步拓展到包括服务贸易及与贸易有关的知识产权领域;三是建立了 WTO。

WTO 成立于 1995 年,与 GATT 并行交接一年,1996 年正式取代 GATT。WTO 继承了 GATT 的贸易自由化思想,但与 GATT 有着重要的区别:首先,从国际地位看,WTO 是独立的国际经济组织,其协议经过各成员方立法机构的批准,具有宪法性的地位;而 GATT 则只是一个临时性的多边贸易协定,没有法人地位,其协议也未经各缔约国立法机构批准。其次,从协议的接受看,WTO 的所有协议原则上必须一揽子全盘接受,不能挑选,不能保留。再次,从管辖范围看,GATT 只涉及货物贸易领域,WTO 还包括服务贸易及与贸易有关的知识产权领域。最后,从争端解决看,GATT 的争端解决遵循全体协商一致的决策原则,随着国际贸易争端的复杂化,该机制越来越显无力;WTO 的争端解决遵循消极协商一致的决策原则,即除非全体一致同意否决专家组的裁决,其裁决即获通过。

中国是 GATT 最早的缔约国之一,1949 年新中国成立后,国民党政府单方面宣告退出 GATT,但这并不能代表新中国政府的态度。1986 年中国提出恢复在 GATT 中地位的申请,从此开始了长达 15 年的"复关"和"入世"谈判。2001 年年底,中国终于成为 WTO 第 143 个成员方,从而掀开了华夏文明与其他国家地区交流的新篇章。

二、WTO 的组织机构

从 WTO 的组织框架看,它是一个成员驱动型的国际经济组织。其最高权力机构是由全体成员方组成的部长级会议,该会议至少每两年召开一次。自成立以来,WTO 已分别在新加坡、日内瓦、西雅图、多哈、坎昆、香港和日内瓦召开了第 1—7 次部长级会议。部长级会议休会期间,总理事会负责主持 WTO 的事务,是最高执行机构,由全体成员方共同组成。总理事会由总干事负责,从 GATT 时期过渡而来的总干事是彼得·萨瑟兰,WTO 任命的第一任总干事是罗纳多·鲁杰罗,第二任是约翰·穆尔,第三任是素帕猜·巴尼巴迪,第四任是帕斯卡尔·拉米,第五任是罗伯托·阿泽维多。总理事会同时兼有贸易政策评审机构和争端解决机构的职能,故被称为"一班人马,不同的帽子"。另外,在多哈会议上决定,在总理事会下专门设立贸易谈判委员会,来推动多边贸易谈判的进行。

在总理事会下设有货物贸易理事会、服务贸易理事会以及与贸易有关的知识产权理事会三个分理事会,分理事会下管一些委员会和工作组。

三、WTO 的法律框架

WTO 的法律框架由一个协议和四个附件共同组成,其主协议是《建立 WTO 的马拉喀什协议》,它规定了 WTO 的宗旨、加入和退出程序等基本问题。附件 1 包括了货物贸易多边协议、《服务贸易总协定》(GATS)和《与贸易有关的知识产权协定》(TRIPs),其中货物贸易多边协议包括了 GATT 1944、《补贴与反补贴措施协议》《反倾销措施协议》《动植物卫生检疫措施协议》等 13 项协议。附件 2 是关于争端解决规则与程序的谅解,附件 3 是贸易政策的评审机制,附件 4 包括了几个诸边协议。[①]

---

① 在 WTO 成立时,有《政府采购协议》《民用航空器协议》《国际奶制品协议》《国际牛肉协议》四项,后两项 1997 年年底废止。

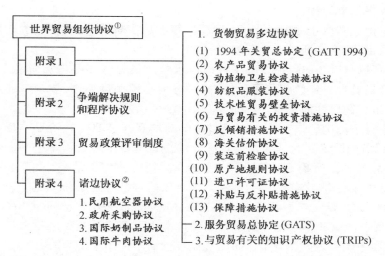

值得注意的是,WTO 的协议对各成员方而言是一个累积性的义务,具有宪法地位。除了诸边协议在签署方之间生效之外,其余协议要求各成员方原则上应一揽子接受。

第二节　WTO 的制度分析

世界银行高级经济专家伯纳德·霍克曼和迈克尔·考斯泰基在《世界贸易体制的政治经济学》一书中指出:理解 WTO 时有两点非常有帮助,首先是将其视为一种行为准则,其次是将其视为一个市场。

一、WTO 的基本原则

作为一种行为准则,WTO 规范着各成员方的政府行为。《世界贸易体制的政治经济学》一书对其作了一个形象的比喻:WTO 就像一根桅杆,各成员方政府只要有决心,就可以把自己绑在桅杆上,去抵制各种利益集团像塞壬[3]一般的呼喊。

WTO 秘书处主编的《贸易走向未来》一书将 WTO 的基本原则归纳为五个方面:贸易无歧视、贸易更自由、贸易可预见、促进公平竞争、鼓励发展和经济改革。

贸易无歧视原则(Trade Without Discrimination)包括最惠国待遇原则(Most-favored-nation Treatment)和国民待遇原则(National Treatment),前者要求所有成员方平等地对待所有外来产品和服务的提供者,后者要求所有成员方给予外来产品和服务提供者的待遇不得低于本国产品和服务提供者。值得注意的是,无歧视原则在货物和服务贸易领域的适用有所不同。在货物贸易领域,无歧视原则仅针对产品,不包括产品的生产者,是一般性义务,必须立即无条件给予。在服务贸易领域,无歧视原则不仅针对服务产品,还针对服务的提供者,国民待遇原则属于具体承诺的义务,各成员方仅对已承诺的事项负责。另外,国民待遇的要求是"不低于",并不禁止实施对外来产品和服务提供者给予高于本

---

① 1993 年 11 月乌拉圭回合结束前原则上形成《多边贸易组织协议》,后在美国提议下改名《世界贸易组织协议》,在 1994 年马拉喀什会议上获得通过。
② 诸边协议区别于《一揽子接受协议》,前者可以有保留、有选择地加入,后者必须无条件地全盘接受。
③ 塞壬是希腊神话中的女海妖,她们专门在岛屿上发出美妙的歌声,吸引过往船只靠近触礁沉没。

国产品和服务提供者的待遇。

贸易更自由原则(Freer Trade)一方面要求不断减少贸易壁垒,另一方面则允许实行渐进的贸易自由化,循序渐进地进行改变。

贸易可预见原则(Predictability)一方面要求各成员方保证不增加贸易壁垒,使各成员方的商业环境具有稳定性和可预见性,另一方面是透明度原则,要求各成员方公开其政策及做法,进行制度性的贸易政策评审。

促进公平竞争原则(Promote Fair Competition)体现在WTO的《补贴与反补贴措施协议》及《反倾销措施协议》,允许通过征收额外的进口关税来补偿因不公平贸易而造成的损失。《世界贸易体制的政治经济学》一书评介:与其说WTO是一个"自由贸易"组织,不如说它是致力于公开、公平和无扭曲的竞争规则的贸易体制。

鼓励发展和经济改革原则(Encourage Development and Economic Reform)体现在WTO允许发展中国家和转型经济国家在贸易自由化方面享受更长的过渡期和一些优惠待遇,允许发展中国家之间相互给予贸易优惠条件而不适用于发达国家。

二、WTO的市场特性

WTO的制度被誉为人类文明的精华和结晶,但它仍处在一个不断完善和发展的进程中。从根本上说,WTO的制度顺应了经济学的效率,体现了法学的公平,并在二者之间不断寻求着微妙的平衡。

(一) WTO运行机制的市场特性

WTO的运行机制包括关税减让、禁止数量限制、限制非关税壁垒等贸易自由化的举措和一系列的例外条款。在引言第二部分国际贸易产生的经济原理中,我们通过局部均衡和一般均衡分析得出了共同的结论:自由贸易带来了福利的增长和"双赢"的结果——由此可以理解WTO贸易自由化思想的经济原理。

但另一方面,由于局部均衡和一般均衡分析本身具有一些约束条件,因而当现实与这些假定发生偏离时,政策必须作出相应的调整——由此可以理解WTO规则中的一系列例外条款。

(二) WTO决策机制的市场特性

WTO的决策主要在多边贸易谈判中完成,是一种全体成员方驱动的决策方式。对于多边贸易谈判的市场特性可以借助两个经济学原理和模型加以理解。

1. 科斯定理

科斯定理认为,如果交易成本为零,定义清晰的产权关系和自愿交易是资源配置有效性的制度条件。

多边谈判本身提供了各成员方相遇的平台,降低了交易成本。为了进一步减少交易成本,WTO允许甚至鼓励成立谈判联盟,以联盟之间的谈判代替成员之间的谈判。另外,WTO尊重各成员方独立的主权,使得在多边贸易体制下各成员方事实上享有明确的主权地位。在谈判过程中,没有武断的干涉,各成员方在互惠的基础上进行着市场准入的交换。

2. 布坎南的"自愿解"模型

图6.1中,D_a、D_b分别代表A、B对公共品的需求;S_a、S_b分别代表A、B需要对方的支付;M、N是均衡点。在达到均衡点M、N之前,一方要求对方的支付小于对方愿意作出的最

大支付,存在令双方都能受益的谈判空间。因此只要存在未穷尽的利益,就会发生自愿的、相互受益的谈判,各方会进行任何可能的帕累托改善,直到实现各方利益的最大化。这是一种公共品私人提供的有效机制。

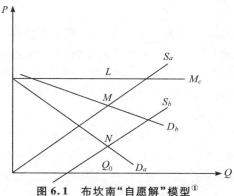

图6.1　布坎南"自愿解"模型[1]

"自愿解"达成的前提条件是:无交易成本;各方能够相遇,相互了解共同的利益;各方地位相仿,势均力敌,不会发生以强凌弱;各方真实显示偏好,并按真实偏好行事,没有策略行为。

多边贸易谈判在制度上尽可能满足"自愿解"达成的前提条件。例如鼓励结成谈判联盟,减少交易成本,平衡谈判力量;允许各成员方共同拟定谈判议题,真实地显示偏好。所以,多边贸易谈判的制度安排类似于布坎南"自愿解"模型下的公共品私人提供模式,是符合经济学原理的。

WTO中的重大事项[2]由全体成员方按照"一国一票"的原则进行投票决策。这一决策机制的经济学原理可以借助布坎南、塔洛克的"同意的计算"模型来理解。

图6.2中,C_{dm}是决策成本,C_{pe}是决策的外部成本,C_t是决策的总成本。在决策人数为(N_0,N_2)时,个体接受强制解的收益大于成本,将会自愿接受。当决策人数为N_1时,为理想多数。可见,"一国一票"的投票制度可以得出符合个体理性的解。

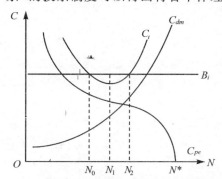

图6.2　布坎南和塔洛克"同意的计算"模型[3]

---

[1]　参见刘宇飞,《当代西方财政学》,北京大学出版社,2000年版,第113—114页、第141页。

[2]　WTO中要求投票的有四种情形:一是对多边贸易协议的解释,应为¾制;二是部长级会议豁免某一成员方的义务,为¾制;三是修改多边协议规定的决议,根据决议的性质,或全体通过,或⅔制,但修改只针对同意接受的成员方生效;四是接受新成员,为⅔制。

[3]　同[1]。

三、WTO 的争端解决机制

争端解决机制被誉为 WTO 皇冠上的明珠,它有三个方面的突出特征。

1. 消极协商一致

在发生贸易争端时,市场出现了失灵,GATT 时期全体协商一致的争端解决机制越来越显不力。WTO 在争端解决的决策上采取了消极协商一致的做法,即除非全体同意否决专家组的报告,该报告就算获得通过。消极协商一致采用合理的干预来纠正市场失灵,使得争端解决事实上有着准自动的基本程序。

2. 注重和解的程序

WTO 的争端解决过程注重调解与和解,鼓励双方在合作基础上解决争端。按照科斯定理,这种自愿的交易、谈判合作解是有效率的制度安排。WTO 受理的第一起贸易争端——美日汽车贸易摩擦达到了最终和解,此后的许多案例也都以和解告终。

3. 矛盾的复杂性可能向执行阶段转移

消极协商一致的原则使得 WTO 的争端解决具有准自动的基本程序,因而矛盾的复杂性也就可能向执行阶段转移。

"香蕉案"是跨越 GATT 到 WTO 时期的经典案例,在审理过程中,各方使尽浑身解数,即使到了执行阶段,矛盾也仍然时有突现,甚至屡次爆发案中案。

专栏 6.1

欧共体香蕉案

欧共体香蕉案被称为从 GATT 到 WTO 里程碑式的"十年贸易大案"之一,涉及多边贸易体制近三分之一的成员(美国、欧盟、危地马拉、洪都拉斯、墨西哥、厄瓜多尔 6 个当事方,其中欧盟涉案期间代表 16 个成员方,此外还有 20 个第三方);案件涵盖了货物贸易、服务贸易和技术贸易三大领域。

香蕉案针对的是欧共体 404/93 条例,该规定对不同的香蕉供应国采取了不同的关税配额制度。"BananasI"和"Bananas II"发生在 GATT 时期,1993 年和 1994 年 GATT 专家组两次裁决欧盟 404/93 条例违反最惠国待遇原则及多边贸易体制的其他义务,但 GATT 时期的争端解决遵循"全体协商一致原则",由于欧盟的阻挠,专家组的报告未能被通过。

"Bananas III"发生在 WTO 成立后,1996 年厄瓜多尔、危地马拉、洪都拉斯、墨西哥和美国向 WTO 提出磋商要求。WTO 的争端解决机构(DSB)遵循"消极协商一致原则"(只有全体反对,专家组裁决才能被否决),1997 年 DSB 通过专家组和上诉机构的裁定,认为欧盟的 404/93 条例违背最惠国待遇原则。

香蕉案在执行过程中又爆发了若干"案中案"。例如 1999 年 1 月 29 日,欧盟对美国提出的中止水平表示反对,该争议提交仲裁;同年 3 月 3 日,美国决定采取措施,对来自欧盟的某些产品中止通关,对这些产品的每一笔进口施加 100% 的关税作为或有责任,涉及的产品价值每年达 5 亿美元;3 月 4 日,欧盟提出磋商要求;4 月 19 日,美国获得 DSB 授权对欧盟实施报复。

为什么美国和欧盟要为自己不生产的香蕉而争执不休？主要原因在于该案涉及的享受优惠待遇的香蕉来源地与欧盟之间存在着历史、文化、殖民地等千丝万缕的联系,香蕉对于欧盟已不是一种普通的水果,而是直接关系到欧盟的核心利益。美欧的农产品贸易战难免以香蕉作为主战场之一。

专栏 6.2

WTO 自由贸易与公共道德第一案:安提瓜诉美国网络赌博服务争端案

安提瓜和巴布达是世界上提供网络赌博最活跃的国家之一,网络赌博成为该国经济的支柱产业,在就业、国民生产总值和财政收入等方面占重要地位。美国长期以来是世界最大的赌博服务消费市场。由于美国各州法律不同,而联邦立法对从事跨州赌博是禁止的,对于通过互联网进行的跨州跨国赌博,各州无一例外地加以禁止或严格管制,禁止赌博者利用信用卡进行任何网上下注。

安提瓜和巴布达认为美国对网络赌博的管制措施对其网络赌博业造成严重损害,2003 年投诉到 WTO。美国认为,美国的有关立法应属于"公共道德"或"公共秩序"例外,因为其所禁止的网络赌博易于为洗钱团伙所利用,并有可能使未成年人使用其父母的信用卡进行数额巨大的网上赌博。安提瓜和巴布达则认为,很多形式的赌博在美国都是合法的,那么所谓"公共道德"或"公共秩序"例外就是对外国从业者的不公平,其主要意图是保护美国庞大的赌博产业利润不让外国从业者染指。

该案经过了专家组和上诉机构的裁定,成为 WTO 争端解决机制历史上第一个诉诸上诉机构的服务贸易总协定案件。2007 年 5 月 7 日,美国宣布:不准备修改被裁定为违反服务贸易总协定的国内法律,而将通过 WTO 程序来修改其在服务贸易总协定的减让表,并经过 6 个月的谈判与欧盟达成补偿协议。安提瓜和巴布达经过 WTO 授权可以对美国在《与贸易有关的知识产权协定》(TRIPs)领域采取每年不超过 2 100 万美元的报复措施。

案例分析思考题

案例 6.1 美国精炼汽油与传统汽油标准

1. 基本案情简介

本案例是 WTO 争端解决机构按照争端解决程序通过的第一个争端解决报告。

1963 年,美国政府制定了《空气清洁法》,旨在防止和控制美国空气污染。1990 年,在该法修正案中,美国国会指示美国环境保护局就汽油的成分和排放标准制定新的标准。新标准适用于美国汽油提炼商、汽油合成商和进口商。

《空气清洁法》及其修正案建立了两种汽油计划,以确保美国汽油消耗中的污染不超过 1990 年的水平。该法将美国汽油销售市场分为两个部分:第一部分为九大都市重污染区,又称"未达标区域"。该区域只允许销售精炼汽油,禁止销售传统汽油。第二部分市场,也就是美国其他地区,允许向消费者销售传统汽油。

《空气清洁法》及其修正案在汽油计划中分别确定了精炼汽油和传统汽油的构成和性

能标准,要求汽油提炼商、合成商和进口商在全国其他地方销售的传统汽油像 1990 年一样清洁。为了达到这样的目标,必须对汽油提炼商、合成商和进口商销售的汽油确定单独的基于 1990 年销售的汽油的基准。但是,美国环保局对于美国国内汽油提炼商和外国汽油进口商,在传统汽油和精炼汽油的销售中,采取了两种标准。

对于传统汽油的销售,环境保护局确定的基准分为两类:一类为历史基准;另一类为法定基准。有三种方法可以确定单个实体的历史基准:第一种方法是汽油提炼商必须用自己在 1990 年实际的汽油质量和数量数据确定历史基准;第二种方法是在没有第一种方法要求的历史数据情况下,国内提炼商必须使用 1990 年汽油混合库存质量数据和生产记录对历史基准进行确定;第三种方法是在第二种方法条件不具备的情况下,使用 1994 年以后能够代表 1990 年汽油质量数据的汽油库存数据来确定历史基准。但是,如果美国环境保护局没有足够可靠的数据确定 1990 年销售汽油的构成,则需要采用法定基准。法定的年度基准价值采用法定的夏季基准和冬季基准计算。但是,上述确定方法只适用于美国国内汽油提炼商和合成商;美国环境保护局认为由于没有外国提炼商 1990 年的历史数据,汽油进口商不能采用上述方法确定其单个历史基准。在此情况下,美国环境保护局要求外国汽油进口商实行法定基准。

对于精炼汽油规则,美国环保局对美国汽油提炼商和外国汽油进口商也采取了两种标准:美国国内汽油提炼商在美国销售的汽油的各种指标排放应当符合按照 1990 年的单个基准确定的标准或其他规定的标准,并不得高于 1990 年的排放水平;但是,外国汽油进口商则不能使用 1990 年的单个基准,而必须遵守按照法定基准确定的标准。

1995 年,委内瑞拉与巴西针对美国的汽油规则向 WTO 提出申诉,认为美国的汽油规则违反了关贸总协定中的第 1 条——最惠国待遇原则,因为它对于从第三国(加拿大)进口的汽油提供了更优惠的待遇;同时,它也违反了关贸总协定第 3 条——国民待遇原则,因为美国对于国产汽油和进口汽油实行了双重待遇,对于国产汽油提供了更为优惠的待遇;进一步,它还违反了贸易技术壁垒协议第 2 条——技术管制,对国际贸易造成了不必要的障碍。在本案例中,欧共体和挪威作为有利害关系的第三方,支持委内瑞拉和巴西的主张。

美国认为美国的汽油规则属于关贸总协定第 20 条例外的情形,对于保护人类和动植物生命或健康是必要的,与保护易枯竭性自然资源有关。

对于委内瑞拉和巴西提出的主张以及美国所认为的其汽油规则可以援引关贸总协定第 20 条的例外情形,WTO 争端解决机构将如何进行审查和裁定? 美国的汽油规则是否违反了最惠国待遇原则和国民待遇原则? 美国是否应当依照 GATT 1994 第 20 条获得例外而受益呢?

2. WTO 争端解决机构对于本案的审查和裁定

按照 WTO 有关争议解决程序,WTO 成立了专家组,并分别审查了申诉方和应诉方的各自理由和观点,作出了专家组报告。专家组报告主要认为:

首先,美国国产汽油与进口汽油是相同产品,但是,按照美国的基准确立规则,进口汽油实际上被阻止享有赋予国内生产汽油的优惠的销售条件,美国对于进口汽油与国产汽油实行了差别待遇。因此,美国汽油基准确立规则与 GATT 1994 第 3 条——国民待遇原则第 4 款不一致。

其次,美国的汽油规则与 GATT 1994 第 3 条第 4 款不一致,同时,也不应当根据 GATT 1994 第 20 条的例外受益。

再次,没有必要确定争议措施是否与贸易技术壁垒协议第 2 条不一致。

最后,建议 WTO 争端解决机构要求美国将其汽油规则有关部分与其在 GATT 1994 中的义务相一致。

1996 年 2 月,美国方面向 WTO 上诉机构提起上诉——但它只是就专家组报告中对 GATT 1994 第 20 条的解释和美国汽油规则不适用于第 20 条提出了异议,而未就裁定的其他内容提出异议。

1996 年 4 月,上诉机构发布报告。报告虽然就专家组的报告中对 GATT 1994 第 20 条的解释进行了一定的修正,但仍然与专家组一样,认为美国的汽油规则没有满足 GATT 1994 第 20 条的要求,因此美国不能根据 GATT 1994 第 20 条而受益。同时,上诉机构建议 WTO 争端解决机构要求美国将汽油基准确立规则与其在 GATT 1994 下的义务相一致。

1996 年 5 月,专家组的报告和上诉机构报告获得通过,美国则表示将汽油基准确立规则与其在 GATT 1994 下的义务相一致。

请从该案例中体会 WTO 争端解决机制基本程序的准自动性特征。

案例 6.2 美国"301 条款"案

1. 基本案情简介

美国 1974 年贸易法第 301 节至 310 节,即所谓的"301 条款"规定:美国贸易代表如果确定外国的法律、政策或做法否定了美国依贸易协定应当享有的权利,或者外国的法律、政策或做法不合理且对美国的贸易造成负担,美国贸易代表应当采取措施,采取措施的日期应在贸易协定规定的争议解决程序结束后 30 日内或调查发起后 18 个月内;任何利害关系人都可以向贸易代表提起申请,贸易代表依申请作出了肯定的裁定,则应对申请提出的问题发起调查,并与有关国家进行磋商。

1998 年 11 月,欧共体根据 WTO《关于争端解决的规则和程序的谅解》向美国提出就 1974 年美国贸易法第 301 节至 310 节进行磋商。欧共体提出,在乌拉圭回合协议生效后,美国仍然维持和适用 1974 年贸易法第 301 节至 310 节,违反了美国和其他乌拉圭回合参加国家达成的乌拉圭回合协议内容,其中涉及的条款包括《关于争端解决的规则和程序的谅解》第 3 条、第 21、22、23 条,以及 WTO 协定第 16 条。具体来看,欧共体提出:

第一,美国 1974 年贸易法 304(a)(2)(A) 要求无论争端解决机构是否通过专家组或上诉机构对同一事项作出裁定,美国贸易代表都要就另一成员是否拒绝了美国根据 WTO 的权利或利益作出裁定。这违反了《关于争端解决的规则和程序的谅解》23.2(a)。

第二,美国 1974 年贸易法 306(b) 要求美国贸易代表就争端解决机构的建议是否得以实施作出裁定,而不管《关于争端解决的规则和程序的谅解》21.5 下的程序是否已经完成。这违反了《关于争端解决的规则和程序的谅解》23.2(a)。

第三,在没有实施争端解决机构建议的情况下,306(b) 要求美国贸易代表裁定应当根据第 301 节采取相应措施;这违反了《关于争端解决的规则和程序的谅解》23.2(c),也不管《关于争端解决的规则和程序的谅解》21.5 和第 22 条规定的程序是否完成。

第四,同样是在没有实施争端解决机构建议的情况下,305(a) 要求美国贸易代表实施上述程序,而不管《关于争端解决的规则和程序的谅解》21.5和第22条规定的程序是否完成。

第五,在争端涉及货物贸易的情况下,306(b)要求美国贸易代表实施关税、收费或限制,这违反了GATT 1994第1、2、3、8和第11条。

从而,欧共体认为美国贸易法规定的贸易代表作出单边的裁定并实施制裁措施有着严格的时间限制,要求美国在WTO争端解决机构作出裁定前就要实施制裁措施,导致WTO争议解决程序无法实现;美国贸易法使欧共体依据GATT 1994的利益丧失或受到损害,也损害了WTO的目标。由此,欧共体要求WTO专家组建议争端解决机构要求美国修改1974年贸易法,使其与有关协议下的义务相一致。

2. WTO争端解决机构对于本案的审查和裁定

1999年1月,欧共体提出设立专家组的申请。1999年3月,根据欧共体的申请,WTO争端解决机构设立了专家组。

专家组审查了美国的国内贸易法,特别评估了301条款与美国对于WTO的义务是否一致。在这一方面,专家组认为必须考虑到成员的法律制度的多样性以及不同的法律制度可以通过不同的方法实现同样的结果。专家组认为作为一般性的美国贸易法和其中具体的301条款,是涉及美国贸易关系的美国立法的一部分,不仅仅包括属于WTO义务范围内的部分。其条文给予美国贸易代表以与美国权利和义务一致的方式适用涉及整个美国贸易关系的美国贸易法的裁量权。这一权利和义务对不同国家是不同的。同时,专家组特别强调在美国对于WTO的承诺中,美国行政机构已经从美国贸易法的一般适用中分离出了WTO的情况。美国曾通过美国总统向国会提交并由国会批准了所谓"行政措施陈述",该陈述是与美国通过实施乌拉圭协议的立法一起通过的。该陈述规定:"这一陈述代表了行政机构对乌拉圭回合协议解释和适用的权威表述,无论是对美国的国际义务还是国内法。"针对301条款下美国贸易代表的裁量权,陈述规定美国贸易代表应该:(1)按照现有的法律要求启动《关于争端解决的规则和程序的谅解》争端解决程序;(2)基于争端解决机构通过的专家组或上诉机构的裁定作出据相关协议存在违反或剥夺美国权利的301条款裁定;(3)在支持美国的专家组或上诉机构报告通过后,允许抗辩方以合理的时间实施该建议;(4)如果在该期限内没有解决,要求争端解决机构授权报复。但是,正如美国政府所提出的,美国从来也没有不基于WTO争端解决程序的结果就WTO协议的权利作出301条款裁定。

专家组得出的结论是:美国贸易法中的301条款与美国在WTO下的义务并没有不一致。而这样的结论是以美国行政机构对WTO作出的上述承诺为基础的,如果承诺发生改变,则没有不一致的结论也就失去了依据。

请从本案例中体会多边贸易体制下各成员方的地位和义务。

案例6.3 印度对药品和农业化学产品的专利保护

1970年的印度专利法不允许对旨在作为食品和药品使用的或能够作为食品和药品使用的物质授予产品专利,而只能对这些物质的制造方法授予专利。而WTO的《与贸易有关的知识产权保护协议》(TRIPs)第27条则要求"对所有领域的技术,无论是产品还是方法,都应授予专利。但例外规定或依据该协议的过渡规定除外"。TRIPs第70条规定如果在WTO协议生效之日,一成员尚未在药品和农业化学产品的专利保护上符合协议

第 27 条规定的义务,该成员应建立符合协议规定的义务的制度,包括专利提交和批准的措施以及产品专销权措施。

1997 年 4 月,欧共体提出印度在依照协议规定的过渡期内,没有建立对药品和农业化学产品的专利保护制度,也没有允许提交专利申请和规定这些产品的专有权的正式制度,因而没有履行其在协议第 70 条中的义务,造成欧共体在 TRIPs 下的利益丧失。1997 年 9 月,欧共体要求建立专家组。同年 10 月,专家组建立,美国保留作为第三方的权利。事实上,在此之前美国就曾就同一问题对印度提起申诉,当时的专家组和上诉机构都裁定印度违反了其在协议下的义务。

专家组认为印度在前一专家组和上诉机构作出违反义务的决定后,印度的专利制度并没有发生改变。印度没有建立充分的保护药品和农业化学产品专利申请的机制,没有履行其在协议第 70 条中的义务,也没有建立授予专销权的制度。因此,专家组建议 WTO 争端解决机构要求印度将其对药品和农业化学产品的专利申请的过渡措施体制与其在 TRIPs 下的义务相一致。

请从本案例中体会多边贸易体制下发达国家与发展中国家的知识产权保护纠纷。

第七章 关税

■本章概要■

关税是国际贸易中一项古老而传统的保护措施。本章介绍了其定义、分类、经济影响及现代贸易的运用规则。在多边贸易体制下,关税是国内工业唯一合法的保护手段,各成员方应遵循关税减让和关税约束的基本原则。

中国已经实行了大幅度的关税减让。结合现阶段经济发展的客观需要,关税减让的重要例外——保护新生工业例外对中国具有战略性意义。

■学习目标■

1. 关税的定义和种类。
2. 关税的透明度和关税保护原则。
3. 比较征收关税和关税减让的影响。
4. 思考中国关税制度建设。

关税(Tariff)是一国(地区)海关对通过关境的进出口货物征收的税,一般指进口税收。

关税在现实应用中分为6种类型:从量税(Specific Tariff)、从价税(Ad Valorem Tariff)、复合税(Compound Tariff)、季节税(Seasonal Tariff)、关税配额(Tariff-rate Quota)、滑准税(Sliding Tariff)。其中滑准税征税方向与从价税正好相反,主要是为了稳定相关进口商品的价格水平。值得注意的是,关税配额被分类为关税,而不是配额;在WTO的贸易政策体制下,配额原则上是禁止采用的,而关税可以按照WTO的规则和限度合理运用。

专栏7.1

中国财政部2013年关税调整

自2013年1月1日开始:继续对小麦等7种农产品和尿素等3种化肥实施进口关税配额。对关税配额外进口一定数量的棉花继续实施滑准税。对冻鸡等47种商品实施从量税或复合税,部分感光胶片的从量税改为从价税。继续以暂定税对煤炭、原油、化肥、铁合金等征收出口关税,适当延长化肥淡季税率适用时间并降低淡季出口税,部分化肥出口税的从价计征改为从量计征。

从以上措施可以看到,6种类型的关税在中国都得到了运用。

专栏 7.2

欧盟 404/93 条例的香蕉进口关税配额体系

来源地	配额(吨/年)	配额内关税	配额外关税
欧盟成员国的海外领土	854 000	免税	每吨 750ECU
ACP 国家	857 700	免税	
其他第三国	2 553 000	每吨 75ECU	

以上政策引发了跨越 GATT 到 WTO 时期的里程碑式的"十年贸易大案",涉及多边贸易体制近三分之一的成员。1997 年 WTO 的争端解决机构 DSB 通过专家组和上诉机构的裁定,认为欧盟的 404/93 条例违背最惠国待遇原则。

在第二次世界大战以前,关税是贸易壁垒的主要体现形式。20 世纪 30 年代,美国国会通过《斯穆特—赫莱法案》(the Smoot-Hawley Tariff Act),将美国的平均关税税率提高到 59%,其他国家纷纷采取报复,掀起了一场关税战、贸易战,成为二战爆发的直接经济原因。二战以后,GATT 进行了数轮多边贸易谈判,削减关税税率水平是其中心任务之一,尤其是前五轮谈判,核心问题就是关税减让。

第一节 关税的经济影响

关税的主要经济功能在于增加政府财政收入和保护国内市场,同时它对社会福利、资源配置等也产生了综合性的影响。

一、局部均衡分析

"小国"和"大国"的划分是依照一国(地区)在世界贸易中所占的份额来确定的。如果一个国家(地区)在世界贸易中所占份额比较小,其进出口量的变化不会影响世界市场价格,就被称为"小国";反之,则被称为"大国"。

如图 7.1 所示,世界价格水平为 P_w,单位产品关税为 $P_w P_d$,征税后国内价格为 P_d。生产者剩余上升 a,消费者剩余下降 $(a+b+c+d)$,政府关税收入为 c,因此,"小国"征收关税使社会福利净损失 $[-(b+d)]$。

如图 7.2 所示,原世界价格水平为 P_w,"大国"征收关税会使进口量下降,从而将世界价格水平压低到 P'_w,单位产品关税为 $P'_w P_d$,征税后国内价格为 P_d。生产者剩余上升 a',消费者剩余下降 $(a'+b'+c'+d')$,政府关税收入为 $(c'+e)$,因此,"大国"征收关税对社会福利的净影响为 $[e-(b'+d')]$:一方面是贸易条件改善使社会福利获得增长;另一方面是贸易量的削减使社会福利受到损失。使社会福利最大化的关税税率水平被称为最优关税水平。

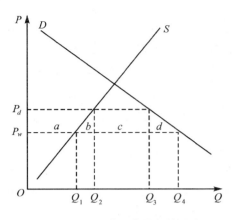

图 7.1 "小国"征收关税的影响　　　　图 7.2 "大国"征收关税的影响

根据边际收益等于边际成本决定最优的基本经济原理,得出最优关税的推导公式:

$$M' \cdot \frac{dP_w}{dt} = t \cdot P_w \cdot \frac{dM}{dt} + \frac{1}{2} \frac{dP_d}{dt} \cdot \frac{dM}{dt}$$

其中 M'、M 分别为税后、税前的进口量,t 为关税水平。等式左边是贸易条件改善带来的税利增加(边际收益),等式右边是关税收入的变化加上进口量减少对生产、消费的影响(边际成本)。上式可被简化为:

$$M' \cdot \frac{dP_w}{dt} \approx t \cdot P_w \cdot \frac{dM}{dt}$$

$$t \approx \frac{dP_w/dt}{dM/dt} \cdot \frac{M'}{P_w} = \frac{1}{\varepsilon}$$

其中 ε 是进口商品供给的价格弹性。可见,最优关税水平大于0,且与进口商品的价格弹性成反比。

二、一般均衡分析

图 7.3 以"小国"情形为例,自由贸易状态下的世界价格水平为 TOT_1,征收关税后国内消费者实际面临的价格为 TOT_2。征税后国内的生产点在 B 点,过 B 点作 TOT_1 的平行虚

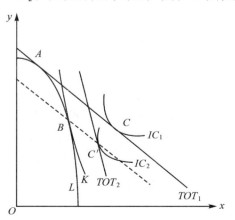

图 7.3 "小国"征收关税的一般均衡分析

线,是该国的消费可能性曲线,最后的消费点 C' 落在该虚线上。因为国内消费者面临的实际价格为 TOT_2,所以征税后无差异曲线 IC_2 与 TOT_2 相切,征收关税降低了社会的福利水平。

在"大国"情形下,因为征税会压低世界市场价格,所以过 B 点的虚线不再平行于 TOT_1,最后的结果可能使 TOT_2 比 TOT_1 离原点更远。

无论是局部均衡分析还是一般均衡分析,其基本结论都是一致的,即对于"小国"而言,征收关税使社会福利降低,对于"大国"而言,社会福利净影响上升或下降是不确定的。

三、寡头市场下的关税分析

在双寡头市场条件下,假定 A、B 两企业以相同的平均成本生产某产品,成本函数分别为 $C=cx$,$C^*=cy$。两企业分别位于两国,产品只在 A 国市场消费,需求函数为

$$p = a - b(x+y)$$

A 企业的反应函数的推导过程为

$$\pi(x,y) = x \cdot P(x+y) - cx$$

利润最大化一阶条件是

$$\frac{\partial \pi}{\partial x} = P(x+y) + x \cdot P'(x+y) - c = 0$$

$$x = \frac{a-c}{2b} - \frac{1}{2}y$$

同理,B 企业的反应函数是

$$y = \frac{a-c}{2b} - \frac{1}{2}x$$

如果 A 国对单位产品征收关税 t,则 B 企业的利润函数为

$$\pi^*(x,y) = y \cdot P(x+y) - cy - ty$$

$$\frac{\partial \pi^*}{\partial y} = P(x+y) + y \cdot P'(x+y) - c - t = 0$$

$$y = \frac{a-c-t}{2b} - \frac{1}{2}x$$

在图 7.4 中,两企业反应函数的交点从 E 点向 E' 点移动,y 的产量减少,x 的产量增

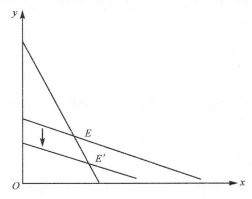

图 7.4 征收关税的寡头市场分析

加,减少的量大于增加的量,所以总消费会减少。结合需求函数可知,对单位产品征收 t 的关税对价格的影响是 $t/3$。

与完全竞争市场的分析相比,征收关税会使得进口减少,本国供应增加,消费量减少。但征税对价格的影响幅度则有所不同:完全竞争市场是价格与单位税收同比例变化,而寡头市场价格变化只是单位税收的 $t/3$。

四、动态影响

征收关税对一国经济的动态影响主要体现在关税保护影响了社会资源的配置。如果受保护的是落后行业,则会扭曲和恶化资源配置,造成效率损失。

另外,在受保护的环境下,企业缺乏竞争机制,此状态下确定最优运营状态的标准,容易导致 X-低效率,即企业理想运营状态与实际运营状态之间存在着未知的差距。

此外,关税保护限制了进口,也会阻碍出口。关税带来进口商品的价格上升,其结果会传递到下游环节,而出口部门又没有再传递的机会,致使出口商品的成本增加,不利于出口。

最后,根据斯图尔珀—萨缪尔森(Stolper-Samuelson)定理,征收关税的价格上升效应使得资源更多地转入该部门,而该进口部门使用的又是本国的稀缺要素,所以征收关税的结果就是本国的稀缺要素变得更为稀缺,或者说提高了本国稀缺要素的真实报酬。

第二节　WTO 的关税制度

概括而言,WTO 的关税制度主要包括关税保护、关税减让和关税约束三个方面。首先,WTO 允许将关税作为国内工业唯一合法的保护手段,这就是关税保护原则;其次,要求各成员方实施互惠基础上的关税减让,逐步减少和消除关税壁垒;最后,要求各成员方遵守关税减让表的约束,原则上不得单方面提高关税税率水平。

一、关税的透明度与关税保护原则

WTO 允许将关税作为国内工业唯一合法的保护手段,其主要原因之一就是关税具有透明度。名义关税对相关产业的实际保护程度可以通过公式准确地衡量出来。

实际保护率的衡量有两种方法:

公式一：　$g = \dfrac{V' - V}{V}$

其中 g 是实际保护率,V' 是征收关税后国内的附加值,V 是自由贸易状态下国内的附加值。

公式二：　$g = \dfrac{t - \sum \alpha_i t_i}{1 - \sum \alpha_i}$

其中 g 是实际保护率,t 是对最终产品征收的名义关税,t_i 是对第 i 种投入品征收的名义关税,α_i 是第 i 种投入品价值在最终产品价值中的比重。

以汽车产业为例,2001 年年底,中国汽车进口关税为 80%,零部件关税为 25%;按照中国的"入世"承诺,到 2006 年 7 月,轿车和客车的关税降为 25%,零部件关税降为 10% 左右。假定 1 辆汽车价值 1.2 万美元,其零部件价值 1 万美元,则根据公式一:

$$g_{2001} = \frac{1.2 \times (1 + 80\%) - 1 \times (1 + 25\%) - (1.2 - 1.0)}{1.2 - 1.0} = 355\%$$

$$g_{2006} = \frac{1.2 \times (1 + 25\%) - 1 \times (1 + 10\%) - (1.2 - 1.0)}{1.2 - 1.0} = 100\%$$

根据公式二:

$$g_{2001} = \frac{80\% - \frac{1}{1.2} \times 25\%}{1 - \frac{1}{1.2}} = 355\%$$

$$g_{2006} = \frac{25\% - \frac{1}{1.2} \times 10\%}{1 - \frac{1}{1.2}} = 100\%$$

两种算法的结论是一致的,即中国对汽车产品降低关税大大削减了对本国汽车产业的保护程度。

二、关税减让方式

专栏 7.3

中国的关税减让

对于在"复关"与"入世"谈判中外方提出的中国关税制度的四大问题,关税水平太高、关税制度混乱、关税措施不透明、海关估价太随意,中国已经全面地进行了调整和改进。以关税水平的调整为例:1992 年,中国六千多种商品平均关税 43.2%;当时发达国家工业品平均关税水平为 6.3%,发展中国家为 15%—17%。

1994 年以来中国先后三次大幅度降低关税:1994 年从 43.2% 降至 35.9%;1996 年从 35.9% 降至 23%;1999 年从 23% 降至 17%,累计减税幅度超过 60%。当时 WTO 成员方平均减税 33%。

进一步的计划是分四次将关税水平从 15.3% 下调到 2004 年的 9.4%,进行平衡降税,每次降幅为 1.5 个百分点。

WTO 的关税减让方式主要有三种:
1. 直线式关税减让

$$Y = (1 - a)x$$

其中,Y 是减让后税率,x 是减让前税率,a 是谈判决定的减让率。

2. 协调式关税减让

例如分四次进行关税减让,x 为原税率:

第一次,$x_1 = (1 - x)x$

第二次,$x_2 = (1 - x_1)x_1$

第三次，$x_3 = (1 - x_2)x_2$
第四次，$x_4 = (1 - x_3)x_3$

3. 瑞士公式

$$Y = \frac{xZ}{x + Z}$$

它是由一位瑞士经济学家提出的，其中，Y 是减让后税率，x 是原税率，Z 是谈判决定的参数。

三、关税约束义务

按照 WTO 的规定，各成员方应遵守关税减让表中的承诺，不得擅自提高关税税率水平。

在美国诉欧盟、英国、爱尔兰计算机设备进口海关分类一案中，起因是欧盟于 1995 年通过了 11165/95 号法规，将局域网设备划归为电子通信设备。美国认为这种分类变相地提高了局域网设备的关税税率水平，因为在欧盟的关税减让承诺表中，电子通信设备的关税税率水平高于 ADP 设备①，而在 11165/95 号法令通过前，美国在欧盟最大的市场——英国和爱尔兰一直将局域网设备划归为 ADP 设备，所以美国认为可以合法预期最终分类应该是 ADP 设备。

WTO 最终裁定美国败诉，其主要原因是美国的所谓"合法预期"缺乏确凿证据。该案的重要启示在于揭示了变相违反关税约束义务的可能性。

四、关税减让例外

关税减让的例外规定主要有三个方面：发展中国家保护新生工业例外、保障措施例外以及反补贴反倾销例外。

GATT 1994 第 18 条规定了政府对经济发展的援助，其中包括发展中国家政府为了保护本国的新生工业，可以暂时背离 WTO 的一般义务，采取高关税措施。

GATT 1994 第 19 条规定了保障措施例外，如因意外情况的发展或因一成员方承担 WTO 义务而产生的影响，使某一产品输入到该成员方领土的数量大为增加，对该领土内相同产品或与它直接竞争产品的国内生产者造成严重损害或产生严重损害威胁时，该成员方在防止或纠正这种损害所必需的程度和时间内，可以对上述产品全部或部分地暂停实施其所承担的义务，或者撤销或修改减让。

另外，当受补贴产品或倾销产品对进口方同类产品造成严重损害或严重损害威胁时，进口方可考虑征收与补贴和倾销幅度相当的额外关税——反补贴税和反倾销税，以维护公平贸易，此时不受关税减让义务的约束。

---

① ADP 设备是自动信息处理器及其组件、磁性或光学阅读器，即以编码方式将资料传输给传媒处理上述资料的设备。

案例分析思考题

案例 7.1 欧盟在乌拉圭回合承诺的关税减让表(LXXX)

产品	税目	约束生产率
ADP 设备	84.71	2.5%
电子通信设备	85.17	高于 ADP 设备
电视接收设备	85.28	14%

1. 背景材料：1993—1994 年，欧盟各成员国对局域网设备的征税分类并不一致，美国在该地区最大的出口市场——英国和爱尔兰将局域网设备及个人电脑列为 ADP 设备，但欧盟的承诺表 LXXX 并未对其明确作出规定。美国本国将局域网设备归为电子通信设备。1997 年，世界海关组织决定将某些局域网设备分类为 ADP 设备。

2. 基本案情：1995 年欧盟进行商品的重新分类，将局域网设备列为税目 85.17，将多媒体电脑电视(PCTV)列为税目 85.28。美国认为该做法使美国的相关商品所受待遇低于按照欧盟承诺表 LXXX 应该享有的待遇，因此欧盟违反了 GATT 1994 第 2 条。美国对此提出磋商要求，并于 1997 年 2 月 11 日要求 WTO 设立专家组。1998 年 2 月，专家组裁决欧盟违背了关税减让义务。欧盟提出上诉。WTO 上诉机构推翻了专家组的裁决。

3. 两级裁决的关键分歧：如何解释关税减让表的范围。

(1) 专家组认为：减让表是进口方提出，以保护其国内市场，因此在解释约束性关税时，出口方有"合法预期"(Legitimate Expectation)的权利，这符合 GATT 1994 第 2 条第 5 款。进口方有举证和澄清其减让表范围的义务，出口方无澄清进口方减让表的义务。

(2) 上诉机构认为：关税减让是在互惠基础上的多边谈判的结果，各方所获利益是平衡的；另外，GATT 1994 第 2 条第 5 款并未赋予出口方单方面的"合法预期"权利，"预期待遇"应属于进出口双方而非专属于某一方。如果由出口方的主观标准来解释关税减让表的范围，会损害关税减让的稳定性和可预见性。关税减让范围的澄清是所有利益方的共同任务。确定商品分类应该依据较为客观的标准，例如世界海关组织的相关制度以及相关成员方的实践。

请从本案例中总结 WTO 关税制度下的基本义务。

第八章　数量限制

▎本章概要▎

　　数量限制在第二次世界大战以后一度成为国际贸易壁垒的重要方式,它具体包括配额、"自愿"出口限制(VER)等基本类型。因为数量限制维持了国内厂商的垄断地位,对市场效率造成了比较大的损害,所以在 WTO 的规则中原则上要求禁止采用,同时规定了例外条款。

　　数量限制手段与中国的关系十分密切,这主要体现在纺织品服装贸易领域。从《多种纤维协定》(MFA)向《纺织品服装协议》(《ATC 协议》)的过渡为中国提供了机遇和挑战。

▎学习目标▎

1. 比较关税、配额、VER 的影响,体会 WTO 的市场特征。
2. 掌握数量限制运用的市场均衡特征。
3. 了解纺织品服装贸易制度。
4. 从案例分析中掌握 WTO 相关例外条款。

　　数量限制是对进口或出口的数量或金额加以直接的限制,主要包括进口配额和"自愿"出口限制(Voluntary Export Restraint,简称 VER)两大类。

第一节　进 口 配 额

　　进口配额(Import Quota),简称配额,是指政府在一定时期内对某些商品的数量或金额加以直接限制。

一、配额的影响

　　实施配额政策的主要目的在于保护国内市场和相关产业。但是无论从静态还是动态分析来考察,配额的负面影响都是显而易见的。

(一)局部均衡分析

　　前一章运用局部均衡分析解释了征收关税的影响,对于配额政策而言,基本图示是相似的,但作用的机制却正好相反:关税使国内售价上升减少了进口量,配额则因限制进口量而使国内售价上升。另外,征收关税时进口方收入部分在配额情况下仍然存在,但其归属是不确定的,如果政府拍卖配额,则归政府所有,如果政府分配配额,则由分得配额的进口商获取。

　　在关税政策下,如果国内供给减少或需求增加,可以通过扩大进口来弥补供求缺口;但在配额政策下由于进口量维持不变,供不应求的结果将是国内价格进一步上升。因此与关税相比,配额更有利于维持国内厂商的垄断地位。配额市场的均衡如图 8.1 所示。

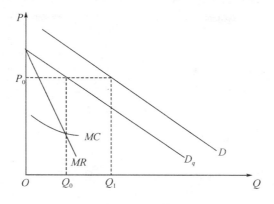

图 8.1　配额政策下的市场均衡

图中 D 是国内的总需求,D_q 是本国厂商实际面临的需求线,D 与 D_q 之间的水平距离是配额的数量。在配额固定时,D 与 D_q 相互平行。由于配额维持了国内厂商的垄断地位,国内市场的均衡是垄断均衡,$MR = MC$ 决定了均衡价格 P_0 和均衡产量 Q_0,进口量为 Q_0Q_1。

(二) 动态影响

与关税相似,配额对国内市场的保护使得国内的稀缺要素更加稀缺,带来 X-低效率。但是配额自身的特点又使它的动态影响具有某些特殊性:首先,配额产生配额,形成恶性循环;其次,配额在国际上容易产生多米诺效应;最后,在配额发放的过程中,容易产生腐败行为。

图 8.2 揭示了配额的多米诺效应,图中有一个出口国(X 国)、两个进口国(A 国和 B 国)。ES_X 是 X 国总的出口供给,供应给 A、B 两个国家,$ES_{X\text{-}B}$ 是对 A 国的出口供给;ED_B、ED_A 分别是 B 国和 A 国的进口需求曲线。如果 B 国采取进口配额,限量为 OB_1,则 X 国

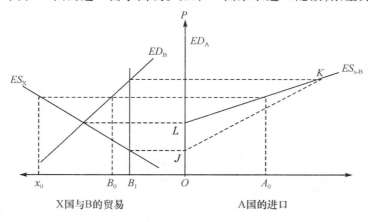

图 8.2　配额的多米诺效应

对 A 国的出口供给增加，新的供给线为 $JK—ES_{X\text{-}B}$。此时 A 国的进口量增加，为了保护本国工业，只能也采取配额。

二、WTO 的相关规则

GATT 1994 第 11 条明确规定，原则上应禁止采用进口配额。这一原则的经济学原理在于，配额维护了国内厂商的垄断地位，经济学一般认为垄断会对市场效率造成负面影响。

在特殊情况下可以适用例外条款。例如 GATT 1994 第 12 条规定，成员方为保障其对外金融地位和国际收支平衡，在遵守有关规定的前提下，可以限制商品的进口数量或金额；另外，在粮食或其他必需品严重缺乏时，可实施临时性的出口管制。在现代"绿色"消费的趋势下，以保护人类、动植物生命健康安全为理由的"绿色禁令"也逐渐显现。值得注意的是，即使在适用这些例外条款的情况下，数量限制的实施也应当遵循非歧视原则。

第二节 "自愿"出口限制

"自愿"出口限制（Voluntary Export Restraint，简称 VER）是指在进口方的要求或压力下，出口方"自愿"地主动限制出口量或出口金额。这一措施原来是作为"灰色区域"用来规避多边贸易体制禁止使用进口配额的基本原则。

一、VER 的影响

VER 的实施对进口方的相关产业构成了保护。与进口配额不同，VER 限额的使用权掌握在出口方手里，所以出口成本价与进口市场售价之间的价差利益是进口方的消费者支付给了出口方，也就是从进口方向出口方的一部分利益（租金）的转移。

VER 的实施对进口方国内厂商垄断地位的维护作用是显而易见的，不过出口方掌握着出口供应的权利，所以进口方市场是垄断卡特尔均衡。

图 8.3 中 D 是进口方的总需求曲线，S_f 是出口方的出口供给曲线，D_d 是进口方国内生产者面临的需求曲线，D 与 D_d 之间的水平距离是出口方的供给。由于出口方掌握着出口供应的主动权，价格不同它愿意供应的数量也就不同，所以两条需求曲线是不平行的。

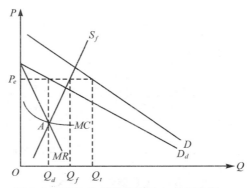

图 8.3　VER 的准垄断卡特尔市场均衡

VER 一方面维护了进口方国内厂商的垄断地位,另一方面出口方掌握出口供应的主动权,所以进口方市场形成了准垄断卡特尔市场均衡,$MR=MC$ 决定了国内产量为 Q_d,均衡价格为 P_e。在 P_e 价格下,进口方国内总需求为 OQ_t,其中 $OQ_f=Q_dQ_t$ 是出口方的供给。

从动态角度看,与进口配额相似,VER 也容易产生多米诺效应,而且在出口配额的发放过程中,容易滋生腐败。

二、WTO 的相关规则

GATT 1994 第 11 条规定一般禁止使用数量限制,它所针对的主要是进口配额、VER 及出口管制。这一规定涉及与我国纺织品服装业密切相关的贸易制度安排。

(一) 从 MFA 到《ATC 协议》

国际纺织品服装贸易过去主要是在 MFA(《多种纤维协定》)的框架下运行。该协定于 1974 年 1 月 1 日正式生效,几经延长。该协定实行"双边配额"制度,即进口方可实行有弹性的配额,并确保配额下供应方的出口年增长率不低于 6%。这种制度安排本质上属于 VER,但因为进口方控制了配额权,所以不发生从进口方向出口方的利益(租金)转移。

图 8.4 有助于理解 MFA 的"双边配额"制度,图中有一个进口方(M 国)、两个出口方(U 国和 R 国),其中 R 国实施 VER,将出口量控制在 OR_1。在实施 VER 以前,均衡价格为 P_0,M 国的进口总量为 OM_0。由 R 国供应 $OR_0=M_0U_0$,由 U 国供应 OU_0。实施 VER 之后,产品在 M 国的售价提高到 P_1,进口需求相应减少到 OM_1,其中 U 国供应 OU_1,R 国供应 $M_1U_1=OR_1$。出口的成本价为 P_2。

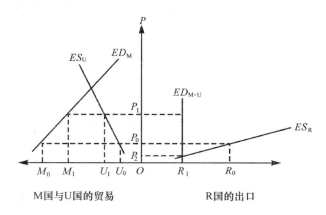

图 8.4 MFA 体制及配额取消的影响

乌拉圭回合将纺织品服装贸易纳入了多边贸易体制。根据《ATC 协议》(《纺织品服装协议》),到 2005 年 1 月 1 日为止,逐步取消直至废止 MFA 体制下的配额制度,使纺织品服装贸易进入 WTO 的货物贸易规则之中。

中国是世界上最大的纺织品服装出口国,因而该领域贸易制度的改变对中国的影响是不言而喻的。有人认为,配额制度的取消必然会带来中国纺织品出口价格的上升和出口量的扩张。其主要依据在于,在图 8.4 中,如果取消 VER,则 R 国的出口量将恢复到 OR_0,出口价将回升到 P_0。

但值得注意的是,图 8.4 是完全竞争市场分析,同质产品的假定已经难以适应现代纺织品服装贸易的发展特征。事实上,取消配额后,中国纺织品服装产业面临着国际市场的激烈竞争。在欧美等发达国家的市场上,对优质名牌服装的需求在上升,而对中低档服装的需求则相对下降,这就使得我国纺织品服装业面临着一个机遇与挑战并存的局面。

(二) 其他形式的数量限制运用

在国际贸易政策中,数量限制一般用于保护进口方市场,但在特殊情况下,也可能会被用于限制某项紧缺资源、战略物资、高新技术的出口,还有可能以进口抵制和出口禁运等方式实施贸易制裁。

GATT 1994 第 21 条"安全例外"规定:为了保护国家基本安全利益、战时或国际关系中的紧急情况,以及联合国宪章所允许的为维持国际和平和安全而采取行动,可以作为 WTO 一般义务的例外情况。这一规定常成为贸易制裁的依据。

案例分析思考题 》》

案例 8.1 印度、马来西亚、巴基斯坦、泰国诉美国对虾产品的进口禁令

1. 基本案情

1973 年,美国通过《濒危物种法案》,将在美国海域内出没的海龟列为该法规的保护对象之一。之后,美国科学家研制出一种名为 TED 的海龟隔离器,它能有效地减少误捕、误杀海龟。1989 年,美国通过修正的《濒危物种法案》,增加了第 609 条,禁止所有未使用 TED 装备而捕获的虾产品进入美国市场。最初,第 609 条款只适用于加勒比海及北大西洋地区的 14 个国家,并且给予这些国家 3 年过渡时期。1995 年 12 月,美国通过了新的实施细则,将该措施适用于所有外国,而过渡期仅有 4 个月。1996 年 10 月 8 日,四国要求与美磋商,后由专家组于 1998 年 6 月作出裁决并分发给各成员方。

2. 双方主张

(1) 投诉方认为美国的上述立法违反了 GATT 的以下规定:GATT 1994 第 11 条有关取消数量限制的规定;GATT 1994 第 1 条最惠国待遇原则;GATT 1994 第 13 条禁止成员方采取歧视性数量限制的规定。

(2) 美国的抗辩:GATT 1994 第 20 条"一般例外"。

3. 专家组的裁决:否决了美国的抗辩

(1) 美国应该举证自己首先符合 GATT 1994 第 20 条的前言部分,对该部分内容的解释还应结合 GATT 1994 的上下文以及 WTO 的宗旨和目标。根据 WTO 的宗旨和目标,成员方只有在不削弱 WTO 多边贸易体制并不滥用第 20 条提供的例外的条件下才可以偏离 GATT 1994 的规定。而那种将特定产品的市场准入建立在出口成员采取某种政策的基础上的措施会威胁 WTO 多边关系的安全性和可预见性,不能保证 WTO 多边贸易体制原则的实现。

(2) 美国在采取措施前,没有充分寻求通过谈判达成协议的途径来实现保护环境的

目的,这也与 WTO 的多边规则不符。

请从本案例中体会"绿色禁令"在国际贸易中的运用,以及 GATT 1994 第 20 条"一般例外"规定的作用。

案例 8.2　美国诉印度对农产品、纺织品和工业产品进口数量的限制

1996 年 7 月,印度向 WTO 通报,为了国际收支平衡的需要及其他原因,将对 2 714 种产品的进口实行数量限制,并提出在 7 年内逐渐分阶段取消数量限制。

1997 年 7 月 5 日,美国就此提出与印度磋商的要求,认为印度违背了 GATT 1994 关于禁止数量限制的有关规定等义务。1997 年 10 月 3 日,美国要求设立专家组。

专家组向 IMF 进行咨询,IMF 的答复是:到 1997 年 11 月 21 日,印度的外汇储备是 251 亿美元,是充足的。

专家组的裁决基本支持了美国的主张。印度提出上诉,上诉机构维持了专家组的裁决。

请从本案例中体会保障国际收支平衡例外的运用。

第九章 "不公平"贸易

▐ 本章概要 ▐

"不公平"贸易涉及补贴与反补贴以及反倾销问题,在当代国际贸易中居于主要地位。补贴是战略性贸易和产业计划的政策手段,本章分析了其经济影响,并以波音、空中客车的竞争博弈为例阐明了其对国际竞争力的影响。本章还着重分析了持续性倾销形成的经济学原理并介绍了WTO中的相关规则。

本章对中国经济和外贸的发展具有重要借鉴意义,其中补贴与中国"三农"问题的解决关系密切,反倾销问题更是中国外贸的焦点。

▐ 学习目标 ▐

1. 分析生产补贴、出口补贴的异同。
2. 掌握倾销和补贴的经济学和法学定义。
3. 理解持续性倾销产生的经济动因。
4. 通过案例分析理解WTO关于补贴和反补贴、反倾销的相关规则。

"不公平"贸易主要针对的是倾销和补贴现象,倾销产品和受补贴产品可以低价冲击进口方市场。为了维护市场的公平竞争,进口方政府可以适当采取反倾销、反补贴措施。在现代国际贸易中,反倾销和反补贴往往又被用作进口方政府的贸易保护手段。

第一节 补贴与反补贴

补贴(Subsidies)是政府用直接的财政支付或间接的资助方式对某一领域进行扶持。按照WTO的相关规则,进口方在合理限度内可以实施反补贴措施。

一、补贴的经济影响:局部均衡分析

根据补贴对象的不同,补贴可以分为生产补贴和出口补贴。前者针对某生产者的所有生产,后者只针对出口的部分。

图9.1显示了补贴产生的经济影响。在生产补贴的情况下,世界价格水平在P_w,单位产品的补贴额是$P_w P_d$,则生产者实际获得了P_d的销售价格,生产者剩余上升了a;消费者面临的价格仍然是P_w,消费者剩余不变;政府的补贴成本是$a+b$。所以社会净福利损失了b。

在出口补贴的情况下,世界价格水平在P_E,单位产品的补贴额是$P_E P_F$,则生产者每出口一单位商品,就获得了$P_E P_F$的补贴,总补贴是$d+e+f$。这时国内市场价格也会上

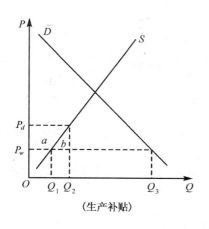
(生产补贴)

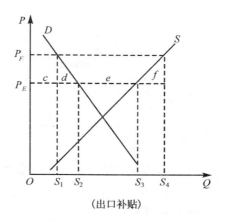
(出口补贴)

图 9.1 生产补贴和出口补贴的影响

升到 P_F,消费者剩余减少了 $c+d$,生产者剩余增加了 $c+d+e$,政府补贴成本为 $d+e+f$。所以社会净福利损失了 $d+f$。

生产补贴和出口补贴各有优劣。从对社会福利的影响来看,生产补贴的福利损失比较小;从对国内价格的影响来看,生产补贴使消费者面临的市场售价保持不变,而出口补贴则使国内物价上涨;从政府的补贴成本看,生产补贴针对所有的生产,而出口补贴则只针对其中出口的部分,前者大于后者。

二、补贴的国际竞争力影响:博弈分析

补贴使得产品的生产成本下降,从而在国际竞争中取得价格和成本的优势。以欧洲的空中客车公司与美国波音公司在航空业中的竞争为例:

1. 假定两公司势均力敌,同时生产就会两败俱伤

		空中客车	
		生产	不生产
波	生产	$(-5,-5)$	$(100,0)$
音	不生产	$(0,100)$	$(0,0)$

2. 如果欧盟对空中客车提供25万美元补贴,则矩阵变为

		空中客车	
		生产	不生产
波	生产	$(-5,20)$	$(100,0)$
音	不生产	$(0,125)$	$(0,0)$

空中客车只要生产就能获利,肯定会选择生产;在空中客车生产的情况下,波音只要生产就会受损,故它会选择不生产,所以最后的获利情况就是 $(0,125)$,即空中客车在竞争中获胜。

3. 美国的对策

如果美国以牙还牙地采取补贴,结果也是两败俱伤:

	空中客车	
	生产	不生产
波 生产	(20,20)	(125,0)
音 不生产	(0,125)	(0,0)

两家公司只要生产就能获胜,自然都会选择生产,此时均衡解为(20,20),显然这不能弥补补贴的成本。

美国的最优选择是鼓励波音自强来增强其竞争力,从而改变竞争的初始状态,挫败欧盟的补贴。

(1)波音具有更强的竞争力。

	空中客车	
	生产	不生产
波 生产	(20,−5)	(100,0)
音 不生产	(0,100)	(0,0)

起初,波音更有竞争优势,如果两家同时生产,波音净获利20万美元,而空中客车损失5万美元。

(2)欧盟对空中客车提供25万美元的补贴。

	空中客车	
	生产	不生产
波 生产	(20,20)	(0,100)
音 不生产	(0,125)	(0,0)

在空中客车实力欠优的情况下,欧盟的补贴是保护落后。两家公司只要生产就能获利,均衡解为(20,20),此时空中客车不能弥补补贴成本,而波音净获利20万美元。

三、补贴影响的均质卖方垄断市场分析[①]

假定两个势均力敌的厂商只生产向第三个市场出口并在第三个市场竞争的产品,第三个市场的需求函数是 $P = P(q)$,$q = q_1 + q_2$,

$$q' = dP/dq < 0$$

古诺情形下利润最大化解为:

$$\pi_1 = q_1 P(q) - C_1(q_1) + Sq_1$$

$$\frac{\partial \pi_1}{\partial q_1} = q_1 P' + P - C'_1 + S = 0$$

$$\frac{\partial^2 \pi_1}{\partial q_1^2} = 2P' - C''_1 + q_1 P'' < 0$$

---

① 参见〔意〕G.甘道尔夫著,王小明等译,《国际经济学·第一卷:国际贸易纯理论》,中国经济出版社,1999年版,第357页。

$$\pi_2 = q_2 P(q) - C_2(q_2)$$

$$\frac{\partial \pi_2}{\partial q_2} = q_2 P' + P - C'_2 = 0$$

$$\frac{\partial^2 \pi_2}{\partial q_2^2} = 2P' - C''_2 + q_2 P'' < 0$$

引入布兰德和斯潘塞新增条件：

新增条件一：对于每个厂商而言，当其他厂商产量增加时，它的边际收益都会下降。

$$\frac{\partial^2 \pi_1}{\partial q_1 \partial q_2} = q_1 P'' + P' < 0$$

$$\frac{\partial^2 \pi_2}{\partial q_2 \partial q_1} = q_2 P'' + P' < 0$$

新增条件二：产出对自身利润的影响在绝对值上大于交叉影响。

$$\frac{\partial^2 \pi_1}{\partial q_1^2} < \frac{\partial^2 \pi_1}{\partial q_1 \partial q_2}, \quad \frac{\partial^2 \pi_2}{\partial q_2^2} < \frac{\partial^2 \pi_2}{\partial q_2 \partial q_1}$$

雅可比行列式

$$D = \frac{\partial^2 \pi_1}{\partial q_1^2} \cdot \frac{\partial^2 \pi_2}{\partial q_2^2} - \frac{\partial^2 \pi_1}{\partial q_1 \partial q_2} \cdot \frac{\partial^2 \pi_2}{\partial q_2 \partial q_1} > 0$$

根据隐函数定理，可以将 q_1、q_2 表示为参数 S 的微分方程。通过对一阶条件求关于 S 的微分，可得

$$\frac{\partial^2 \pi_1}{\partial q_1^2} \cdot \frac{dq_1}{ds} + \frac{\partial^2 \pi_1}{\partial q_1 \partial q_2} \cdot \frac{dq_2}{ds} = -1$$

$$\frac{\partial^2 \pi_2}{\partial q_2 \partial q_1} \cdot \frac{dq_1}{ds} + \frac{\partial^2 \pi_2}{\partial q_2^2} \cdot \frac{dq_2}{ds} = 0$$

解得

$$\frac{dq_1}{ds} = -\frac{\partial^2 \pi_2}{\partial q_2^2} \Big/ D > 0$$

$$\frac{dq_2}{ds} = -\frac{\partial^2 \pi_2}{\partial q_2 \partial q_1} \Big/ D < 0$$

$$\frac{dq_1}{ds} + \frac{dq_2}{ds} = \left(\frac{\partial^2 \pi_2}{\partial q_1 \partial q_2} - \frac{\partial^2 \pi_2}{\partial q_2^2} \right) \Big/ D > 0$$

这意味着补贴会导致本国厂商产量上升和外国厂商产量下降，总产量将增加，价格会下跌。

补贴对利润的影响为：

$$\frac{d\pi_1}{ds} = \frac{\partial \pi_1}{\partial q_1} \cdot \frac{dq_1}{ds} + \frac{\partial \pi_1}{\partial q_2} \cdot \frac{dq_2}{ds} + q_1$$

根据一阶条件有 $\frac{d\pi_1}{ds} = 0$，所以

$$\frac{d\pi_1}{ds} = \frac{\partial \pi_1}{\partial q_2} \cdot \frac{dq_2}{ds} + q_1 = q_1 P' \frac{dq_2}{ds} + q_1 > 0$$

$$\frac{\partial \pi_2}{\mathrm{d}s} = \frac{\partial \pi_2}{\partial q_1} \cdot \frac{\mathrm{d}q_1}{\mathrm{d}s} + \frac{\partial \pi_2}{\partial q_2} \cdot \frac{\mathrm{d}q_2}{\mathrm{d}s} = q_2 P' \frac{\mathrm{d}q_1}{\mathrm{d}s} < 0$$

这意味着补贴提高了国内厂商的利润,而减少了国外厂商的利润。

四、WTO 的《补贴与反补贴措施协议》

《补贴与反补贴措施协议》(Subsidies and Countervailing Measures,简称 SCM)规范了各成员方在该领域的政策实施及程序。

1. 补贴的规则

在 SCM 中,根据对贸易的扭曲程度不同,补贴分为禁止性补贴、不可申诉的补贴和可申诉的补贴三大类。

禁止性补贴包括出口补贴和进口替代补贴。所谓进口替代补贴是指以国产化和进口替代为条件实施的补贴,例如印度尼西亚从 1993 年开始实施激励汽车工业的措施,根据国产化率对汽车零部件减免进口关税。SCM 规定,发达国家原则上应在 1997 年年底取消禁止性补贴;发展中国家一般要求 2000 年取消进口替代补贴,2003 年取消出口补贴;转型经济国家原则上在 2002 年前取消禁止性补贴。如果一成员不合理地使用禁止性补贴,专家组可建议其在一定时期内撤销,否则进口方可采取反补贴措施。

不可申诉的补贴主要包括非专向补贴、对 R&D 的资助、对落后地区和环境问题的资助以及农产品领域的绿箱政策、蓝箱政策和微量黄箱政策。绿箱政策(Green Box Measures)包括政府服务(如研究、病虫害控制、基础设施、粮食安全等)和不刺激生产的对农民的直接支付(环境和区域援助计划中的直接支付);蓝箱政策(Blue Box Measures)是给予被要求限制生产的农民的直接的支付;黄箱政策(Amber Box Measures)对贸易会造成一定程度的扭曲,故只允许在合理限度内使用,即发达国家为不超过该产品国内生产总值的 5%,发展中国家该比率为 10%。不可申诉的补贴允许各成员方自由实施,其他成员方无权干涉。

可申诉的补贴主要是一些专向补贴,也是反补贴案争议的主要对象。

2. 反补贴的规则

当受补贴产品对进口方同类产品的生产造成实质损害或损害威胁时,进口方可采取适当的反补贴措施。

理解 WTO 的反补贴规则,首先要确定补贴的存在。补贴并不是凭空存在的,它必须有接受的主体,并以市场为参照系加以确定。在欧共体诉美国对产自英国的钢产品征收反补贴税一案中,原来接受政府补贴的英国国有钢铁公司经过层层改组,主体已发生变更,美国无权对其私有化后的独资子公司继续征收反补贴税。

其次,在反补贴案审理过程中,要明确补贴与进口方同类产品产业遭受损害之间是否有因果关系。

最后,要注意反补贴的手段是征收反补贴税,反补贴税在抵消补贴所造成损害的必需时间和限度内征收。这样补贴与反补贴的过程相当于补贴方政府拿出了补贴额这块利益交给了反补贴方政府。

第二节 倾销与反倾销

倾销（Dumping）的经济学定义是一种价格歧视，当一种产品在国际市场上的售价低于其国内售价时，倾销就产生了。从经济学意义上说，倾销分为偶然的倾销（即暂时的以处理存货为目的的倾销）、掠夺性倾销（即为了低价占领市场、攫取垄断利润）和持续性倾销（即持续半年以上在国际市场上低价抛售）。

由于国际市场竞争十分激烈，掠夺性倾销难以真正得以实施；偶然的倾销一般不会被作为反倾销的对象。所以值得重点探讨的就是持续性倾销。

一、持续性倾销的形成原因

企业生产的目标都是利润的最大化，那么为什么在此目标下企业仍然愿意长期地在国际市场上低价销售？

（一）垄断厂商利润最大化动机

在微观经济学中，垄断市场的长期均衡由 $MR = MC$ 决定。在图 9.2 中，均衡价格等于平均成本（$P_1 = AC_1$），均衡产量为 Q_1，厂商没有超额利润。但这种均衡只能在封闭经济中得以维持，如果引入国际市场，均衡就会被打破。因为厂商继续扩大产量，还可以不断降低平均成本（AC），厂商将产量扩大到 OQ_2 时，平均成本降低到 AC_2。只要国际和国内市场相分隔，厂商就可以在国内维持 P_1 的价格和 Q_1 的销售量，而把多生产出来的产品低价抛售到国际市场，在国内攫取阴影部分的超额利润。

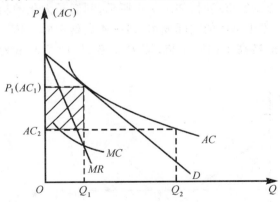

图 9.2 垄断市场长期均衡的打破

值得注意的是，持续性倾销的形成有两个前提条件：一是国内市场的垄断；二是国内、国际市场的分隔，使低价商品不能回流到国内市场压低售价。

（二）利润最大化的均衡

假定只有国际、国内两个市场，厂商的利润函数为 $\pi = R_1(q_1) + R_2(q_2) - C(q_1 + q_2)$，其中 q_1、q_2 分别为国内、国际的销量，R_1、R_2 分别为国内、国际的收益，C 为厂商的成本。

利润最大化的一阶条件为：
$$R'(q_1) = C'(q_1 + q_2), \quad R'_2(q_2) = C'(q_1 + q_2)$$
因此 $R'(q_1) = R'_2(q_2) = C'(q_1 + q_2)$

这意味着，利润最大化的均衡条件为国内、国际两个市场的边际收益相等，并等于总体的边际成本。

（1）当国际市场为垄断市场时，如图9.3所示，利润最大化的均衡条件是国际、国内市场边际收益相等，并等于总体的边际成本，即 $MR_d = MR_f = MR_t = MR^* = MC$。由于国内需求曲线弹性更小，因此 $P_d > P_f$。

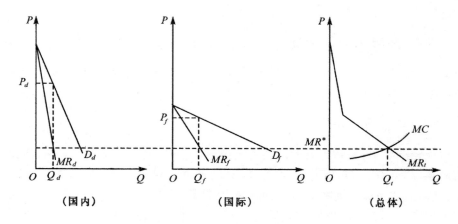

图 9.3　垄断性国际市场的均衡

（2）当国际市场为竞争市场时，如图9.4所示，利润最大化的均衡条件是国际、国内市场边际收益相等，并等于总体的边际成本，即在 A 点处 $MR_d = MR_f$，在 B 点处 $MR = MC$，从而决定了国内均衡价格高于国际价格，即 $P_d > P_f$，厂商总产量为 OQ_t，其中国内销售 OQ_d，国际销量 $Q_d Q_t$。

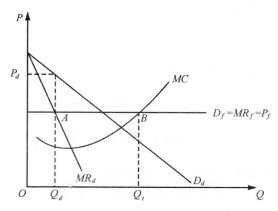

图 9.4　竞争性国际市场的均衡

可见，无论国际市场是垄断市场还是竞争市场，利润最大化的均衡都能得以实现。对持续性倾销的形成进行经济学原理分析的现实意义在于：一方面，有助于理解成熟市场经济条件下倾销形成的原因和过程,从而对我国社会主义市场经济条件下的倾销问题作更深入的剖析;另一方面,来自成熟市场经济国家的产品同样存在倾销问题,因此我们应拿起反倾销的武器,维护公平贸易。

二、WTO 的《反倾销措施协议》

《反倾销措施协议》(Anti-dumping Agreement,简称ADA)原则上允许进口成员方在本国同类产品产业遭受严重损害或严重损害威胁的情况下对倾销产品实施反倾销。

(一) 反倾销的要件

要合理地实施反倾销,必须满足以下几个基本条件:

第一个要件是确定倾销的存在和倾销幅度。倾销幅度如果不足出口价的2%,往往被忽略不计。倾销幅度的确定是一个价格比较的过程,一般以加权平均的正常价值与全部可比的出口价格进行比较,其差额即倾销幅度。在印度诉欧盟对进口棉质床单征收反倾销税一案中,欧盟采取了"归零"的做法,把即将进口的印度棉质床单分为两类,不存在倾销的忽略不计,只按存在倾销的部分计算倾销幅度,从而人为地提高了倾销幅度。最后欧盟败诉。

正常价值有不同的确定方法,一般以出口方国内的市场价格来确定;如果没有该价格,则以商品的结构价格(即成本+合理的推销费用+利润)来确定;如果结构价格也不好确定,则可以考虑适用第三方价格。当产品在出口方市场销量不足产量的5%,或出口方国内价格在国家控制下确定的情况下,往往采用第三方价格作为参考价。

反倾销的第二个基本要件是确定实质损害的存在。根据ADA的有关条款,必须有"确凿证据",经过"客观审查",才能确定实质损害的程度。

反倾销的第三个基本要件是确定倾销和损害之间存在因果关系。

另外值得注意的是,反倾销案的立案必须满足主体条件:投诉方应当是同类产品的全部国内生产者,或占该产量主要部分的国内生产者;一般而言,投诉各方的产量应占该产品国内产量50%以上,任何情况下该比率都不应低于25%。

(二) 反倾销的救济措施

反倾销的手段有三类:价格承诺、临时措施及反倾销税。价格承诺是实施倾销的一方主动提高其国际市场售价,消除倾销幅度;临时措施应在立案后60天后方可实施,且不超过4个月;最终反倾销税的征收一般不高于倾销幅度。

专栏9.1

欧盟、日本诉美国1916年反倾销法

美国1916年反倾销法规定,凡以低于商品的实际价值的价格进口产品,如果其目的是损害美国的产业或垄断该产业,则违法;商业利益受到损害的任何人有权起诉并获得3倍赔偿,并由对方负担诉讼费用;可以对违法者处以不超过5 000美元的罚款,或不超过1年的监禁,或同时执行上述两种处罚。

美国1916年反倾销法违反了ADA中关于反倾销的基本要件的规定及正当的反倾销措施要求,所以美国遭到败诉。

(三) 特别规定

ADA对反倾销过程中的一些重要和特殊问题还作出了专门规定。

1. 累积评估原则

累积评估原则即在确定损害时,可以同时考察来自不同国家或地区的倾销产品对进口方同类产品产业的综合影响。1987年美国对来自加拿大、智利、荷兰等7国的鲜花进行反倾销调查时率先采用了该原则,ADA也借鉴了该做法。

2. 日落条款

根据ADA的"日落条款"(Sunset Clause),反倾销税的征收一般以5年为终期,除非情况表明如果停止征税可能使进口方市场仍然面临着实质性损害的威胁。

3. 对发展中国家的建设性补救要求

根据ADA第15条的规定,发达国家应给予发展中国家建设性补救的机会,主要是在实施最终反倾销税之前,应考虑接受价格承诺。在印度诉欧盟对进口棉质床单征收反倾销税一案中,欧盟拒绝接受印度关于价格承诺的要求,从而违反了ADA第15条的规定。

三、中国面对反倾销

自1979年欧共体对中国糖精钠发起反倾销调查以来,中国在国外市场上已成为四百多起反倾销调查的被告,涉案金额超过百亿美元,位居全球之冠。

国外反倾销案的迅速增长与改革开放以来中国外贸的蓬勃发展有关,这对我国的出口产生了相当大的负面影响,因此必须对相关案件中的经验和教训作出深刻的总结。

(一) 从"替代国制度"到"个案处理"

在国外对华反倾销案中,过去曾将中国视为非市场经济国家,因而以第三方价格作为"正常价值"的确定标准,致使中国涉案企业陷入被动局面,遭遇不公平待遇。

1988年美国对来自中国的帽子进行反倾销立案。在这起案件的审理过程中,中方第一次提出市场经济地位的要求并获得了成功。涉案的8家中方外贸企业虽为国有,但总、分公司已脱钩,企业可以自行对外定价和签约,没有政府控制;另外涉案的26家中方生产企业只有4家为国有,其余均为外资或合资。该案奠定了中国在美反倾销案的"个案处理"的基础。

在澳大利亚草甘膦案中,1996年年初裁定中方的倾销幅度为75%—106%,以美国为替代国。中方企业据理力争,积极配合澳方的调查。最后澳方认定中方涉案企业不受政府的实质控制,不适用替代国制度,以无税结案。该案奠定了中国在澳大利亚反倾销案中"个案处理"的基础。

欧盟905/98号法令明确规定,自1998年7月1日后,只要证明企业运作建立在市场经济的原则下,即可以不适用替代国制度。在此后审理的针对中国的黄磷、氧化锌的反倾销案中,认定涉案中方企业满足五条标准:企业定价与成本投入不受政府重大干预、具有符合国际财务标准的财务和审计制度、过渡期成本和财务状况无重大扭曲、受制于破产法和财产法、外汇兑换根据市场规律,最后给予中方企业市场经济待遇,以无税结案。

因此从目前的国际反倾销形势来看,中方主要是在"个案处理"的制度下应对反倾销诉讼。按照 WTO 的有关规定:应当承认,对于来自贸易全部或实质上全部被国家控制以及国内价格由国家规定的国家的进口,在确定可比价格时也许存在困难;在此情况下,进口方可能发现有必要考虑这种可能性,即与这类国家的国内价格进行严格比较并不恰当。因此,中国要取得完全的市场经济待遇,还有赖于社会主义市场经济的成熟和完善。

(二) 中方企业积极应诉、据理力争

面对国外反倾销诉讼,中方企业必须积极应诉,主动捍卫自己的正当权益。例如在 1999—2001 年美国对中国浓缩苹果汁的反倾销案中,投诉方认为中国的倾销幅度为 91%;中方应诉企业由行业协会牵头,聘请在美国有相当影响力的格伦菲尔德律师事务所,最后应诉企业的加权平均税率为 14.88%,未应诉企业为 51.74%。

在美国钢铁反倾销案中,2001 年 5 月美国对包括中国产品在内的结构型钢、钢管等钢产品进行反倾销调查,选择印度为替代国,初裁马鞍山钢铁厂税率为 159%、潍坊钢铁厂税率为 132%。中方聘请了美迈斯律师事务所。2002 年 5 月,美国作出了零税率的裁决。

在欧盟对中国自行车零部件反倾销案中,中方 21 家台商独资企业积极应诉,中方律师团昼夜兼程完成了反倾销调查的冗长的问卷,而负责该案的两名欧委会官员因圣诞休假,只能选择其中 8 家企业进行审查。其余 13 家企业提出抗议,使欧委会进退维谷。同时,中方对投诉方实行内部分化瓦解政策,最后投诉方一致撤诉。

(三) 中国拿起反倾销的武器

1997 年中国颁布了《反倾销反补贴条例》。此后首次立案是针对来自加拿大、韩国和美国的新闻纸,1999 年中方企业胜诉。此外,中国对产自俄罗斯的钢片征税、对产自日本和韩国的不锈钢板征收临时反倾销税、对产自韩国的聚酯薄膜征收反倾销税、对产自日德美三国的烯酸酯征收临时反倾销税,体现了中国积极维护公平贸易、捍卫正当权益的立场。

案例分析思考题 》》

案例 9.1 中国彩电应诉欧盟反倾销

经过历年的彩电价格大战,中国彩电价格的低廉已是人所共知。这种经市场竞争历练出的价格优势本应是中国彩电迈入国际市场的门票,但随着欧盟贸易保护主义日益抬头,对中国彩电征收的关税从 15.3%一路飙升至 44.6%,一度阻断了中国彩电迈入欧盟的道路。康佳、厦华、TCL、创维等 9 家彩电企业联合应诉欧盟对中国的反倾销,期待由此撞开欧盟向中国彩电关闭许久的大门。

欧盟树起森严的"关税壁垒"

我国彩电从 20 世纪 80 年代起就进入欧洲市场,仅厦华公司一家在欧洲的年出口量就达四五十万台。然而与此同时,欧洲本土亦拥有荷兰菲利浦、法国汤姆逊、德国根德等

世界知名电子公司,为保护本土企业利益,欧盟在飞速扩张的中国彩电企业面前开始树起一道森严的"关税壁垒"。

1988年,欧洲市场开始对中国和韩国彩电实施反倾销调查,并于1991年对中国彩电征收15.3%的最终反倾销税;1992年,又对中国等几个国家的彩电再次立案,并于1995年对所有中国公司征收25.6%的反倾销税;1998年11月,欧盟提议,对其他国家的彩电基本维持原有税率,但对中国彩电的反倾销税却增至高达44.6%的税率。这一税率基本上已把中国彩电排除在欧洲市场之外。

欧洲是我国出口的传统市场,原来利用反倾销税率封杀我国产品的主要是鞋业、箱包类等技术含量最低的轻工产品,后来转向封杀我国的机电类产品。继中国彩电首当其冲被欧盟封杀后,传真机也随即被实行了反倾销税率。更为严峻的是,由于多数中国企业均采用回避或忍让的沉默态度,导致欧盟对中国产品的指控愈演愈烈,车用CD机、传真机、录像机、电脑软盘、微波炉、洗衣机等产品均不同程度地受到指控。

退避忍让绝非长久之计

面对欧盟贸易保护的强硬态度,中国彩电业的表现却差强人意。从1993年到1999年长达6年的时间里,站出来应诉欧盟反倾销诉讼的只有厦华电子一家。在布鲁塞尔帮助中国企业打过多起反倾销官司的王磊律师介绍说:"1997年,欧盟对中国展开彩电反倾销调查过程中,由于没有一家中国企业参加应诉,欧盟委员会就根据'可以掌握的情况'把对中国彩电的反倾销税率提高到44.6%。"

当中国彩电厂家退出欧洲市场时,韩国企业却不肯认输。在彩电复审案中,三星和LG结成战略联盟,充分细致地提供了应诉数据,并通过各种渠道游说,最终赢得了反倾销官司。至今,韩国企业的彩电反倾销税率仅为15.1%。这使得韩国企业可以轻而易举地吃掉中国原来占有的市场份额。

中国机电产品出口商会条法处副处长高尚军表示,欧盟对中国出口商品一直采取歧视性的关税政策。它实际上并未考虑中国企业的实际情况和成本构成。判断是否倾销的基本标准,要看中国企业是否在欧洲市场以低于成本的价格销售。欧盟在调查中将中国企业的出口价同一个替代国(如新加坡)的正常价格做比较,从而计算出倾销幅度。众所周知,彩电属劳动密集型产业,在国与国之间劳动力成本差别很大的背景下,这种比较方法本身就是一个谬误。

应诉欧盟声势日炽

中国企业在欧盟屡次反倾销调查中之所以没人出头,主要是因为应诉反倾销需要付出巨大精力,企业的全部运作机密都要悉数接受欧盟委员会的调查,但更重要的原因还是企业缺少对国际市场的了解而缺乏信心。

2000年3月,厦华电子作为国内第一家彩电企业站出来应诉欧盟反倾销。据他们反映,这次整个官司打下来,花费至少在50万美元以上,由于已准备了有说服力的数据、材料,胜诉概率可达七八成,至少争取单独优惠税率应该是可以的,而国内其他未应诉厂家则依旧是44.6%的关税。

厦华应诉反倾销引起了当时国家外经贸部的高度重视,部长助理马秀红曾两次召集国内十余家彩电企业在北京商讨此事。

2000年4月中旬,终于又有一家中国彩电企业站了出来。康佳集团向欧盟正式提出应诉并明确表示:"我们期待更多的中国企业加入到应诉的阵线。"到4月26日,又有海尔、创维、TCL和海信提交了应诉申请。6月,在因彩电价格问题被炒得沸沸扬扬的中国彩电企业峰会上,与会的9家彩电龙头企业又一致表示:将联合应诉欧盟的反倾销诉讼。

请从本案中体会中国企业应对国外反倾销案的积极态度的重要性。

案例9.2 中国厂商诉美、加、韩公司新闻纸倾销案——中国第一个反倾销调查案

新闻纸反倾销案是中国首例反倾销调查案件。从1995年起,来自美国、加拿大、韩国的新闻纸大量、低价地向中国出口,使中国的新闻纸产业受到严重的冲击。代表国内新闻纸产业的吉林造纸(集团)有限公司、广州造纸有限公司、宜宾纸业股份有限公司、江西纸业有限责任公司、岳阳造纸(集团)有限公司、石岘造纸厂、齐齐哈尔造纸厂、鸭绿江造纸厂、福建南平造纸厂等九大新闻纸厂曾就此于1996年10月在四川宜宾召开产业会议并达成一致意见:近期中国新闻纸厂家陷入困境不是其自身原因所致,而是国外进口的新闻纸倾销所造成的。由于当时我国尚未出台反倾销条例,利用反倾销法律武器维护产业合法权益尚没有具体的法律规定,因此他们当时未采取法律行动。

1997年3月25日《中华人民共和国反倾销和反补贴条例》生效,九大国内新闻纸生产企业迅速达成协议,授权北京市环中律师事务所全权代理中国新闻纸产业向当时中华人民共和国对外贸易经济合作部(简称外经贸部)提出新闻纸反倾销调查的申请。

1997年11月10日,由九大国内新闻纸厂家代表中国新闻纸产业向外经贸部提出申请,要求对来自美国、加拿大、韩国的新闻纸进行反倾销调查。

外经贸部经过与国家经济贸易委员会(简称经贸委)协商后,于1997年12月10日正式公告立案,开始对原产于美国、加拿大、韩国进口到中华人民共和国的新闻纸进行反倾销调查,调查期限为1996年12月10日至1997年12月9日。

1998年1月12日,外经贸部向出口国政府和已知的出口商及在立案通知规定的期间内报名应诉的出口商发放了倾销部分的调查问卷。在规定的时间内,外经贸部共收到5家加拿大公司的答卷和1家韩国公司的答卷,未收到美国公司的答卷。

1998年1月15日经贸委向国内相关生产企业发放了损害调查问卷,并在规定的时间内全部收回了问卷。

1998年7月9日,外经贸部发布初裁公告,认为美国、韩国、加拿大对中国出口新闻纸存在倾销,对国内相关产业存在实质损害,并且国内相关产业的实质损害与进口产品倾销之间存在因果关系。外经贸部决定,自1998年7月10日起,中华人民共和国海关对原产于美国、加拿大、韩国的进口新闻纸开始实施临时反倾销措施。进口经营者在进口原产于上述三国的新闻纸时,必须向海关提供与初裁确定的倾销幅度(17.11%—78.93%)相应的现金保证金。

初裁后,外经贸部和经贸委在初裁规定的时间内分别收到了各涉案利害关系方的书面评论及补充材料,并应要求会见了有关利害关系方。

1998年10月14日外经贸部应有关利害关系方的请求,举行进口新闻纸反倾销调查公开部分资料信息披露会,利害关系方查阅了有关材料。

1998年9月25日经贸委再次向国内生产企业发放了损害调查问卷并在规定时间内全部收回。

1998年11月初,应韩国韩松纸业有限公司的邀请,外经贸部会同海关总署对其进行

了实地核查,对韩松公司已提供的材料的完整性、真实性、相关性进行核对。

1998年10—11月,经贸委赴国内部分生产企业进行了实地调查、核实。

1999年6月3日外经贸部发布终裁公告。在终裁公告中,外经贸部认定各应诉公司在调查期内向中国出口的被调查产品均存在倾销;国家经贸委认定原产于美国、加拿大、韩国向中国大量低价倾销的新闻纸对中国新闻纸产业造成了实质损害,倾销与损害之间存在直接的因果关系,决定自裁决之日起海关将对原产于上述三国的进口新闻纸(海关进口税则号列为48010000)征收反倾销税(税率分别为9%—78%不等)。上述措施实施期限自1998年7月10日起为期5年。

请从本案中了解中国如何拿起反倾销武器。

第十章 其他非关税措施

▎本章概要▎

本章着重介绍了其他非关税措施在现代国际贸易中的运用以及 WTO 的相关规则。技术与环境壁垒、动植物卫生检疫措施(SPS)是新型贸易保护措施,具有隐蔽性、灵活性的特征,正成为贸易保护的有力手段。

另外,服务贸易领域也存在着形形色色的贸易障碍,落后的知识产权保护体系也构成了贸易的无形壁垒。本章分别介绍了 WTO 的《服务贸易总协定》(GATS)以及《与贸易有关的知识产权协定》(TRIPs)的相关规则。

▎学习目标▎

1. 了解各种非关税措施在国际贸易中的运用。
2. 着重掌握技术和环境壁垒、SPS 在现代国际贸易中的运用以及 WTO 的相关规定。
3. 了解服务贸易规则及与贸易有关的知识产权问题。
4. 联系中国的实际思考相关的应对策略。

贸易壁垒在国际贸易中的运用经历了一个发展变化的过程:第二次世界大战以前,贸易保护的主要手段是关税;GATT 成立后,首要任务则是削减关税壁垒,在随后相当长的时间内,贸易保护的主要手段变成了各种形式的数量限制;当前的贸易保护政策往往打着保护环境和人类动植物健康的旗号。形形色色的技术和环境措施将成为 21 世纪大部分时间里贸易保护的主要手段。另外,随着服务贸易的迅猛发展,在该领域中也出现了其特有的贸易保护手段。

第一节 政府采购及行政措施干预

政府采购及行政措施干预是政府干预经济和贸易的传统手段。

一、政府采购

政府采购(Government Purchase)是政府为了直接消费而实施的购买行为。歧视性的政府采购往往以优先购买、使用国货和本国服务为特征,其对国内市场的保护功能类似于出口补贴。

图 10.1 以"小国"模型为例,揭示了歧视性政府采购的影响。P_w 是自由贸易状态下的世界价格水平,这时国内的供给为 OQ_1,进口量为 Q_1Q_2。如果政府采购的总量是 OG,在 P_w 下 Q_1G 只能由进口来满足。如果规定政府优先购买国货,OG 部分全部从本国产品

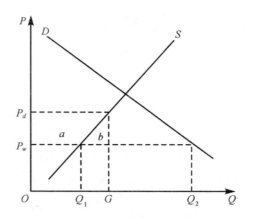

图 10.1 歧视性政府采购的影响

中购买,则意味着本国生产者实际获得了 P_d 的价格,生产者剩余上升了 a,政府多支出了 $(a+b)$,最后社会福利的净损失为 $-b$。

由此可见,政府采购政策对国内福利可能造成的净损失比较小,再加上其目标性和方向性比较突出,所以它也就成为贸易保护的主要手段之一,在国际上被普遍采用。例如美国 1933 年《购买国货法案》规定,美国联邦政府需要采购的货物必须是美国制造或者用美国原料制成。在客车和其他交通设备的采购中,外国公司的出价必须比本国低 25%,否则政府采购的汽车 51% 以上的原材料必须是国产。

匈牙利利用了美国国产化比率的要求,将美国生产的轴承和轮胎运到匈牙利装上外壳,然后运到美国的佐治亚州装上引擎和变速器,使整车刚好超过 51% 的国产化要求,从而成功地输出了匈牙利的廉价劳动力。

为了尽量减小政府采购对贸易的扭曲程度,WTO 的《政府采购协议》(Government Purchase Agreement,简称 GPA)对相关规则作出了明确规定,对于一定限额①以上的政府采购原则上采用公开招标和投标。

值得注意的是,GPA 约束的主体是政府或其授权的机构。在 1999—2000 年美国诉韩国仁川国际机场的采购违反 GPA 一案中,针对的主体是韩国机场公司(KAA)。KAA 是依法成立的独立实体,自主管理,其雇员不是国家公务员,它也不是附属于其他实体的机构;此外,KAA 独立地参加招标投标,以自己的名义签订合同,以自有资金向机场项目注资,而不是代理其他实体从事招标投标活动。因此 WTO 最后裁定 KAA 不属于 GPA 规范的主体范围,美国败诉。

GPA 本身是一项诸边协议,只对美国、加拿大、欧盟、日本、韩国、奥地利、以色列、挪威、瑞士、瑞典等签约国生效。中国"入世"并未签署该协议,但按照在亚太经济合作组织(APEC)中的承诺,中国将在 2020 年与 APEC 成员对等开放政府采购市场,所以 WTO 的政府采购制度离我们并不遥远。

---

① 具体而言,该限额为中央政府 13 万 SDR,地方政府 20 万 SDR,一般企业 40 万 SDR,建筑服务业 500 万 SDR。

二、原产地规则

原产地是商品的产生地、生产地、制造或产生实质改变的加工地。商品原产地的确定有两类标准：第一类是完全原产产品，即商品自始至终在一个国家或地区完成生产；第二类是实质性改变标准，包括税目改变标准、加工工序标准和百分比标准。

大多数商品原产地的确定是按照实质改变标准。其中税目改变标准是指某种进口原材料经过加工，在税目表上已变成另一种商品。1988年1月正式生效的《协调商品分类与编码制度国际公约》目前已被120多个国家采用，世界贸易的90%以上都以它为基础，它为税目改变标准在国际上的协调和统一奠定了基础。加工工序标准是指进口原材料经过加工，在加工工序清单上已变成其他产品。百分比标准是以在当地的增值率作为参照制定的，例如CEPA项目下享受"零关税"的是原产于香港的产品，即进口原材料在香港的增值率达到30%以上。

原产地规则(Rules of Origin)在国际贸易中的作用表现在多方面：海关统计、普惠制实施、自由贸易区的建立、反倾销和反补贴等。由于不合理的原产地规则可能会造成贸易扭曲，WTO协议中制定了《原产地规则协议》，对原产地标准以及相关的透明度问题作出了明确规定，要求原产地规则以连续、统一、公正和合理的原则为指导，不能成为国际贸易发展的障碍。

三、海关估价

海关估价(Customs Valuation)是一国(地区)海关为征收关税而确定某一进出口商品完税价格的程序。

不合理的海关估价可能会人为地提高进口壁垒。例如20世纪80年代以前相当长的时间内存在的ASPs(American or Australian Selling Prices)现象，即以美国和澳大利亚等国的商品在进口方市场的国内售价作为征收关税的标准。这种高估完税价格的做法遭到其他国家的强烈反对，最后被废止。

为了规范海关估价方法，WTO的《海关估价协议》制定了六类估价方法。

第一类是进口商品的成交价格，即进口商对进口商品的实际已付或应付价格，包括直接付款和间接付款。

第二类是相同商品成交价格，又称同类商品价格，指与应估商品同时或几乎同时出口到同一进口国销售的同类商品。

第三类是类似商品成交价格，指与应估商品同时或几乎同时出口到同一进口国销售的类似商品。

第四类是倒扣法，是以进口商品或同类或类似商品在国内的销售价格减去有关税费后得到的价格。

第五类是计算价格，又称估算价格，指以制造该商品的成本费用以及销售进口商品所发生的利润和一般费用为基础进行估算的完税价格。

第六类是其他合理方法。

四、装运前检验

装运前检验是进口方政府或其授权机构或其委托的独立的第三方检验机构，根据法律的规定或合同的约定,在进口货物出口所在地关境对其数量、质量、价格、货币兑换率及关税税则分类等进行检查核实的做法。

1965年1月,扎伊尔政府率先采用装运前检验的做法。这一做法迅速被其他发展中国家乃至发达国家接受。

但是不合理的装运前检验也可能会构成对贸易的扭曲,为此,WTO的《装运前检验协议》对进口方和出口方的义务作出了明确规定。进口方的基本义务包括:无歧视、透明度、保护商业秘密、避免延误、价格核实及接受出口方申诉等。出口方的基本义务包括:透明度、无歧视、提供方便和技术协助等。

第二节 技术和环境措施

技术和环境措施是以技术标准的制定和实施,或以保护环境、保护人类和动植物生命健康安全为理由影响和限制贸易的做法。不合理的技术和环境措施会扭曲贸易,构成贸易壁垒。技术和环境措施是21世纪大部分时间里贸易保护的主要手段。

在WTO的规则中,与技术和环境措施密切相关的有《技术性贸易壁垒协议》《动植物卫生检疫措施协议》、GATT 1994第20条等主要协议和条款。

一、《技术性贸易壁垒协议》

技术性贸易壁垒(Technical Barrier to Trade,简称TBT)是指以技术限制、歧视性待遇和技术标准执行过程中延误时间、增加进口商品成本等手段来实施贸易保护的做法。

WTO的《技术性贸易壁垒协议》明确界定了技术法规和标准等术语,规定了技术法规的制定、通过、实施及合格评定程序,并要求技术信息的透明和向发展中国家提供优先待遇。

二、《动植物卫生检疫措施协议》

动植物卫生检疫措施(Sanitary and Phytosanitary,简称SPS)是保护人类和动植物健康所必要的措施,通常称为检疫措施。

不合理的SPS构成了对贸易的扭曲,并且具有隐蔽性、歧视性、难以协调性等问题。WTO的《动植物卫生检疫措施协议》要求各成员方的检疫措施应该具有科学性,并建议遵照国际标准,遵守透明度原则。

在WTO的争端中,与SPS相关的案例与日俱增。例如欧盟禁止进口使用荷尔蒙添加剂生产的牛肉,日本为防苹果蛾对进口水果采用品种检测,澳大利亚以防病毒为由禁止进口北美太平洋沿岸的大马哈鱼等。由于这些做法未能充分证明其科学性,结果采取措施的一方都遭到了败诉。

三、环境壁垒与GATT 1994第20条

GATT 1994第20条"一般例外"允许各成员方为保护人类和动植物生命健康安全而暂时背离WTO的一般义务。它是具体措施的依据,也引发了形形色色的"环境壁垒"纠纷。

在印度、巴基斯坦、马来西亚和泰国诉美国对虾产品的进口禁令一案中，美国以保护海龟为由，禁止进口这些国家的虾产品，并引用第 20 条"一般例外"进行抗辩。

WTO 最后裁定美国败诉，因为美国将特定产品的市场准入建立在出口成员国采取某种政策的基础上，构成对第 20 条的滥用；而且美国发布禁令前，没有充分寻求通过谈判达成协议的途径来实现保护环境的目的，从而违背了 WTO 规则。

前面所分析的各项贸易保护政策，针对的都是货物贸易领域，所涉及的 WTO 相关规则也都属于货物贸易的规则。

在服务贸易当中，同样也存在着资本流动壁垒、人员流动壁垒、数量限制、开业权壁垒等形形色色的贸易壁垒。落后的知识产权保护体系已成为隐形的贸易障碍。

WTO 的《服务贸易总协定》(GATS) 规定了服务贸易领域的逐步自由化、非歧视、市场准入等基本原则；《与贸易有关的知识产权协定》(TRIPS) 则制定了保护知识产权、推动技术贸易的一系列规则。

案例分析思考题 》》

案例 10.1 韩国影响政府采购的措施案

1. 基本案情：1999 年 2 月 16 日，就韩国仁川国际机场的建设采购，美国要求与韩国进行磋商。1999 年 5 月，美国向 DSB 提请设立专家组。欧盟和日本保留作为第三方的权利。

2000 年 5 月 1 日，专家组发布报告，韩国负责项目采购不在《政府采购协议》(GPA) 规定的义务之内；另外，在 GPA 第 22 条第 2 款的意义上，美国没有证明其据 GPA 合理预期的利益受到损害或丧失。2000 年 6 月 19 日，DSB 通过专家组的报告。

2. 关键启示：政府采购制度的主体界定。

负责仁川国际机场采购的韩国机场管理局是一个独立的法人实体，它制定和实施自己的规则，有自己的管理机构和隶属于政府的雇员，自主公布招标公告和建议要求，自己与选中的招标者签订合同，并以自有资金向仁川国际机场项目注资。

当然，机场管理局董事会的高级成员是由建设运输部任命，其他董事又由这些高级成员任命，从而也存在建设运输部对机场管理局的某种程度的监督控制因素。但专家组认为，这种控制因素只与监督有关，而与实体的普通身份无关，因此这种关系不能导致某一机构实际上是另一机构的一部分的裁定。

请从本案中体会政府采购制度所约束的对象。

案例 10.2 美欧就纺织品和服装的原产地规定的磋商

1. 基本案情：1996 年 7 月 1 日开始，美国修改了对纺织品的原产地规定。根据新规则，某些产品不再作为欧盟的产品，不能像原来一样免税进入美国市场。1997 年 5 月 23 日，欧盟向 DSB 提出与美国进行磋商，认为美国违背了《原产地规则》第 2 条等规定。

1998 年，双方达成和解。但欧盟认为美国未履行承诺，双方继续磋商。

2. 关键启示：《原产地规则》第 2 条 C 款规定：原产地规则本身不得对国际贸易产生限制、扭曲或破坏作用。

请从本案中体会原产地规则在国际贸易中的运用。

案例 10.3 加拿大诉韩国瓶装水争端

1. 基本案情：1995 年韩国成为世界第 5 大瓶装水市场。该年韩国公布了一项有关瓶装水的法令，其中第 3 条规定任何经化学处理的瓶装水禁止销售，第 8 条规定瓶装水的保质期为自生产日期开始的 6 个月。

加拿大认为这两条违反了 SPS 第 2 条、第 5 条有关科学性的规定，于 1995 年提出磋商要求。后韩国作出让步，双方达成和解。

2. 关键启示：SPS 关于科学性的要求。

（1）SPS 第 2 条第 2 款：各成员应保证任何动植物卫生检疫措施仅在为保护人类和动植物生命或健康所必需的限度内实施，应根据科学原理，如无充分的科学证据则不再维持，但第 5 条第 7 款规定的情况除外。

（2）SPS 第 5 条第 7 款：在有关科学证据不充分的情况下，一成员可根据获得的有关信息，包括来自有关国际组织以及其他成员方实施的动植物卫生检疫措施的信息，临时采用动植物卫生检疫措施。在此种情况下，各成员方应寻求获得更加客观地进行风险评估所必需的额外信息，并在合理期限内据此审议动植物卫生检疫措施。

（3）SPS 第 5 条（风险评估和适当的动植物卫生检疫保护水平的确定）：各成员应保证其动植物卫生检疫措施的制定以为人类和动植物的生命或健康所进行的、适合有关情况的风险评估为基础，同时考虑有关国际组织制定的风险评估技术。在确定适当的保护水平时，应考虑将对贸易的消极影响减少到最低程度的目标。

请从本案中体会 SPS 在国际贸易中的运用。

案例 10.4 美、加诉欧盟影响肉类进口的措施案

1. 基本案情：1981 年和 1988 年，欧盟理事会发布一系列指令，禁止进口使用荷尔蒙添加剂生产的牛肉。1997 年 7 月 1 日上述指令被 96/22/EC 指令取代，新指令仍然执行禁令，并加强了控制和测试的规定，同时规定了处罚措施。1996 年，美国、加拿大、澳大利亚、新西兰与欧盟磋商未果，5 月 20 日 DSB 应美国要求成立专家组，澳大利亚、新西兰、加拿大、挪威作为第三方。1997 年 5 月 7 日，专家组向各当事方送交报告。欧盟提出上诉。1998 年 1 月 18 日，上诉机构作出报告。2 月 13 日，DSB 通过了上诉机构的报告和经修改的专家组报告。

2. 关键启示：

（1）举证责任：只有在确定了投诉方已经提供了初步证据之后，举证责任才转移到被诉方。

（2）关于 SPS 第 3 条第 1 款："以国际标准为依据"并不意味着"与国际标准一致"。

（3）关于 SPS 第 5 条第 1、2 款：各成员应以风险评估为基础，同时考虑有关国际组织制定的风险评估技术。在进行风险评估时，各成员方应考虑可获得的科学证据；有关工序和生产方法；有关检查、抽样和检验方法；特定病害或虫害的流行；病虫害非疫区的存在；有关生态和环境条件以及检疫或其他处理方法。

（4）关于 SPS 第 5 条第 5 款：每一成员方应避免其认为适当的保护水平在不同情况下存在任意或不合理的差异，若此类差异造成对国际贸易的歧视或变相限制。

请从本案中体会 SPS 在国际贸易中的运用。

案例 10.5 加拿大诉欧盟影响从加拿大进口松属木材的措施案

1. 基本案情:2000 年 7 月,欧盟健康与消费者保护局发出紧急通知,将对松木包装箱实施新的动植物卫生检疫方法,新措施声称为保护欧盟免受松线虫的侵害,被覆盖的产品应在 56 摄氏度的条件下热处理至少 30 分钟且保持湿度低于 20% 或在饱和条件下进行高压处理。该措施可能影响的国家是加拿大、中国、日本、美国,其中加拿大 69% 的出口将受到影响。加拿大为此请求 WTO 关注此事,美国、日本、韩国、智利等国也表示关注。欧盟决定暂缓实施该措施。

2. 关键启示:SPS 的实施程序和信息跟踪。

请从本案中体会 SPS 在国际贸易中的运用。

案例 10.6 加利福尼亚农业贸易迎接地中海果蝇的挑战

1. 基本案情:由于气候条件比较适宜,地中海果蝇"迁居"加州。而农业在加州具有重要的地位,这促使州和联邦政府采取任何必要的行动以保护该产业的持续健康发展。

加州涉案农产品大多出口到日本,日本政府因一直对从国外进口的农产品采取非常严格的管制而著名。日本体系的特色是严厉的产品检验和进口消毒程序,目的在于防止任何可预见的农业害虫和污染物进入当地环境。日本政府对地中海果蝇采取了极为严格的标准。

1975 年加州洛杉矶政府发动该州首次灭蝇行动,总成本约一百万美元。但好景不长,1980 年监视器在洛杉矶发现 4 只成年果蝇和 1 只幼虫。在日本禁止进口的威胁下,加州发动"空袭"——对约 1 500 平方英里的面积用航空器进行农药喷射,此外还有其他隔离检疫的建议。1982 年,监视器只发现 2 只果蝇。美农业部和加州粮农部官员们宣告胜利,实际行动的总费用约 1 亿美元。

1988 年,54 只果蝇在洛杉矶被发现;1992—1993 年,202 只果蝇在加州被发现。1994 年,日本宣布无法忍受,威胁将对加州受污染的水果发布禁令。1994 年 3 月,根据国际科学顾问专家组织的建议,加州粮农部对近 1 500 平方英里的地区开始了盆地形的灭蝇运动。日本对该行为表示满意,未实行禁令。

但根据加州粮农部 1990 年确定,有 35 种产品是地中海果蝇的可能寄主,该害虫可能已潜在地影响了价值 65.28 亿美元的加州农产品,其中包括价值 17.08 亿美元的出口产品。

2. 关键启示:

(1) 中国是否存在类似问题,"入世"后可能会面临怎样的 SPS 难题?

(2) 政府在 SPS 类事件中的作用。

请从本案中体会 SPS 在国际贸易中的运用。

第十一章 地区经济集团

▌本章概要▌

　　国际经济一体化的蓬勃发展是现代国际贸易的突出特征。本章介绍了国际经济一体化的主要形式及发展态势,着重分析了其经济学原理,阐明不同类型的区域合作的利益动因及经济影响。
　　中国"入世"后应及时调整外贸发展战略,积极寻求区域合作的建立和发展,实施多元化的外贸战略。

▌学习目标▌

1. 理解地区经济集团的基本概念和形式。
2. 了解区域贸易自由化的发展态势。
3. 理解地区经济集团的经济影响。
4. 思考中国多元化外贸战略的制定。

　　地区经济集团的组建是国际经济一体化蓬勃发展的结果。国际经济一体化是指两个或两个以上的国家(地区)之间通过签署贸易协定,歧视性地削减贸易壁垒。根据一体化程度的不同,地区经济集团可被划分为优惠性贸易安排、自由贸易区、关税同盟、共同市场、经济同盟、安全的政治同盟等不同形式,每种形式彼此独立——在某些特定部门还可能出现不同合作程度的一体化形式。在多边贸易体制下,地区经济集团的两种基本形式是关税同盟和自由贸易区,还包括向此方向迈进的临时贸易协定。

第一节 地区经济集团的发展态势

　　国际经济一体化的蓬勃发展是第二次世界大战以后世界经济与贸易新秩序的突出特征。近年来这一势头更是与日俱增,并出现了集团之间的交叉融合及跨洲合作的新特征。例如,1997 年 12 月 8 日,作为北美自由贸易区成员的墨西哥与欧盟签署了"全球协定"(包括经济伙伴关系、政治协调及合作协定)。1998 年 11 月 9 日至 1999 年 12 月 29 日,双方举行了第一轮贸易谈判,2000 年 1 月 1 日开始实施跨大西洋的自由贸易协定。2013 年 2 月,美国和欧盟领导人发布联合申明,宣布启动"跨大西洋贸易和投资伙伴关系"(Transatlantic Trade and Investment Partnership,简称 TTIP)谈判,按照美欧的设想,TTIP 各项谈判预计在两年内完成。作为占全球约二分之一产出和三分之一贸易量的两大经济体,TTIP 一旦顺利建成,无疑将成为全球最大的区域一体化组织,对全球贸易规则和标准产生重大影响。TTIP 谈判在以出口额衡量的中国第一和第二大贸易伙伴之间建立自由贸易安排,这一进程难免对中国的对外贸易和经济运行产生影响。近些年来,美国倡导的"跨太平洋伙伴关系协定"(Trans-Pacific Partnership Agreement,简称 TPP)也引起了广泛的关注。

专栏 11.1

"巨型区域合作组织"发展格局

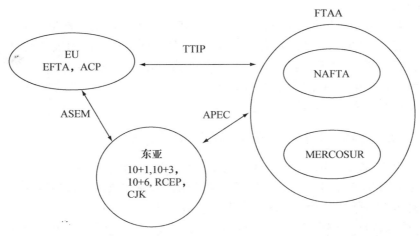

注：ACP(African,Caribbean and Pacific Group of States):非洲、加勒比和太平洋国家集团
APEC(Asia-Pacific Economic Cooperation):亚太经济合作组织
ASEM(Asia-Europe Meeting):亚欧会议
EFTA(European Free Trade Association):欧洲自由贸易联盟
EU(European Union):欧盟
FTAA(Free Trade Area of the Americas):美洲自由贸易区
MERCOSUR(Mercado Común del Sur):南方共同市场
NAFTA(North American Free Trade Agreement):北美自由贸易协议
RCEP(Regional Com-prehensive Economic Partnership):东亚地区区域全面经济合作伙伴关系
TTIP(Transatlantic Trade and Investment Partnership):跨大西洋贸易与投资伙伴协定。
资料来源：第十二届 WTO 学术年会会议资料,北京,2013 年。

亚洲和太平洋地区经济合作组织(Asia Pacific Economic Cooperation,简称 APEC)成立于 1989 年,是冷战后建立的一个跨洲经济合作组织,现有 21 个成员中一半以上是亚洲国家和地区,包括中国大陆、日本、韩国、中国台湾、中国香港、泰国、马来西亚、新加坡、印度尼西亚、菲律宾、越南、文莱;还有 5 个美洲国家:美国、加拿大、墨西哥、秘鲁、智利;3 个大洋洲国家:澳大利亚、新西兰、巴布亚新几内亚;此外还有俄罗斯。APEC 是一个建立在自主、自愿基础上的经济合作组织,它所采取的是一种灵活渐进的开放式的合作方法。2014 年 APEC 第 22 次领导人非正式会议按计划 11 月在北京举行。

在"巨型区域合作组织"方兴未艾的形势下,中国正以开放、包容、与时俱进的态度积极应对,具体体现在以下方面。

一、加强丝绸之路经济带建设,增进中国与周边国家的合作共赢

2013 年 9 月 7 日,习近平主席在纳扎尔巴耶夫大学的演讲中明确提出建立"丝绸之路经济带",将太平洋到波罗的海总人口30亿的市场连接起来,实现政策、道路、贸易、货币、民心"五通",推进贸易自由化与区域合作。9月15—19日,在宁夏举行了主题为"中阿携手,面向全球"的盛况空前的2013中国—阿拉伯国家博览会,习近平主席在贺信中提出相互尊重、互利共赢、造福中阿人民、更好促进世界繁荣,会议就中阿经贸合作提出不断增进政治互信、切实深化经贸合作、继续拓展能源合作、积极开展人文交流四点建议。10月9日,李克强总理在第16次中国—东盟(10+1)领导人会议上发表重要讲话,指出"海上丝绸之路"的重要意义。

丝绸之路经济带建设集中体现了中国对外开放基本格局从东部沿海向沿边和中西部转移、构筑新型区域合作的战略转型,为中国参与全球经济合作构筑了新的地缘优势,打通了中国积极参与TTIP的新通道。2013年3月日本高调宣布正式加入TPP谈判,而丝绸之路经济带使中国具备了通过TTIP积极投入全球价值链构筑的地缘优势,同时也加强了中国在东亚和亚太经济圈的地位和作用。

二、升级中国的对外贸易政策,以开放促改革

2013年9月29日,中国上海自由贸易试验区(简称上海自贸区)正式运行,一系列改革措施积极应对TPP等"巨型区域合作"谈判要求的政策焦点问题,以崭新的姿态展示了中国开创高水平对外开放新局面的四大重要举措:

第一,简政放权,协调市场配置与政府宏观调控之间的关系。中国新一轮改革开放的中心问题之一涉及从中央到地方政府职能的转换,实现以开放型经济新体制,推动新一轮对外开放,倒逼深层次改革和结构调整。上海自贸区在这方面作出了有力的尝试,其中包括负面清单的机制、备案制等制度改革。

第二,示范引领,构建开放型经济新体制。上海自贸区的经验具有示范性,在全国的推广有助于扩大全方位主动开放,积极有效利用外资,推动服务业扩大开放,打造内外资企业一视同仁、公平竞争的营商环境,使中国继续成为外商投资首选地。同时有助于扩展内陆沿边开放,让广袤大地成为对外开放的热土。

第三,政策升级,培育国际竞争新优势。上海自贸区加快通关便利化改革,扩大跨境电子商务试点,从战略高度推动出口升级和贸易平衡发展。同时引导加工贸易转型升级,支持企业打造自主品牌和国际营销网络,发展服务贸易和服务外包,提升中国制造在国际分工中的地位。特别是推进对外投资管理方式改革,实行以备案制为主,大幅下放审批权限。健全金融、法律、领事等服务保障,规范"走出去"秩序,促进产品出口、工程承包与劳务合作,在"走出去"中提升竞争力。

第四,开放合作,统筹多双边和区域经贸关系。上海自贸区的建立为中国积极参与高标准自贸区建设作出了有力的尝试,有助于推进中美、中欧投资协定谈判,加快与韩国、澳大利亚、海湾合作委员会等自贸区谈判进程,推动服务贸易协定、政府采购协定、信息技术协定等谈判,加快环保、电子商务等新议题谈判。上海自贸区建设及其进一步推广向世界展示了中国的大国姿态:坚持推动贸易和投资自由化、便利化,实现与各国互利共赢,形成对外开放与改革发展良性互动新格局。

三、构筑金砖国家经济圈,打造巨型要素合作框架和市场力量

2014年7月13日,习近平主席应邀前往巴西出席金砖国家领导人第六次会晤。

TTIP等巨型区域合作框架,必然需要更加坚固的经济纽带,而欧美之间诸如农产品贸易争端等内在矛盾和障碍重重,已经成为顽疾,其合作的建立和巩固都离不开强大的集团外市场和要素力量的支撑。金砖国家经济圈通过农产品等领域合作一定会打造出不可抗拒的市场力量和要素引力,同时防止中国被"边缘化"的危险。

客观地看,随着经济全球化的发展,国际贸易自由化必然会不断深化,其结果就是各国市场的开放程度不断加大。中国作为世界第二大经济体及最大的发展中国家,要实现新的增长预期,须以更大勇气迎接国际贸易自由化和区域化的挑战,加快改革开放的进程,更主动积极地参与新一轮国际经济特别是贸易投资规则的制定,从双边、区域、诸边、多边各个层面加快构建中国版本的对外经贸合作网络,在经济区域化进程中占据更主动的地位。

亚洲地区合作程度较高的是东南亚国家联盟(Association of Southeast Asian Nation),包括马来西亚、新加坡、印度尼西亚、泰国、菲律宾、越南、缅甸、老挝和柬埔寨等10个国家。2002年,中国与10个东盟国家签署了"10+1"的合作协定,加入了自由贸易区组建的行列。

此外,在大洋洲有《澳大利亚—新西兰密切经济关系贸易协议》;在南美洲有世界上第二大关税同盟——南方共同市场,它包括了巴西、巴拉圭、乌拉圭、阿根廷等国家;在非洲,通过1991年32个非洲国家首脑签署的《非洲经济共同体条约》也在加强全体和集团化。

值得注意的是,经济集团的建立不完全局限于地理上的接近,例如美国与以色列之间也建成了自由贸易区。随着信息技术和网络经济的迅猛发展,地理空间的距离在很大程度上已经被克服,因而经济合作的理念也应当进一步更新。

第二节 地区经济集团的经济学原理

地区经济集团的蓬勃发展是当前世界经济发展的主要趋势。它的产生有政治、历史、地缘等各种原因,从总体上考察,经济利益是维系其生存与发展的重要纽带。

一、关税同盟理论

维纳的关税同盟理论认为,关税同盟的建立会带来贸易创造(Trade Creation)和贸易转移(Trade Diversion)两重效应。贸易创造是同盟内成本更低的产品取代了本国成本更高的产品,使资源配置更合理、社会福利获得净增长;贸易转移是同盟内产品取代了成本更低的同盟外产品,使资源配置不合理。

以法德联盟为例,图11.1展示了联盟对法国市场的影响。贸易创造图中P_g是德国的成本价,t是同盟前的单位产品关税水平。同盟前,法国市场价格为P_{g+t},进口量为Q_2Q_3;同盟后法国市场价格降为P_g,进口量扩大到Q_1Q_4。在贸易创造效应下,Q_1Q_2的数量原来是成本更高的法国产品,被成本更低的德国产品所取代,社会福利净增长($b+d$)。

贸易转移图中,P_G是德国的成本价,P_A是美国的成本价,t是同盟前单位产品关税水平。同盟前,法国的市场价格为P_A+t,进口量为Q_2Q_3;同盟后法国市场价格为P_G,进口量为Q_1Q_4。在贸易转移效应下,Q_2Q_3的数量原来是成本更低的美国产品,现在被成本更

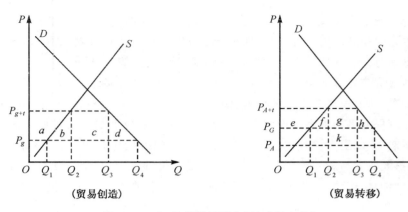

图 11.1 法、德关税同盟分析(法国市场)

高的德国产品所取代,社会福利的净变化为$(f+h-k)$。

约翰逊的工业偏好论引入了一个经济学上的价值目标——工业偏好作为整个国家的集体偏好,对贸易创造和贸易转移效应进行了重新评价。约翰逊认为,从对本国工业偏好的角度考察,贸易转移优于贸易创造;因此,一个国家只有在认定本国工业生产的比较优势至少不比别国差,而且通过向其他成员国出口确实可以增加本国工业生产时才会加入关税同盟;如果其他国家也都这样考虑,那么具有同等工业偏好程度、同等工业生产比较优势程度、在世界市场上不十分强大的国家之间就比较容易达成关税同盟。

二、协议性国际分工理论

日本学者小岛清在其《对外贸易论》中提出协议性国际分工理论:在成本递减和规模经济这一基本假定下,要素禀赋接近、工业化水平相当的国家之间通过达成国际协议完成分工与合作,实现福利的增长。

图 11.2 显示的是两个国家、两种产品的情况。A、B 两国的比较优势完全相同,封闭经济状态下两国产品的相对价格相等。由于存在规模经济,两国实现完全专业化分工时能达到"双赢"结果。在 C 点 A 完全专业化生产 Y、B 完全专业化生产 X,两国的消费点在 q 点,两国的无差异曲线都向离原点更远的方向移动;在 D 点 A 完全专业化生产 X,B 完全专业化生产 Y,两国的消费点在 P 点,两国的无差异曲线也都向福利水平更高的方向移动。

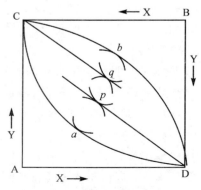

图 11.2 协议性国际分工理论

小岛清理论的基本结论是:即使没有比较优势的差距,为了获取规模经济效益,同样应该存在分工;只是这种分工不是通过价格机制自动实现的,而是需要通过贸易当事国的某种协议来加以实现。

三、西陶斯基和德纽的大市场理论

西陶斯基和德纽侧重于考察共同市场对其成员的经济和贸易产生的影响,概括了其三方面的积极效应:

首先是规模经济效应,共同市场形成稳定的、扩大的市场,为规模经济效应的实现奠定了基础;生产要素的自由流动为大规模生产提供了条件。

其次是竞争效应,共同市场消除了成员之间的贸易壁垒,刺激了成员之间的竞争。

最后是投资效应,共同市场内部竞争加剧从而刺激了集团内投资;另外,集团外国家为了避开相对歧视性的商品流动障碍,更好地利用集团内部资源,也会倾向于更多地投资,因此集团外投资也会增长。

四、克鲁格曼的地理集中模型

克鲁格曼的 $PP\text{-}MM$ 模型侧重于考察地区之间制造带的形成,其基本假定是存在规模经济和运输成本,农业人口均分在东部与西部两个地区。

图 11.3 中,PP 线的经济含义是制造业分布对总人口分布的影响,其公式表达为:

$$S_N = \frac{1-\pi}{2} + \pi S_M$$

其中,S_N 是西部人口占总人口的比例,π 是制造业人口在总人口中的比例,S_M 是西部制造业人口在制造业总人口中的比例。

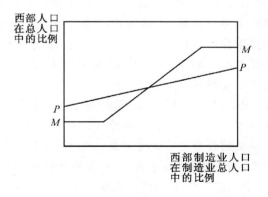

图 11.3 克鲁格曼的 $PP\text{-}MM$ 模型

MM 线的经济含义是制造业分布对人口分布存在依赖关系,当西部人口少时,不在西部生产;西部人口处于中间水平时,产出与人口成正比;西部人口多时,不在东部生产。

令 x 是制造商的销售量,F 是开办一个工厂的固定成本,t 是一单位制造品的运输成本,当满足 $F > \frac{1-\pi}{2}tx$ 时,生产的集中会持续下去。具体来说,

当 $S_N xt < F$ 时,生产集中在东部;

当 $(1-S_N)xt < F$ 时,生产集中在西部;

当这两个条件都不满足时,东西部各办一个工厂。

因此,交通发达、人口密集的地区往往会成为制造带。由于存在规模经济,制造带的形成更体现了经济的效率。制造生产中心和农业外围的模式取决于较大的规模经济、较低的运输成本以及制造业在支出中较大的份额这三者的某种结合。

案例分析思考题 》》

案例 11.1 "10+1"自由贸易区:中国的现实选择

建立中国—东盟自由贸易区不仅有利于迎接外来挑战,而且有利于促进中国的改革开放;不仅可以为中国西部开发战略提供动力,打开南下出海通道,而且可以为中国在东亚更大范围内开展经济技术合作积累经验。

亚洲各国(地区)经济依存关系仍然很强。从进口贸易额来看,日本是一个顺差大国。2000 年日本贸易总量占世界贸易总量的 7.7%。其出超对象主要是亚洲"四小龙"、东盟、中国大陆,若加上对亚洲之外的美国贸易,日本的顺差总额超过了 1 000 亿美元。美国可以说是东亚地区"不在场"的重要成员。该地区各个国家(地区)的对美贸易占各自贸易总额的比重都在 30% 左右。

"四小龙"和东盟对中国大陆的贸易比较平衡。"四小龙"及东盟的入超只有 20 亿美元。如果把"四小龙"、东盟及中国大陆的进口额计算在一起,则"四小龙"、东盟、中国大陆的总进口额是日本的 3.3 倍,是美国的 1.8 倍。由此可见,亚太地区的进口贸易已向除日本之外的东亚国家和地区倾斜。

从亚洲投资的新格局看,亚洲"四小龙"对东盟的投资巨大。日本受 1985 年日元急剧大幅度升值的推动,向东亚国家(地区)展开了暴风骤雨式的直接投资。但是,伴随着泡沫经济的破灭,从 1990 年年底开始,日本国内消费也陷入了低迷状态,导致其海外直接投资也开始呈现出骤然下降的态势。与此同时,"四小龙"的对外直接投资则开始全面铺开。20 世纪 90 年代初,"四小龙"对东盟四国(马来西亚、泰国、印度尼西亚、菲律宾)的直接投资额已经超过了日美两国。

中国大陆成为日本、东盟、"四小龙"的受资国(地区)。中国经济迅速发展的重要背景之一是积极引进外国资本。在中国实行改革开放政策以前,"四小龙"与东盟曾是日本及欧美等发达国家海外投资的最重要的受资对象。近年来,中国大陆不仅是日本及欧美海外投资的重要受资对象,而且还是"四小龙"及东盟海外投资的重要受资对象。

从目前的情况来看,亚洲雁阵的 V 形模式正在逐步向 W 形模式转变,即向国际分工和产业循环的复合网络型结构转变。日本著名经济学家大来武佐郎针对原有的"雁阵模式"评价说:"这种模式已不十分充分。雁阵结构不是水平分工也不是垂直分工,而是两者的复合体;从长远来看,它是一些雁持续迫近其他雁,形成紧随其后的水平飞翔状态。"

雁阵模式作为一种动态的产业梯度转移过程,并没有因为日本高速增长期的结束而消失,虽然以日本为主导的亚洲垂直型分工逐步让位于复合型分工,但后进国家对先进国家联动的、继起的追赶过程将继续存在。在这种有利于区域合作的分工格局下,亚洲区域化的突破口大约在于次区域合作的加速发展以及区域内大国打破僵局的合作意愿。目前的亚洲犹如一个静止而锁定的棋局,只有其中关键的几个棋子率先打破僵局,才能使潜流汹涌的次区域合作产生一环环连锁反应。作为区域内大国之一的中国应该发挥自己的作用,积极主动地推动中国—东盟自由贸易区的建立。

中国需要符合自己利益的区域雁阵,为此着手建立自己的产业分工链,形成并加强中国与东盟互动的新关系是其主要任务。从东盟的地理位置、发展水平、经贸关系和经济结构方面来看,东盟10国应成为中国的首选合作伙伴。建立"10+1"自由贸易区,是中国21世纪初的区域战略。2001年11月,中国与东盟提出了在10年内建成自由贸易区的目标,这将是世界贸易体系中第一个东亚自由贸易区,它覆盖了接近全球30%的人口,拥有大约占全世界40%的外汇储备,国内生产总值和对外商品贸易额分别占世界总额的10%左右。在中国加入WTO之际,中国在东亚经济合作方面的勇敢尝试,将促成21世纪初世界贸易体系的重要变化。

建立"10+1"自由贸易区,可以实现双赢。据东盟测算,到2010年,中国—东盟自由贸易区内的贸易总额将从目前的1.3万亿美元大幅提高,接近欧盟和北美自由贸易区的水平。各成员的区内贸易比重将从目前的20%左右提高到30%以上,区内外资比重也将有显著提高。中国—东盟自由贸易区的建立将为东盟国家和中国的国内生产总值增长分别贡献1个百分点和0.3个百分点,从而使双方的经济发展达到双赢。从目前的情况来看,这个估计还是比较切合实际的。

建立"10+1"自由贸易区,利在长远。建立中国—东盟自由贸易区不仅有利于迎接外来挑战,而且有利于促进中国的改革开放;不仅为中国西部开发战略提供动力,打开南下出海通道,而且可以为中国在东亚更大范围内开展经济技术合作积累经验。中国—东盟自由贸易区不仅包括贸易投资自由化目标,还把政治目标作为自由贸易区的重要内容。

通过中国—东盟自由贸易区的机制,有利于双方改善其地缘政治环境,促进南海主权纷争的解决,打击跨国犯罪活动,促进环境污染治理、遏制非法移民以及国际毒品走私活动等方面的非经济合作;有利于双方在国际事务中赢得更多的支持,使区域安全更有保障。

但"10+1"贸易自由化的时间表过于复杂。目前,中国—东盟自由贸易区实际存在3个时间表。第一个时间表是,由于东盟有6个成员(新加坡、印度尼西亚、马来西亚、菲律宾、越南、泰国)和中国同是APEC成员,按照APEC的贸易自由化时间表,这些国家在2020年以前将实现贸易自由化;第二个时间表是,依照中国—东盟自由贸易区目前的进展,2002—2012年十年内实现中国与东盟的贸易自由化,对所有中国—东盟自由贸易区成员来说都是一个新的时间表;此外,东盟内部还有一个贸易自由化时间表,也就是在2010年建立东南亚自由贸易区,2018年之前区内贸易关税降为零。但这个时间表对东盟成员是区别对待的,东盟老成员经济发展水平相对较高,自由化进度较快,东盟新成员相对落后,自由化进程也相应落后。因此,在中国—东盟自由贸易区中,最终时间表安排上的妥协,将是其合作过程中的一个复杂问题。

以往在东亚地区的日本雁阵中,日本向东盟的直接投资一直是维系和发展日本与东盟经贸关系的主要纽带。虽然日本雁阵已经瓦解,但是由于东盟国家都是发展中国家,故在其经济发展过程中,仍然选择依赖外资的发展战略——许多国家希望来自中国的新增投资能抵消其他国家对其投资的减少,使东盟地区的外资增长得到恢复和保持。但以中国目前的经济实力,尚不能满足其全部需要。

此外,随着中国经济的持续增长,对尚未走出金融危机阴影,又遭受美国经济增长放缓,外贸、外资受到严重影响的东盟国家来说,它们希望能从中国得到更多的经济支持,特别是在中国加入 WTO 后,东盟势必在开放市场等方面提出更多的要求。在处理这些问题上,中国政府需要有远见、决心与胆略。

请从本案例中思考中国区域经济合作的发展战略。

案例 11.2 加拿大诉美国对加猪肉征收反补贴税案

根据美国反补贴税法,美国商务部假定加拿大对养猪业的补贴全部转移到了猪肉加工业。根据这一假设,商务部计算了对从加拿大进口的猪肉征收的反补贴税。1989 年 9 月 28 日,加拿大向 GATT 申诉,要求解决美国对其猪肉征收反补贴税的问题。加拿大认为,这一假设缺乏事实依据,使实际征收的反补贴税高于应征收的反补贴税,违反了 GATT 第 6 条第 3 款①和《反补贴守则》第 4 条第 2 款;同时,损害了加拿大根据 GATT 第 2 条②和第 6 条所应得到的利益。

1990 年 2 月 20 日,GATT 专家组成立。1990 年 9 月 18 日,专家组递交了报告。专家组认为:GATT 第 6 条第 3 款要求必须根据事实确定进口产品得到的补贴;加拿大对养猪业的补贴是对原料的补贴,而出口的猪肉是终端产品,要把对原料的补贴看成对终端产品的补贴必须有事实证明终端产品的生产者购买了受补贴的原料。美国商务部确定补贴不是依据事实,而是依据假设,据此征收反补贴税违反 GATT 第 6 条第 3 款。专家组希望美国再进行一次调查,以确定加拿大对猪肉生产业的实际补贴,并退回多征税款。

美国申辩说,美加自由贸易协定③专家组正在处理该案,应当等待专家组的处理意见。1991 年 6 月 14 日美加自由贸易协定专家组作出彻底否定美国商务部征收反补贴税的决定,美国才放弃其强硬态度。GATT 专家组的报告被拖延 10 个月,1991 年 7 月 11 日才获通过。根据美加自由贸易协定专家组的决定,美国政府撤销了对加拿大猪肉征收的反补贴税。

当然,由于 WTO 的争端解决机制更为强有力,该案中裁决被拖延的情况不会发生,但矛盾可能会转入裁决的执行阶段。该案从一个侧面反映了区域集团化与多边贸易体制可能出现的抗衡。

请从本案中体会地区经济集团与多边贸易体制的关系。

案例 11.3 印度与土耳其关于纺织品进口限制的纠纷

1995 年,根据土耳其第 95/1 号决定第 12 条规定,土耳其为加入欧盟,将采纳欧盟对纺织品进口的限制措施,决定从 1996 年 1 月 1 日起对进口的 19 类产品实行数量限制。

1996 年 3 月 21 日,印度提出磋商要求。1999 年 DSB 裁定土耳其败诉。

本案的关键启示在于:① 如何防止建立关税同盟提高对外的保护程度;② 如果不实施本案的争议措施,是否无法建立关税同盟。

请从本案例中体会多边贸易体制对地区经济集团组建的要求。

---

① GATT 第 6 条第 3 款规定,反补贴税是"抵消性"的关税,不能超过补贴的估计数额。
② GATT 第 2 条即关税减让表。
③ 1989 年 1 月 1 日,美加自由贸易协定正式生效。

案例 11.4　欧盟诉阿根廷鞋类进口保障措施

1997年2月14日,阿根廷对欧盟出口的鞋类发起保障措施调查,随后采取保障措施。该措施自1997年2月25日起,有效期为3年。阿根廷在调查时以本国为单位,在采取措施时以"南方共同市场"为单位。

WTO《保障措施协议》(SA)第1款注释要求:一关税同盟可作为一单独整体或代表一成员方实施保障措施。在确定严重损害或严重损害威胁的所有要求时,前者应以整个关税同盟中存在的条件为基础,后者则应以该成员中存在的条件为基础且保障措施仅限于该成员。

请从本案例中体会WTO对地区集团贸易政策实施的要求。

第三篇 国际贸易的交易完成及微观制度特征

第十二章 贸易规则

▎本章概要▎

本章着重阐述了国际货物贸易中合同的成立及贸易术语的选用,以及在合同履行过程中物流风险的承担及资金流的运作。

合同的成立需要具备形式要件和实质要件,中国的对外贸易合同原则上应当采用书面形式,要约和承诺是重要的实质要件。合同成立是双方权利义务的法律证据,因此至关重要。

价格条款是合同的重要组成部分,其中贸易术语的选用决定了整笔交易的性质,应当合理制定,严格履行。

贸易术语又称价格条件,反映了商品价格的构成及买卖双方在交易过程中风险、责任、费用的承担,以此为基础的价格条款是合同的核心内容。本章介绍了对贸易术语进行解释的主要国际贸易惯例:国际商会的 2000 年、2010 年《国际贸易术语解释通则》(Incoterms)、1932 年《华沙—牛津规则》、1941 年、1990 年《美国对外贸易定义修订本》,并重点分析了常用国际贸易术语——象征性交货的特征。

国际贸易象征性交货的特征决定了物流与资金流相分离。运输和保险是物流的重要环节,完成交易标的从卖方移交给买方,并提供货物风险的分担机制。按照法律和惯例,承运人一般只承担"适航"与"管货"两项最低限度的义务,保险公司可以承保保险险别范围内的风险责任,而其余的运输风险由买方自行承担。

本章还介绍了物流运送过程中风险承担的机制,着重分析了运输、保险环节中产生的重要单据的特性。

本章还着重阐述了国际贸易货款收付的过程,进一步揭示了国际贸易象征性交货的特征和相关的规则。

国际货款的收付方式有银行信用和商业信用两种基本类型。信用证是常用的建立在银行信用基础上的国际货款的收付方式,它是独立的自足的文件,具有典型的单据买卖特征,集中体现了"纸上贸易"付款赎单的特点。此外,在我国的对外贸易中,汇付和托收也使用得比较频繁。在买方市场的形势下,这些商业信用基础上的货款收付方式具有特别重要的意义。

本章的另一个重要内容是介绍了国际贸易中的主要信用保障机制,例如银行保函、备用信用证、国际保理、出口信用险等。

▎学习目标▎

1. 了解合同成立的形式要件与实质要件。
2. 了解关于贸易术语的常用惯例的概况及买卖双方的基本义务。
3. 重点掌握象征性交货的风险转移。
4. 明确运输风险的承担和管理方式。
5. 理解提单的性质、功能及发展前景。

国际贸易交易的达成,以合同关系的确立为标志。合同当中需要对一些重要的基本事项作出明确、具体的规定,其中包括所交易商品(即贸易的"标的")的状况,如品名、品质、数量及包装等。

第一节　合同的成立及贸易术语的选用

合同关系的成立往往意味着签约各方权利和义务的开始,因此具有重要的意义。各国法律和国际公约普遍都对该问题作出了明确的规定,以便更好地促进合同义务的履行,确定各方的基本权利。

一、合同成立的形式要件及实质要件

1980年联合国《国际货物销售合同公约》对合同的形式作出了非常宽松的规定,它可以是口头、书面或行动。但一些国家对此有所保留,例如美国的《统一商法典》要求500美元以上的货物销售合同必须采用书面形式,中国的法律原则上要求对外贸易合同采用书面形式。

书面形式的合同包括合同书、信件及数据电文(电报、电传、传真、EDI和电子邮件等)。对书面形式的要求是为了使相关交易更为慎重和严密,也更有利于取证。

合同的实质要件主要是对要约(Offer)和承诺(Acceptance)两方面的要求。要约是一方向另一方提出的愿意按一定条件同对方订立合同,并含有一旦要约被对方承诺即对提出要约的一方产生约束力的一种意思表示。承诺是受要约人按照要约指定的方式,对要约的内容表示同意的一种意思表示。

在我国的外贸实践中,要约与承诺通常又被称为发盘和接受。要约(发盘)要求意思表示明确、肯定,并有发出要约者受其约束的含义,否则往往仅构成没有约束力的要约(邀请询盘)。在外贸当中引起争议的有附加条件的承诺(接受),它是否构成有效承诺(接受)取决于所附条件是否对要约内容作了实质性的修改。如果仅仅是非实质性的修改,则被认定为有效的承诺(接受);如果已构成实质性修改,则被认定为反要约(还盘),它使原要约失效;如果其内容符合成为新要约的要求,则是一份新的要约。

专栏12.1

请判断下列合同关系的成立

1日,荷兰(A)→中国(B):是否有大豆现货?
2日,B→A:可提供200公吨东北大豆,每公吨200美元CIF鹿特丹。
3日,A→B:要求增量、减价。
4日,B→A:可提供220公吨东北大豆,价格180美元CIF鹿特丹,有效期为3天。
6日,A→B:接受贵方货物。(注:请提供适合海洋运输的包装。)
请问在上述过程中合同关系是否成立?

二、贸易术语的基本规则

在长期的国际贸易实践中,形成了一些约定俗成的贸易术语,用来表示商品价格的构成以及买卖双方在交货和接货过程中的基本权利和义务,界定风险、责任的划分。对贸易术语的解释通常是国际贸易的交易基本点,其中使用最广泛的是国际商会制定的《国际贸易术语解释通则》(Incoterms),它有 1936 年、1953 年、1967 年、1976 年、1980 年、1990 年、2000 年和 2010 年等逐步补充和修订的不同版本。

(一) Incoterms 2000、2010

国际商会的 Incoterms 2000 将贸易术语分为 4 组共 13 种(见表 12.1)。

表 12.1　Incoterms 2000 的 13 种贸易术语

	贸易术语	风险转移界限	出口清关责任费用承担者	进口清关责任费用承担者	适用的运输方式
E 组(启运)	EXW(Ex Works) 工厂交货	卖方所在地货交买方处置时	买方	买方	任何方式
F 组(主运费未付)	FCA(Free Carrier) 货交承运人	货交承运人监管时	卖方	买方	任何方式
	FAS(Free Alongside Ship)船边交货	装运港船边	卖方	买方	水上运输
	FOB(Free on Board) 装运港船上交货	装运港船舷	卖方	买方	水上运输
C 组(主运费已付)	CFR(Cost and Freight) 成本加运费	装运港船舷	卖方	买方	水上运输
	CIF(Cost, Insurance and Freight) 成本、保险费加运费	装运港船舷	卖方	买方	水上运输
	CPT(Carriage Paid To) 运费付至	货交承运人监管时	卖方	买方	任何方式
	CIP(Carriage and Insurance Paid To) 运费、保险费付至	货交承运人监管时	卖方	买方	任何方式
D 组(抵达)	DAF(Delivered At Frontier) 边境交货	货交买方处置时	卖方	买方	任何方式
	DES(Delivered Ex Ship) 目的港船上交货	货交买方处置时	卖方	买方	水上运输
	DEQ(Delivered Ex Quay) 目的港码头交货	货交买方处置时	卖方	买方	水上运输
	DDU(Delivered Duty Unpaid) 未完税交货	指定目的地货交买方处置时	卖方	买方	任何方式
	DDP(Delivered Duty Paid) 完税后交货	指定目的地货交买方处置时	卖方	卖方	任何方式

对13种贸易术语的总体把握可遵循一些规律：

首先，贸易术语规定风险、责任和费用的划分，但不涉及所有权的转移。

其次，出口清关的责任和费用一般由卖方承担，EXW除外；进口清关的责任和费用一般由买方承担，DDP除外。另外，运输风险一般由买方自行承担，例外的情况是D组中卖方承担运输风险；CIF、CIP术语下由于价格构成中含有保险费，卖方承担投保义务。

最后，有6种术语仅适用于水运方式，即FOB、CIF、CFR、FAS、DES、DEQ；其余7种术语适用于各种运输方式。

Incoterms 2010是国际商会根据国际货物贸易的发展，对Incoterms 2000的修订，于2010年9月27日公布，2011年1月1日起实施。Incoterms 2010包括2组共11种贸易术语（见表12.2）：适用于各种运输方式的术语有EXW、FCA、CPT、CIP、DAT、DAP、DDP；仅适用于水运的术语有FAS、FOB、CFR、CIF。相对于Incoterms 2000，Incoterms 2010删除了原D组的4种术语：DAF、DES、DEQ、DDU，新增了DAT（Delivered At Terminal）和DAP（Delivered At Place）。

表12.2 Incoterms 2010的11种贸易术语

贸易术语	交货地点	风险转移界限	出口清关责任、费用	进口清关责任、费用	适用的运输方式
EXW	货物产地或所在地	买方处置货物时	买方	买方	任何
FCA	出口方境内或港口	承运人处置货物后	卖方	买方	任何
CPT	出口方境内或港口	承运人处置货物后	卖方	买方	任何
CIP	出口方境内或港口	承运人处置货物后	卖方	买方	任何
DAT	目的港或目的地运输终端	买方在指定地点收货后	卖方	买方	任何
DAP	进口方目的地	买方在指定地点收货后	卖方	买方	任何
DDP	进口方目的地	买方在指定地点收货后	卖方	卖方	任何
FAS	装运港口	装运港船边为界	卖方	买方	水上运输
FOB	装运港口	装运港船上为界	卖方	买方	水上运输
CFR	装运港口	装运港船上为界	卖方	买方	水上运输
CIF	装运港口	装运港船上为界	卖方	买方	水上运输

Incoterms 2010新增术语的引入是为了适应集装箱多式联运的不断发展和地区经济集团化趋势。DAT（运输终端交货）后面跟指定港口或目的地的运输终端，类似于原有的DEQ术语，但使用范围远大于DEQ，适用于任何运输方式；卖方负责将合同规定货物按照通常航线和惯常方式，在规定期限内运至目的地指定运输终端，将货物卸下交买方处置，即完成交货；卖方承担卸货费用。DAP（目的地交货）后面跟指定地点，类似于原有的DAF、DES和DDU三个术语，适用于任何运输方式；卖方负责将合同规定的货物按照通常航线和惯常方式，在规定期限内将装载于运输工具上准备卸载的货物交买方处置，即完成交货；卖方负责将货物运至指定地为止的一切风险。在实际运用中，要注意两种新增术语的区别和联系；另外，两种新增术语都属于实际交货的性质，在使用中应注意采取相应措施，防止可能产生的风险（参见本章案例分析思考题）。

值得注意的是，目前与Incoterms 2000、2010同时在国际上使用的还有两种影响比较大的对贸易术语解释的国际惯例：一种是在美洲地区比较流行的1941年、1990年《美国对外贸易定义修订本》，简称《美国定义》，它对常用贸易术语FOB的解释与Incoterms

2000、2010 有所不同;另一种是 1932 年《华沙—牛津规则》,在该规则中 CIF 术语下所有权的转移以运输单据的提交为标志。

(二) CIF 和 FOB

CIF 和 FOB 是传统上最常使用的贸易术语,也是规则相对完善和成熟的术语,对其进行研究,有助于系统地理解国际贸易的交易特征。

从英文含义和价格构成看,FOB 是成本价,CIF 在此基础上加上了成本和运费。因此,FOB 术语下运输和投保由买方自行安排,术语后面的地点为装运港;CIF 术语下卖方有安排运输和投保的义务,术语后面的地点为目的港。习惯上将 FOB 称为"离岸价",将 CIF 称为"到岸价"。

严格地说,将 CIF 称为"到岸价"是不科学的。无论是 FOB 还是 CIF,都属于象征性交货的贸易术语,风险和费用划分的界限是装运港船舷,货物一旦越过装运港船舷,风险即由卖方转移给买方。CIF 术语下卖方承担运输和投保的义务,但只是正常运费和约定的保险费,如果没有约定,卖方仅有义务按最低险别投保。

值得注意的是,风险转移的前提是货物被特定化,也就是以在货物包装或提单上加注等方式明确地将货物划拨到合同项下。另外,风险转移仅意味着运输风险由买方承担,卖方仍然对货物承担品质担保等前述品质方面的基本义务。例如,当货物抵达目的港发现完全失去了一般使用目的,只要买方能证明这种情况的发生并非运输风险造成,而是因为货物越过装运港船舷之前存在某种缺陷,并且这种缺陷是装运港正常检验无法发现的,买方仍然有机会向卖方索赔。

专栏 12.2

关于 CIF 性质的经典评述

Simonds 勋爵:CIF 合同的显著特点在于,货物的所有权通过付款交单不仅仅是可以而且是必须转移。

Roche 法官:在 CIF 合同中,交货有三个阶段,即装船时的暂时交付、交单时的象征性交付和当把货物交付给买方时的完全交付。

Devlin 法官:CIF 合同的买方在目的港取得的从船上的交付,并不是取得销售合同项下的货物交付,而仅是从他自己的仓库提取货物。

Scrutton 法官:CIF 买卖的基本特点是买卖有关货物的单证,而非买卖货物,它不是货物已经抵达的合同,而是按照销售合同装运货物的合同。相关的问题通常并非"在递交单证时货物处于何种状态",而是"在递交单证时,这些单证是否与销售合同相符"。

Devlin 法官:CIF 术语加诸卖方一系列义务,就货物而言,他必须在装运港将符合合同的货物装上指定的船舶,而且他还必须提交合格的单据。若延迟装船,或卖方未将符合合同的货物装上船,他的同一行为可能造成违反两种独立义务的结果。

在实践中,由于对 CIF 存在"到岸价"的误解,出现了形形色色的添加条款的 CIF 合同,使得风险的划分和买卖双方的权利义务出现混淆和纠纷,所以有必要对此加以系统分析。一般而言,如果添加的条款不改变"付款赎单"的本质特征,则仍然是一份真正意义上的 CIF 合同;反之,如果添加的实际交货条款凌驾于 CIF 的选择之上,则不再是一份象征性交货的 CIF 合同。在更多的情况下,添加的条款是模棱两可的,还要根据双方在合同履行过程中的行为来判断合同的性质。如果在货物发生损毁前买方已经付款赎单,则推定双方对合同的共同理解仍然为象征性交货,买方无权索要已支付的货款;如果在货物发生损毁前买方尚未付款赎单,则推定双方对合同的理解不再是象征性交货,卖方无权再要求买方付款。

在使用 FOB 术语时要注意,如果与美洲商人作交易,可能会碰到《美国定义》与 Incoterms 2000、2010 在解释上的差异性。《美国定义》中的 FOB 分为 6 种不同种类,只有其中第 5 种——FOB Vessel 与 Incoterms 2000、2010 中的 FOB 相似,但也仍有差别——主要体现在出口清关责任和费用的承担不同:前者由买方负责,卖方在受买方委托并由买方承担费用的前提下可以代办;后者由卖方负责。

三、常用贸易术语及商品作价

（一）6 种常用贸易术语

除了 CIF 和 FOB,还有 4 种常用的贸易术语,分别为适用于海运的 CFR（…目的港）和适用于各种运输方式的 FCA、CPT 和 CIP（…指定地点）。这些贸易术语的共同特征是都属于象征性交货的方式,FOB、CFR 和 CIF 以装运港船舷为界发生风险转移,FCA、CPT 和 CIP 以承运人为界发生风险转移。从价格构成来看,CIF = CFR + I = FOB + F + I;CIP = CPT + I = FCA + F + I。

在理解和运用常用贸易术语时,首先必须明确卖方"交货"义务的完成并非是将货物实际送交给买方。在 FOB、CIF 和 CFR 术语下,卖方交货义务的完成是在装运港;在 FCA、CPT 和 CIP 术语下,卖方交货义务的完成是将货物送交承运人。后 3 种术语后面所跟"指定地点"比较灵活,风险转移的界限更具灵活性,也更能适应现代运输事业的发展,因而具有广阔的使用前景。

其次,应该注意的是,在象征性交货的贸易方式下,卖方有交货和交单的双重义务,因此某一行为可能会造成两种违约,又称"重叠违约"。卖方的两种义务是并存的,不能相互替代。

最后,在交易中,买卖双方的基本义务具有"双诺"的性质,即一方的履行以另一方的履行为条件。例如在 FOB 术语下,卖方交货义务的完成以买方按时合理安排运输为条件。所以在发生违约的情况下,应合理地判断责任的承担方。

（二）商品的作价

国际贸易中商品的作价方式非常丰富,主要包括固定作价和不固定作价两种类型。

完整的固定作价由计量单位、金额、计价货币和贸易术语四部分组成,例如"每公吨 200 美元 FOB 上海"。此种作价方式有明确、具体、肯定和便于核算的特点,但易受到市场行情和价格变动风险的冲击。

在不固定作价中,常以商品交易所的期货价格作为参考价。期货市场的基本经济功能是价格形成和价格发现。"入世"后的中国经济面临着全方位的开放,南北经济的不对称、国家综合国力的差异等都可能导致经济生活中的不确定性增加。期货市场是将风险管理战略落到实处的有效手段和市场基础。

不固定作价还有一些其他方式。例如暂定价格,日后另行协商确定;滑动价格,它往往适用于交货周期较长的成套设备、大型机械以及一些初级产品等货物。滑动价格的调整公式为:

$$P_1 = P_0 \left(a + b \times \frac{M_1}{M_0} + c \times \frac{W_1}{W_0} \right)$$

P_1:调整后价格;

P_0:基础价格;

a、b、c:管理费、原材料成本、工资成本分别占货物单位价格的比率,由买卖双方协商确定,$a+b+c=100\%$;

$M_1(M_0)$:交货(订约)时的原材料批发价格指数;

$W_1(W_0)$:交货(订约)时的工资指数。

在商品的作价过程中,经常会涉及价格的转换和贸易术语的变更,因此必须对价格转换的基本公式和基本方法非常熟悉,对不同贸易术语的价格构成十分了解。常用的价格换算公式为:

$$\begin{cases} CIF = CFR + I = FOB + F + I \\ I = 保险金额 \times 保险费率 \\ 保险金额 = CIF \times 投保加成 \\ 含佣价 = 净价/(1 - 佣金率) \end{cases}$$

将 CIF、CFR、FOB 分别换成 CIP、CPT 和 FCA,价格换算的基本原理不变。

商品作价直接关系到买卖双方的交易利益,因此必须谨慎选用合理的作价方式,使交易风险得到适当的管理和分摊,从而推动合同和交易的顺利履行。

专栏12.3

固定作价与价格风险

20 世纪 70 年代,美国西屋公司为了推销其生产的核反应堆,向客户保证:1975—1988 年,以每磅 8—10 美元的价格提供 60 000 公吨以上铀(核反应堆燃料)。西屋公司有 6 000—7 000 公吨存货,签订了 14 000 公吨的期货合同。1975 年 1 月铀的市场价上升为每磅 30 美元,为履行其承诺,西屋公司要承担近 20 亿美元的损失,而这将会导致其破产。西屋公司拒绝履行合同,其客户向法院起诉。后该案经双方协商获庭外解决。

【分析】该案中西屋公司为了推销其产品,采用了固定作价,这意味着西屋公司应承担价格上升的风险。假如采用其他作价方法,可以不同程度地分散价格风险,当然在推销核反应堆的效果上会受到影响。既然采用了固定作价,西屋公司可以采用更有力的配套措施,如加强价格预测、增加存货量及购买的期货合同量等。

案例分析思考题

案例 12.1.1 2011 年 4 月,中国 A 粮油进出口公司与美国 B 公司以 DAP 术语签订出口油籽合同,起运港为天津新港,目的港为西雅图码头,交货时间不晚于 2011 年 6 月 22 日,A 必须在货物到达指定地点前 2 天发出到货通知,以便 B 准备接货。

A 完全履行义务,但 22 日 B 没有到港接货。A 多次电催,均未得到 B 回应。A 只好将货物卸下存放在港区仓库,并支付相关费用。但当晚因恶劣天气货物受损,次日 B 拒绝收货付款。请问 B 的行为是否合理?

案例 12.1.2 辽宁某出口公司以 DAP 术语出口化工产品,总值 10 万美元。出口方发货后,由于国际市场行情变化,进口方提出每公吨降价 300 美元。中方无奈之下提出可降价 100 美元。进口方从其他途径购买了货物。货物已到纽约,中方考虑运回费用昂贵,且再办理出口手续非常麻烦,只好另寻买主低价出售,损失近 4 万美元。本案的教训是什么?

案例 12.1.3 2013 年美商 A 以 CFR 术语向韩商 B 出口 2 000 公吨小麦,在装运港 A 混装了 5 000 公吨小麦(其中包括 A、B 双方的货物),准备到目的港交付 B 方 2 000 公吨。但途中损失了 2 500 公吨。B 方是否有权利从安全到港的 2 500 公吨货物中索要自己的货物?

案例 12.1.4 伦敦商人甲向位于布里斯托尔的两位商人乙、丙按照 FOB 汉堡各销售 200 公吨食糖,合同约定在伦敦付现金取单。卖方装运了 400 公吨食糖,发货时注明"布里斯托尔订货"。在当时各港口间的食糖贸易的正常做法是:在装运时不将特定的袋糖拨归某个特定的合同项上,只有在卖方取得提单后,各袋糖以及代表它们的提单,才会分配给各个买方。在卖方向原告乙拨归所交货物前,装载船舶在海上灭失。随后货物被拨归,原告乙依合同付款取得单据。后乙发现货物已经灭失,是否有权利索回已经支付的货款?

案例 12.1.5 英方以 CIF 术语进口一批东非波罗麻。合同规定:若货物或任何部分货物由于船舶灭失或其他不可避免的原因而不能运抵目的地,本合同对任何该部分货物无效。后在海运中因火灾船货俱毁。买方在事故发生前已付款取得单据,根据保险单索赔金额高于已付货款。卖方是否有权要求得到超额的部分?

案例 12.1.6 1940 年 4 月阿根廷公司 A 以 CIF 安特卫普销售 500 公吨黑麦给比利时公司 B,合同规定:A 必须保证谷物的到达,运抵谷物的任何不足,少于提单数量者由卖方负责,单据寄交给卖方在安特卫普的代理人 Van Bree 先生。提货单、保险单寄交给了 Van Bree,买方付款取得了提货单。1940 年 5 月,当货物尚在海上时,德军占领了比利时,因此卖方指令船舶开往里斯本,货物在里斯本销售。买方是否能索要回已经支付的货款?

案例 12.1.7 美方 A 从英方 B 进口一批货物,签订合同所使用的贸易术语为"FOB 里斯本"①。后因葡萄牙政府拒绝签发出口许可证而未能交货。请问根据 Incoterms 2010,责任应由谁承担?

假如英方 B 从美方 A 进口一批货物,签订合同所使用的贸易术语为"FOB Vessel 里斯本",因葡萄牙政府不签发出口许可证而未能交货,此时责任由谁承担?

---

① "里斯本"即装运港。

案例 12.1.8 我方从泰国出口方 A 处进口一批香米,签订"CFR 上海"合同。货物离港后不久沉没,因 A 方未及时向我方发出装船通知,我方未办理投保,故无法向保险公司索赔。请问谁应承担责任?

案例 12.1.9 一份 CIF 合同规定:"卖方保证货物于 12 月 1 日抵达目的港。"请问该合同在履行时可能出现何种问题?

案例 12.1.10 中方 A 与英方 B 签订"CIF 利物浦"合同。后由于两伊战争爆发,苏伊士运河不能通航,船必须绕道非洲好望角。由于绕航多支付的运费由谁承担?

第二节 物流运作:国际货物和保险

运输和保险是完成国际贸易物流运送的重要环节,是买卖合同圆满履行的基本步骤。在象征性交货的贸易方式下,风险以装运港船舷或承运人为界发生转移,买方承担运输风险。买方的理性选择是合理地分散风险,因此必须考虑承运人可能承担哪些责任,另有哪些风险需要寻求保险补偿。

一、物流风险的分摊

(一) 基本概念和基本当事人

传统国际贸易往往涉及海洋运输,其中包括班轮运输和租船运输两种方式。班轮运输有固定的船期、固定的航线和固定的停靠港口及运费率。租船运输的相关事项由租船人和承租人在租船合同中约定,一般分为三种类型:定程租船,又称程租船,是按照运输的路程来决定运费;定期租船,又称期租船,是按租船的期限来决定运费;航次期租,是一种比较新的方式,是以完成某一航程为目的,但以完成该航程所需的时间来决定运费。

值得注意的是,买卖合同中常有滞期费(Demurrage)和速遣费(Despatch)条款,这是因为如果在安排运输时选择了定程租船,运输合同往往要约定滞期和速遣费用问题。滞期费是由于装卸货物的任务延迟完成,使船舶滞留,影响其周转,相关责任方应当作出的赔偿,在运输合同中,是租船人(买方或卖方)赔付给承运人;如果租船人本身不是事故责任方,则可以通过买卖合同的滞期费条款向责任方索赔。例如,在 FOB 术语下由买方负责安排运输,卖方负责装货;如果装货延迟,买方需向承运人赔偿滞期费,而通过买卖合同向卖方求偿,或者在买方指令下,卖方直接向承运人赔付。速遣费是由于装卸货物的任务提前完成,使船舶获得更多的周转时间,承运人应支付一定的奖励金,其数额往往是滞期费的一半,支付过程当中的合同关系与滞期费一致。因此,运输合同的滞期速遣条款应当与买卖合同保持一致。

运输的基本当事人是承运人、托运人和收货人。承运人是在运输中承担履行或办理履行铁路、公路、航空、海洋、内河运输或多式联运义务的人。托运人是将货物交给承运人运送或与承运人订立运输合同的人。收货人是在目的港收取货物的人。

在运输过程中,船长是指挥或主管船舶的人,在船行途中及没有船舶所有人的港口,他作为船方或货方的代理人。另外,运输业务往往还涉及货运代理人,他们接受收货人、发货人的委托,以委托人的名义或自己的名义为委托人办理货运及相关业务并收取服务报酬。还有通知人,是承运人在卸货港与之联系的人,一般为进口方货运代理人。

保险的基本当事人有投保人、保险人、被保险人、受益人。投保人是对保险标的具有保险利益,向保险人申请订立保险合同,并负有缴付保险费义务的人;保险人是向投保人收取保险费,在保险事故发生时,对被保险人承担赔偿损失责任的人;被保险人是指其财产、利益或生命、身体和健康等受保险合同保障的人;受益人是在保险事故发生后直接向保险人行使赔偿请求权的人。

(二)承运人的基本义务和免责

按照国际上通行的《海牙—维斯比规则》,承运人仅承担最低限度的两项基本义务:首先是在开航前和开航时提供适当谨慎,保证船舶适航;其次是适当和谨慎地装载、操作、积载、运送、保管、照料和卸载所承运的货物,即有"管货"的义务。

《海牙—维斯比规则》规定承运人有17项免责,概括起来有四类:一是管船过失免责,也就是由于船长、船员等代理人的操作不当、过失等造成的货损,承运人免责;二是货物本身固有的缺陷导致的货损,承运人免责;三是运输当中的"天灾人祸"导致的货损,承运人免责;四是合理的救助行为导致的货损,承运人免责。

(三)保险承保的风险、责任和费用

保险承保的风险包括海上风险(如自然灾害和意外事故)以及外来风险(包括一般外来风险和特殊外来风险),另外还有施救费①和救助费②等费用。

海上风险造成的全部损失一般都可以获得保险赔偿;部分损失分为共同海损和单独海损,前者通常可获得保险赔偿,各种险别承保范围的不同主要针对单独海损,所以区分共同海损和单独海损具有重要意义。共同海损是航行过程中,船货遇到了共同的危险,为了船货的共同安全,船方有意采取的合理救难措施造成的特殊牺牲和特殊费用。共同海损应具备几个要件:首先,危险是船货共同面临的、客观存在的;其次,措施是人为有意的、合理的、有效的;最后,费用是额外的、非正常的。单独海损是海上风险直接导致的部分损失,它往往由受损方自行承担,如果在承保范围内,则可以作相关的保险索赔。共同海损发生后,船长有权在第一卸货港宣布发生了共同海损;前来提货的各方需对共同海损作出担保,方能提货;共同海损一般由获救方按获救价值的比例进行分摊。

根据保险险别的不同,保障的范围也有所不同。在中国保险条款(CIC)中,有基本险和附加险两大类。基本险包括平安险、水渍险和一切险;附加险包括一般附加险和特殊附加险,它们只能附着在基本险之上投保。在中国保险条款中,平安险承保海上风险造成的损失和费用,除去纯粹自然灾害造成的单独海损;水渍险承保海上风险造成的所有损失和费用;一切险承保水渍险的所有损失和费用,再加上一般外来风险造成的损失和费用;一般附加险承保一般外来风险造成的损失和费用;特殊附加险承保特殊外来风险造成的损失和费用。

---

① 施救费指保险标的在遭遇保险责任范围内的灾害事故时,被保险人或其代理人、雇佣人、保险单的受让人对标的所采取的各种抢救、防止或减少货损的措施而支出的合理费用。

② 救助费指保险标的在遭遇保险责任范围内的灾害事故时,由保险人和被保险人以外的第三方采取救助措施并获成功后,被救方支付的合理报酬。

英国伦敦保险协会的货物保险条款(ICC)将险别分为 A 险、B 险、C 险、战争险、罢工险和恶意损害险六大类,它们可以分别独立投保,其中 A、B、C 三种险别的承保范围分别相当于中国保险条款中的一切险、水渍险和平安险。三种险别的主要投保责任见表12.3。

表 12.3　ICC 中 A 险、B 险、C 险

责　任　范　围	A	B	C
1. 火灾、爆炸	√	√	√
2. 船舶、驳船的触礁、搁浅、沉没、倾覆	√	√	√
3. 陆上运输工具的倾覆或出轨	√	√	√
4. 船舶、驳船或运输工具同除水以外的任何外界物体碰撞	√	√	√
5. 在避难港卸货	√	√	√
6. 共同海损牺牲	√	√	√
7. 抛货	√	√	√
8. 地震、火山爆发或雷电	√	√	×
9. 浪击落海	√	√	×
10. 海水、湖水或河水进入船舶、驳船、运输工具、集装箱大型海运箱或贮存所	√	√	×
11. 货物在船舶或驳船装卸时落海或跌落,造成任何整件的全损	√	√	×
12. 由于被保险人以外其他人(如船长、船员等)的故意违法行为所造成的损失和费用	√	×	×
13. 海盗行为	√	×	×
14. 下列"除外责任"范围之外的一切风险	√	×	×
除　外　责　任	A	B	C
1. 被保险人的故意违约法行为所造成的损失和费用	×	×	×
2. 自然渗漏、重量或容量的自然损耗或自然磨损	×	×	×
3. 包装或准备不足或不当造成的损失或费用	×	×	×
4. 保险标的的内在缺陷或特性造成的损失或费用	×	×	×
5. 直接由于延迟引起的损失或费用	×	×	×
6. 由于船舶所有人、经纪人、租船人或经营人破产或不履行债务造成的损失费用	×	×	×
7. 由于使用任何原子武器或核裂变等造成的损失和费用	×	×	×
8. 船舶不适航,船舶、装运工具、集装箱等不适宜	×	×	×
9. 战争险	×	×	×
10. 罢工险	×	×	×

注:"√"代表承保风险,"×"代表不承保风险。

保险承保责任的起讫一般遵循"仓至仓条款",即从起运地发货人仓库开始,到目的地收货人仓库为止。战争险遵循"钩至钩"原则,又称"水上风险"。

在实践中,运输与投保的衔接是一项非常重要的工作。例如在 CFR 术语下,卖方安排运输,买方办理投保,因此卖方有义务及时向买方发出装运通知,以便买方及时办理投保,否则延误投保而造成的损失由卖方承担。在 FOB 术语下,卖方交货,买方投保,因此卖方也有义务及时向买方发出装船通知,以便买方及时办理投保。在 CIF 术语下,运输、

装货、投保均由卖方完成,但在有些情况下买方要求投保额外险别,因此也需要卖方及时向买方发出装货通知。在我国对外贸易中,为了简化投保制度、更好地完成运输与投保的衔接,设有预约保险制度。投保人只需将运输工具名称、起航日期、保险标的物的基本情况等事项通知保险公司,保险公司自动承保。

二、国际贸易中的重要单据

(一) 提单

国际贸易被称为纸上交易和单据买卖,因而在运输和保险这一环节中也就相应地产生了提单和保险单这两份传统的基本单据。

1. 提单的性质和功能

提单(Bill of Lading, B/L)是海运当中产生的重要的运输单据。从程序上说,托运人将托运单填报完整后交给承运人盖章,凭承运人出具的装货单向指定船舶交货,然后凭该船出具的收货单(又称"大副收据")向承运人换取正本提单。正本提单(Original B/L)一般签发一式两份或三份,凭其中任何一份提货后,其余的即作废。正本提单有承运人或其代理人的签字盖章,可以进行转让。副本提单(Copy B/L)没有此类签字盖章,仅供参考之用,不能转让。

提单是运输合同的证明,这是提单的第一项性质和功能。在提单的正面记载了货物的基本情况,如果装货时在船长目力所及的范围内发现货物外表状况存在缺陷,则船长有权在提单的正面加注,这样的提单被称为不清洁提单(Unclean B/L),否则称为清洁提单(Clean B/L)。在提单的背面,往往记载着承运人和托运人的基本权利义务的约定。值得注意的是,对于提单的签发者和被签发人而言,提单只是运输合同的证明,不是运输合同本身。而一旦提单发生转让,则对于其受让人而言,提单就是运输合同。

提单的第二项性质和功能是,提单是承运人收到货物的收据。在提单的正面,除了能清晰地了解装货时货物的外表状况之外,还可以体现提单签发时货物是否已装船。提单以此划分为已装船提单和备运提单两大类,其中备运提单(Received for Shipment B/L)是承运人收到货物等待装运期间签发的提单,在传统上它往往不易被买方和银行接受;但是随着现代运输技术的发展,集装箱运输往往使用备运提单。

提单的第三项性质和功能是,提单是承运人凭以交付货物的具有物权特性的凭证。正本提单是承运人交付货物的唯一合法凭证,它被一位英国法官称为"合法主人手中开启自己仓库大门的钥匙"。提单的物权特性赋予其可转让的功能,从而在传统国际贸易中加速了资金的周转。

2. 提单制度面临的困境及解决方案

随着运输技术的发展和运输速度的加快,提单作为提货凭证的特性带来了"过期提单"(Stale B/L)的现象,即货物到达目的港,但提单尚未到达提货人手中,结果造成货物滞港。

为了解决这一问题,在实践中产生了凭保函提货、异地签单等灵活的处理方法。凭保函提货即由收货人向承运人签具保函,保证日后如果再出现正本提单持有人前来提货的现象,由收货人负责承担责任。异地签单是在离收货人比较近的地方签发提单,以使提单更快地到达收货人手中。此外,联合国海事委员会还制定了《电子提单统一规则》,

其基本运作方式是:将货物的数据存在承运人的机器里,托运人凭借密码控制在途货物;如果托运人希望转让,则将该意图告知承运人,承运人撤销原密码,设计新密码给受让人;最后的提货人凭密码提货。

因为提单是一种物权凭证,掌握提单就像拥有货物一样,所以在实践中也出现了伪造提单骗取货款的欺诈行为。为了防止欺诈行为,一种观点认为应完善提单制度,另一种观点认为应该用没有物权特性的海运单(Sea Waybill; Ocean Waybill)来代替提单。联合国海事委员会推出了《海运单统一规则》,倡导海运单的推广使用。与提单相比,海运单仅仅没有物权特性,不是承运人凭以交付货物的唯一凭证,其他功能都具备。

(二) 其他重要单据

国际贸易中有三种基本单据:商业发票、提单和保险单。在传统国际贸易中,它们是付款的依据,也承担了代替货物转让、加速资金周转的基本义务。值得注意的是,一般而言,提单的签发日期不得早于保险单,否则可能导致银行拒收。

此外,根据交易的具体要求,可能还需要提供产地证明书、检验证书、包装单据等。现代国际贸易绝大部分采用凭单交货、凭单付款方式,因此,单据的制作必须正确、完整、及时、简明、整洁。

案例分析思考题

案例 12.2.1 船在定期检查时按习惯做法抽样钻探船身铁板厚度,但一处已被腐蚀75%的地方未被发觉。船行中该处铁板裂开,海水涌入,使货物湿损。承运人是否应该承担责任?

案例 12.2.2 船离港时碰撞了混凝土码头,船壳出现裂缝,船行中海水从裂缝处渗入损及货物。承运人是否应该承担责任?

案例 12.2.3 某轮船在途中遇到恶劣天气,为稳定船身,需打入压舱水,但由于船员疏忽未关紧阀门,压载舱积水过多溢出,并流入货舱,而货舱的污水沟堵塞无法将积水排出,造成货损。承运人是否应该承担责任?

案例 12.2.4 船行途中遇到流冰使船身出现裂口,海水灌入船舱。

(1) 船长下令开动备用发动机排水,为了启动备用发动机,被迫烧掉了部分货物。这些货物是否属于共同海损?

(2) 船长下令将船拖至附近港口修理,由此产生的拖轮费及增加的工资和费用是否属于共同海损?

案例 12.2.5 1973年10月,广州远洋运输公司的新会轮在西沙群岛浪花礁触礁,强大的季风使船体与礁石犬牙交错。船方一面紧急排险,一面雇船抢救货物。船体最后被推定全损,获救的货方是否应该承担"共同海损"?

案例 12.2.6 1993年,"ARTI"轮装载2.4万公吨生铁和钢材从印度某港启航来中国,其中有中国人民保险公司承保的钢材。该轮启航不到48小时,船长发现船壳板与骨架分离,被迫将船就近挂靠在印度另一港口,同时宣布共同海损。请问这时共同海损是否成立?

案例 12.2.7 CIF交易黄麻,买卖合同规定:按劳氏通常保险条件。保险合同规定:

责任为货物运至港口范围内的任何码头或仓库。当货物到达目的港码头的木棚时,因火灾而灭失。买方的货损是否可以获得赔偿?

案例 12.2.8 某外贸企业进口一批散装化肥,投保一切险。货抵目的港后全部卸至港务公司仓库。装卸公司根据与外贸企业的协议将半数货物罐装并堆放在港区内铁路边堆场,等待经铁路转运到其他地方以交付不同买主,另一半留在港务局仓库尚待罐装。第一部分被雨淋湿,第二部分受台风袭击受损。这些损失是否能获保险赔偿?

案例 12.2.9 1997年,内地 A 公司向香港出口一批共 500 箱罐头,向人保投保一切险。由于提单上未注明详细的收货人地址,货到目的港,船方无法通知收货人提货,便自行决定将货物运回天津新港。在运回途中由于轮船渗水,229 箱罐头被海水浸泡。写明收货人地址后再次运至香港,进口方只收取未生锈的 271 箱货物,其余又被运回天津新港。保险公司是否应该赔偿?

案例 12.2.10 一战爆发前夕,一份 CIF 交易麻布袋的合同规定:最迟装运期为 8 月底,战争险买方付费。7 月 20 日,货物装上了英国的温彻斯特号轮;8 月 6 日,该轮遇上德国巡洋舰,随后沉没;8 月 8 日,买方收到装运通知。该批货未投保战争险,损失应由谁承担?

案例 12.2.11 一份 FOB 合同规定:按买方要求装船。买方指示:委托卖方选择船舶,7 月 20 日装船,将货物运往敖德萨港。货物按买方的要求装运,两天后买方收到装运通知,但货物已灭失,并且没有办理投保。货损应由谁承担?

第三节 资金流运作:国际货款的收付

国际贸易象征性交货的特点是买方的付款针对全套合格单据而不是针对实际货物,卖方索要货款的前提条件是提交全套合格单据。

一、付款赎单

付款赎单有一个交单、审单、付款的过程。按照这一过程完成的流程和当事人身份及责任的不同,有以下三种不同的支付方式。

(一) 汇付

汇付(Remittance)有四方当事人:汇款人(一般是买方)、汇出行、汇入行和收款人(一般是卖方)。资金按照箭头所指的方向从买方流向卖方。汇出行向汇入行发出付款指令有不同的方式。如果用电报、电传等方式,则称为电汇;如果用信件的方式,则称为信汇。

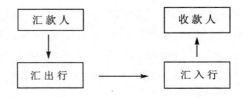

凭单付现(Remittance against Document)的做法集中体现了付款赎单的特点:汇入行

凭收款人出具的全套合格单据支付货款。这时收款人应注意尽快完成付款赎单,因为汇款人有单方面撤销汇款的权利。

在汇付的过程中有时候也使用银行的即期汇票①,这时被称为票汇。

(二) 托收

托收(Collection)包括四方当事人:委托人(一般是卖方)、托收行、代收行和付款人(一般是买方)。全套单据沿着虚线箭头方向从卖方转向买方,买方审核无误后,沿实线将货款支付给卖方。

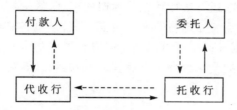

托收过程中往往使用票据,如果是即期汇票,则付款人见票即付,付款赎单,这被称为即期付款交单(Document against Payment at Sight,简称 D/P);如果是远期汇票,则需要经过承兑②,付款人承兑后即可赎单,称为承兑交单(Document against Payment,简称 D/A);付款人到期付款后方可赎单,称为远期付款交单(Document against Payment after Sight,简称 D/P after sight)。

值得注意的是,汇付和托收虽然都是通过银行来完成,但银行只是代理人,不承担风险和责任,整个支付过程是建立在商业信用的基础之上。

(三) 信用证

信用证(Letter of Credit,简称 L/C)在国际贸易的支付过程中被广泛使用,它可分为多种类型,其中即期的不可撤销的跟单议付信用证是较常用的种类。

信用证的开出沿虚线箭头从开证人(一般为买方)申请开证开始,开证行通过通知行向受益人(一般为卖方)开出信用证。受益人如果对开证行的信用没有把握,可以要求保兑,这时出现保兑行;受益人如果对信用证不满意,可以要求修改,修改程序应同于开证程序;受益人如果对信用证满意,则备货装船,准备全套合格单据。

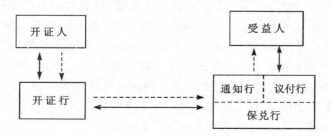

信用证业务下付款赎单的过程沿着实线双箭头从受益人开始,运行到开证人。卖方

---

① 银行即期汇票是银行开出的要求付款人见票即付的汇票。
② 承兑(Acceptance)是付款人在远期汇票上表示到期一定付款。

准备好全套单据后向银行办理议付,议付行审核单据无误后提前垫付货款,然后向开证行索偿。开证行审核单据无误后偿付货款,然后要求开证人前来付款赎单。开证人审查单据无误后支付货款,取得单据。一般而言,银行审单的期限是自单据抵达银行翌日起算的五个工作日之内完成。

信用证业务有三个基本特点:首先,它是建立在银行信用的基础之上,开证行是第一性的付款人;其次,它是独立的、自足的文件,各当事人的权利和义务在信用证的合同关系下确定;最后,它是单据买卖,只要"单单一致、单证一致"、严格相符、表面相符,银行就应保证付款。信用证业务突出地体现了国际贸易象征性交货的特点。

除了即期信用证之外,还有银行承兑的远期信用证、假远期信用证、延期付款信用证等远期信用证,其基本特点和原理与即期信用证一致,但也各有特点,一般都允许买方延长付款的时间。其中假远期信用证可以作为向银行融资的方式,因为买方虽然可以延期付款,但卖方却从银行即期全额获得买方货款,其中的利息等费用由买方承担。

专栏12.4

关于信用证业务特点的经典评述

Summer 法官:银行的国外分支机构对构成融资基础的交易一无所知,它不能自作主张决定什么可以、什么不可以。如果它按指示行事,那是安全的;如果它什么都不做,也是安全的;如果它偏离了规定的条件,则只能由自己承担责任。

Diplock 法官:就保兑的不可撤销的跟单信用证而言,在国际贸易中建立该体系的商业目的,就是给予卖方一项确定的权利,即在他与对货物的控制权分离时获得补偿,且不受与买方关于合同履行的任何争议的影响。

此外,在不同的贸易方式下,还可以选择使用特殊类型的信用证,例如在转口贸易中使用可转让信用证和对背信用证,在易货贸易中使用对开信用证,在一些长期交易中使用循环信用证等。

二、货款收付的风险及其防范机制

在前述三种支付方式中,汇付和托收是建立在商业信用的基础上,卖方可能会面临比较大的收汇风险。例如在托收方式下,卖方先交货,再凭单据委托银行代为收款;尤其是在承兑交单时,买方仅凭承兑汇票就可以取得单据,卖方的收汇风险非常大。信用证业务建立在银行信用的基础之上,在一定程度上克服了商业信用的风险。但是,由于信用证业务典型的单据买卖特征,相关的欺诈问题日益突出。因此,国际贸易中货款收付面临着较大的风险,在交易过程中必须考虑如何更好地防范风险。

在汇付、托收、信用证三种支付方式中,为了减少收汇风险,应尽可能考虑采用信用证支付。但有时由于出口市场竞争激烈,为了更好地达到促销的目的,出口方只能接受汇付、托收等商业信用下的支付方式,此时应尽可能采取合理措施来分散风险。

(一)国际保理

在办理国际保理(Factoring)业务时,出口方在签订买卖合同前应首先征得保理商的同意;当出口方准备好全套单据后,将单据和发票委托保理商办理收款业务;如果进口方不能按时付款或拒付,保理商应负责追偿和索赔,并按保理协议的规定向出口方支付货款。

国际保理提供的服务内容包括对进口商的资信调查和信用评估、债款的回收、管理进出口商的交易记录、信用风险担保、贸易融资担保等。1968 年遍布 35 个国家和地区的国际保理商联合会宣告成立。1993 年 2 月,中国银行正式加入该协会。

(二) 出口信用险

出口信用险(Export Credit Insurance)是为国外出口方的商业风险和/或政治风险给本国出口方造成的收不到货款的损失提供保险。

出口信用险通常分为短期和中长期两种类型。前者的信用期限在 180 天以内,适用于持续性出口的消费性货物;后者的信用期限超过 180 天,适用于资本性货物出口及工程承包、技术服务项目。

(三) 银行保函和备用信用证

银行保函(Banker's Letter of Guarantee,简称 L/G)又称银行保证书,是银行向受益人开立的保证文件,如果委托出具保函的一方未向受益人履行某项义务,由担保银行承担保证中所规定的付款责任。

备用信用证(Standby L/C)是一种特殊类型的信用证,在性质上是开证行代开证申请人向受益人承担一定条件下付款、退款或赔偿责任的银行保证书。当开证申请人未能履行其应履行的义务时,受益人按备用信用证的规定,凭开证申请人未履行义务的声明或证明文件,即可取得开证行的偿付。备用信用证最早出现于美国和日本,因为这两国法律不允许银行出具保函,所以采用备用信用证的形式。

(四) 信用证欺诈及欺诈例外

由于信用证业务具有单据买卖的特点,在实践中产生了形形色色的欺诈问题。在美国 1941 年的案例中,买方有充足的证据证明卖方在利用信用证业务进行欺诈,故意不交合同规定之货,因而买方通过法院要求银行不要对卖方付款。这个里程碑式的案例奠定了信用证欺诈例外原则的基础。

中国 1989 年也作出了相关规定:如果买方有充分证据表明卖方在利用信用证进行欺诈,而银行尚未对外付款或未作出付款承诺,人民法院有权要求银行止付。

国际贸易象征性交货的特点决定了资金流和物流是相分离的,这提高了贸易的效率,但也带来了贸易的风险。在原清风险的时候,关键是要分清不同的合同关系,以及相关当事人的权利和义务。物流过程中的运输风险由买方承担,买方可以通过投保来分散风险;资金流过程中的风险由卖方承担。本章介绍了国际保理、出口信用险、银行保函和备用信用证等收款风险防范机制,以及在信用证业务下如何运用"欺诈例外"的法律规定。

案例分析思考题 》》

案例 12.3.1 1944 年,英国卖方以 CIF 汉堡售予德国买方一批中国大豆。7 月底,货物被装上一艘德国船。8月4日英德宣战,8月5日公告禁止相互贸易。该德国船在一中立港避难。

8月6日,卖方向买方提交单据遭到拒收。卖方认为单据签发时是合法有效的,后来因为战争风险导致其无效,买方应该自行投保战争险以获得补偿。请问买方的理由是否成立?

案例12.3.2 FOB交易鱼粉,以不可撤销信用证支付,信用证要求提单是标明"运费已付"的指示提单,卖方提交的提单注明"运费到付",且不是指示提单,故银行拒收。卖方随即向买方提交单据,单据符合买卖合同,买方是否应该接受?

案例12.3.3 一CIF买卖合同规定:1—4月每月等量交货;信用证规定:1—4月分若干批交货。在实际交易中,卖方为早出口、早结汇,1、2月分两批完成交货。卖方能否拿到信用证下的货款?

案例12.3.4 1994年,A公司向B公司出口服装,合同规定最迟装船期为8月30日,来料加工。B未能及时足量提供面料,致使A赶不上最迟装船期。B向A出具保函:保证买方收到单据后及时付款。A办理了装运。单据在开证行被拒付。后A收到意大利买主C的质量质疑传真,要求降价20%。A应如何处理?

案例12.3.5 信用证规定:必须在收到开证人通过开证行发出的指定船名的指示后才能装运,出口方汇交履约保证金32万美元。

进口方后称货物不合格,拒绝发出"装船通知",造成巨额的滞港费用。此案的关键启示是什么?

案例12.3.6 信用证规定:如果承运人在发出准备就绪通知书后60天内货物仍未装运完毕,卖方可以形式上的发票代替提单提交议付。后准备就绪通知书发出后,船舶实际未准备就绪。卖方未能在60天内取得单据,便凭形式上的发票等单据向银行提示议付。此案的关键启示是什么?

案例12.3.7 1941年,美国原告A向被告B(印度某公司)购买一批鬃毛。A向银行C申请开立信用证后B提交了全套表面相符的单据办理议付,但A声称B实际装运的是牛毛及其他不值钱的垃圾,要求银行C不要付款,C拒绝。A以B欺诈为由申请法院发布禁令禁止银行C付款,其主张获得法院的支持。此案奠定了信用证欺诈例外的基础,请分析该例外适用的条件。

第十三章　贸易方式

▍本章概要▍

　　本章主要介绍了常用的国际贸易方式的具体运作要点,在前述基本贸易流程的基础上,国际贸易的方式丰富多彩。除了交易双方的直接贸易之外,还常常通过中介来完成。按照是否承担交易风险,国际贸易的中介分为买卖关系的中介和代理关系的中介,前者承担交易风险,后者则无需承担交易风险,只需尽到勤勉、谨慎的基本义务。现代国际贸易引入了更显著的品牌服务和贸易便利化手段。

▍学习目标▍

1. 了解国际贸易的基本方式。
2. 熟悉各种贸易方式的基本特点和适用情形。
3. 思考不同贸易方式中的效率体现。

　　随着国际贸易的日益发展,交易完成的渠道和平台也越来越丰富多彩,这反过来又进一步促进了国际贸易的繁荣。

第一节　进出口贸易与三角贸易

一、出口合同的履行

以 CIF 术语成交的出口方为例,通常要经过以下的重要步骤:

1. 备货和落实信用证

为了保证及时如约交付货物,在订立合同之后,出口方应及时落实货源,备妥应交货物。同时,如果交易的支付方式是信用证,落实信用证就是履行出口合同不可或缺的重要环节。落实信用证主要包括催证、审证和必要时通过合理程序修改信用证三项内容。

2. 报检和申报出口

对于需要进行检验的出口商品,出口方必须向检验机构申请报检,填写"出境货物报检单",经检验合格后,海关凭检验机构签发的"出境货物通关单"验放货物。

3. 托运、投保和报关

在 CIF 术语下,出口方有安排运输和投保的义务,我国的出口企业通常委托国际货物运输代理办理相关的货物运输事宜,在完成托运手续取得配舱回单后,于货物运离仓库或其他储存场所装船前,应及时向保险公司办理投保手续。出口货物投保通常采用逐笔投保的方式。

另外,出口方应在货物运抵海关监管区后、装货的 24 小时前向海关办理报关手续,填写出口货物报关单,必要时随附发票、装箱单、装货单等基本单证和贸易合同、原产地证明等特殊单证。海关查验货物后,在装货单上加盖海关放行章,凭以装船出口。

4. 制单结汇

信用证支付方式下,银行只审核单据,所以出口方应严格按照信用证规定缮制全套合格单据,并在信用证规定时间内提交银行办理结汇手续。

如果单据存在不符点,受益人在时间允许的情况下可以改单或改证以做到相符交单,确保安全收汇。如果时间限制,无法在规定期限内更正,可以采取以下做法:

(1) 电提议付。当不符点比较严重时,议付行暂不向开证行寄单,而是先将不符点电告开证行;开证行接到电文后,一般先征求进口方意见,如进口方同意,则开证行电复议付行同意办理议付。

(2) 开证行拒付。如果开证行在合理期限内审核单据后提出不符点拒付货款,受益人需要密切关注货物下落,积极与开证申请人洽谈推动交易的完成,必要时考虑降价或另寻买主,迫不得已时只能衡量成本收益后考虑退单退货。

5. 出口收汇核销和出口退税

我国自 1991 年开始实施出口收汇核销制度,以确保外汇收入,防止外汇流失。自 2012 年 8 月 1 日起,全国实施货物贸易外汇管理制度改革:取消出口收汇核销单,企业不再办理出口收汇核销手续;由现场逐笔核销改为非现场总量核查;国家外汇管理局根据企业贸易外汇收支的合规性及其与货物进出口的一致性,将企业分为 A、B、C 三类,对企业实行动态管理。

我国自 1985 年起对出口商品实行出口退税制度,2005 年国家税务总局发布了《出口货物退免税管理办法》。出口商应在规定期限内,收齐出口货物退(免)税所需要的单证,使用国家税务总局认可的出口货物退(免)税电子申报系统生成电子申报数据,如实填写出口退(免)税申报表,向税务机关办理相关手续。

二、进口合同的履行

以 FOB 术语进口方为例,通常需要经过以下的重要步骤:

1. 开立信用证

如果交易采用信用证作为支付方式,开立信用证是履行合同的前提条件。买卖合同签订后,进口商应填写开证申请书连同所需附件提交银行申请开证,开证行根据相关规定收取开证押金和手续费后开立信用证。

2. 安排运输与投保

在 FOB 术语下,进口方有责任安排运输和投保。在办理运输时,应特别注意船货的衔接,及时将船名、预计到港时间及装载数量等重要信息通知卖方,以便卖方做好备货装船的准备。

进口投保的办理有两种方式:逐笔投保和预约保险;在我国,具有大量贸易业务的进口商通常选择后者以简化投保手续和避免漏保。预约保险的做法是:进口商与保险公司订立长期保险合同,对于进口货物的投保险别、保险费率、适用的保险条款、保险费及赔偿的支付方法都作了明确规定,根据预约保险合同,保险公司在有关进口货物一经起运时,即自动承担保险责任。

3. 审单和付款

在信用证支付方式下,单据审核是进口商履行合同的一个重要环节。单据不仅是付款的依据,也是核对货物是否符合买卖合同的凭证。审单是银行与进口商的共同责任,需要双方密切配合。

当开证行确定单据合格后,必须支付货款;开证申请人(进口商)审单后如未发现不符点,应根据开证申请书的规定向开证行付清货款从而获得全套单据。

4. 接货和报关

进口商应如约接货,对需要进行检验的进口商品,应在入境前或入境时填写"入境货物报检单",并随附买卖合同、发票、装箱单等单据,向有关检验机构报验,海关凭检验机构签发的"入境货物通关单"验放货物。

根据中国《海关法》规定,进口货物收货人应自载运该货物的运输工具申报入境之日起 14 天内向海关办理申报手续,申报时必须提交进口货物报关单,必要时随附提单、提货单、进口许可证、征免税证明、入境货物通关单等单证。海关接受申报后,办理相关查验手续,计征进口税,最后在提货凭证上签章放行。

5. 进口付汇核销

1994 年中国开始实行进口付汇核销制度,对已对外付出货款的进口企业核对注销,审核其所购货物是否及时、足额到货。2010 年 12 月 1 日开始,国家外汇管理局推广实施进口付汇核销制度改革,主要内容是:企业的正常业务无需再办理现场核销手续;取消银行为企业办理进口付汇业务的联网核查手续;外汇局对企业实行名录管理,进口付汇名录信息全国共享,企业异地付汇无需再到外汇局办理事前备案手续;外汇局利用"贸易收付汇核查系统",以企业为主体进行非现场核查和监测预警,对异常交易主体进行现场核查,确定企业分类考核等级,并实施分类管理。

三、三角贸易

三角贸易指的是中间商接受境外买方订单,转向境外卖方采购,货物由卖方径运买方,或经过中间商转运(不通关进口)销售买方。中间商利用从事国际贸易的经验、技术、商务关系或地理优势,对境外出口方以买方地位,而对境外进口方以卖方地位,分别签订买卖合同,货物由出口方运送至进口方,中间商仅以文件处理(Document Process)方式达成贸易,并赚取差价。

广义的三角贸易包括传统中间贸易、转口贸易、转手贸易、直接过境贸易几种类型。这几种类型的特点和区别如表 13.1 所示。

表 13.1 广义三角贸易

	传统中间贸易	转口贸易	转手贸易	直接过境贸易
货物在第三方卸货与否	否	卸货后原封不动,或稍加工,转运	实质上或形式上转运	货物以保税方式通过第三方
契约关系	同时订立两个买卖契约	两个买卖契约,但不一定同时订立	两个买卖契约,分别订立	一个买卖契约
货物清偿地	第三方间接清算	第三方间接清算	第三方间接清算	进出口双方直接清算
目的地事先确定与否	装运时已确定	未必	是	是
交易关系	主体交易,自负盈亏	主体交易,自负盈亏	佣金制,主体制	主体交易,自负盈亏

传统中间贸易(Merchanting Trade)是最常见的三角贸易形式,分为三种类型:第一种是传统型,中间商按订立的买卖契约,将货款一方面从进口商收回,一方面向出口商支付;第二种是中介型,货款由进口商直接支付给出口商,买卖差价由出口商或进口商直接支付给中间商;第三种是转包型,厂商甲将整厂设备销往进口方乙,而其中部分器材需购自第三方丙,甲与出口方丙订立买进该部分器材的契约,货物由丙直接运往乙,货款由甲直接支付给丙,该部分货款可自整厂设备输出的货款中收回。

开展三角贸易通常需要具备一定的条件:资金雄厚,国际信誉良好,分支机构众多;贸易信息系统完善,市场反应迅速;强有力的全球营销渠道;精湛的贸易技巧;富有想象力、创造力的贸易人才;海陆空物流条件优越;通关效率高,保税条件优越;国际汇兑自由,无外汇管制;通信条件发达;金融服务自由化和国际化。

专栏 13.1

三角贸易买卖合同及其履行的特点

日本公司甲向美国公司乙出口高尔夫球,由于成本提升,转向从成本低廉的丙方订购,然后转销美国。三国贸易改为三角贸易后的甲与丙买卖合同的特点(以信用证为支付方式)为:

- CFR/FOB 购进,CIF/FOB 卖出为宜;
- 提单注明运费预付("Feight Prepaid")购进为宜;
- 接受过期提单(Stale B/L)(装船日 21 天后提交);
- 海运提单(B/L)托运人为丙;
- 丙缮制单据。

该三角贸易合同履行的特点是:首先,经乙方往来银行同意,而且乙方信用可靠,正本提单可由丙直接寄给乙,以便乙及时提货,避免滞港现象;其次,运输保险由乙负责,保守商业秘密。

三角贸易通常可以考虑使用特殊类型的信用证:第一种是可转让信用证(Transferable L/C),该类信用证上特别注明"可转让"(Transferable)字样,可应第一受益人要求,通过信用证指定的转让银行,将全部或部分金额转由第二受益人兑用;第二种是对背信用证(Back to Back L/C),又称转开信用证,受益人要求原证通知行或其他银行以原证为基础,另开一份内容相似的新信用证。

第二节 直接贸易与间接贸易

买卖双方通过交易使商品发生实际转移的过程,商品的数量、质量、金额等都由买卖双方谈判确立。按照交易完成的程序,现货贸易可以分为直接的双边关系以及通过中介完成的贸易两大类。

一、直接贸易

直接贸易指买卖双方直接交易达成的贸易,它主要包括逐笔售定、招标投标、加工贸易、对销贸易等方式。

1. 逐笔售定

逐笔售定通常通过以下四个步骤来完成：

询盘（Inquiry）→发盘（Offer）→还盘（Counter-Offer）→接受（Acceptance）

发盘是一方向另一方提出的愿意按一定的条件同对方订立合同，并含有一旦发盘被对方接受即对提出发盘的一方产生约束力的一种意思表示。发盘在合同法中又称要约，一项有效要约必须符合以下要求：首先是必须表明要约人愿意按照要约所提出的条件同对方订立合同的意旨；其次是内容必须明确、肯定；最后是要约必须传达到受要约人才能生效。接受指接到要约的一方按照要约所指定的方式，对要约的内容表示同意的一种意思表示。接受在合同法中又称承诺，要约一经承诺，合同关系即告成立。发盘（要约）和接受（承诺）是逐笔售定的合同关系成立必经的两个阶段。

询盘和还盘并非每笔交易的必经阶段。询盘是一种要约邀请，其目的虽然是订立合同，但它本身并不是一项要约，而只是邀请对方向自己发出要约，所以询盘的发出方并不受其约束。还盘是接到发盘（要约）的一方对发盘的内容提出了实质性修改。还盘使原来的要约失效，如果其内容满足要约的基本要求，则构成了一项新的要约。

2. 招标投标

招标投标（Invitation to Tender and Submission of Tender）主要通过以下四个步骤完成：

招标→投标→开标与评标→签订协议

招标指不经过一般交易磋商程序，只由一方按照规定条件，征求应征人递盘竞争，最后由招标人选定交易对象订立合同的一种交易方式。

投标是投标人应招标通知的邀请，根据招标人规定的要求和条件，在规定的期限和地点，以填投标单的形式，向招标人发盘，争取中标以达成交易。招标与投标是一种贸易方式的两个方面，投标是招标的后续行动。

开标（Opening of Tender）有公开开标和秘密开标之分。公开开标是按照招标人规定的时间和地点，在投标人或其代理人出席的情况下，拆开密封的投标文件并当众宣读其内容。秘密开标指没有投标人参加，由招标人自行选定中标人。评标即评审标书，也就是招标人对投标书的贸易条件、技术条件和法律条件进行评审、比较，选出最佳投标人作为中标人的过程。

签订协议是一项招标投标活动的最后阶段，即招标人以书面形式通知中标人，在规定的时间到招标人所在地与其签订买卖协议或承包项目协议，并按规定缴纳履约保证金。

《中华人民共和国招标投标法》规定了两种中标条件：第一，能最大限度满足招标文件中规定的各项综合评价标准；第二，能满足招标文件中的实质性要求，且经评审的投标价格最低，但投标价格低于成本的除外。同时也规定了招标者可拒绝全部投标的五种情形：第一，投标人少于3人；第二，出现重大违规、违法行为，如泄密、行贿受贿、串谋投标等；第三，最低报价大大超过国际市场平均水平，或超出招标人的预算底线，导致招标人无法接受；第四，所有标书的内容都达不到招标的预期要求和目标；第五，发生与不可抗力相对应的重大变故，致使招标活动无法继续进行。

3. 加工贸易

传统加工贸易包括进料加工和对外加工装配（来料加工和来件装配的总成本），随着中国企业"走出去"战略的实施,境外加工贸易应运而生。

进料加工(Processing With Imported Materials)指进口原材料、元器件或零部件,自行设计加工装配成成品再出口销往国际市场。对外加工装配是一种委托加工的交易方式,由国外厂商提供原材料、零部件、元器件和技术,用进口国国内劳动力和设备进行加工装配成成品出口,向国外厂商收取工缴费。

来料加工(Processing With Customer's Materials)由国外客户作为委托方提供原材料、辅料及/或包装物料,并提出品质、规格、款式等要求,委托国内生产者作为承接方,以自身拥有的厂房设备和劳动力加工成成品后,运交委托方在国外销售使用,承接方收取约定的工缴费(加工费)。

来件装配(Assembling With Customer's Parts)由国外客户作为委托方提供原材料、辅料及/或包装物料,委托国内承接方按其工艺设计要求进行装配,成品交委托方处置,承接方按约定收取工缴费(装配费)。

各种加工贸易的具体方式如表13.2所示。

表 13.2　加工贸易的具体方式

客商	东道国	结算
原材料、辅料、零部件、元器件(A)	厂房、设备、水电、劳动力(B)	工缴费
(A)+机器设备(免费)	厂房、水电、劳动力	工缴费;设备归还或按合同规定办理
(A)+机器设备(作价)	厂房、水电、劳动力	工缴费用以偿还设备款,设备所有权转移
原材料、零部件、元器件	(B)+辅料、辅助零部件、元器件	工缴费+辅料费
全权委托	(A)+(B)	工缴费+代购货款
原材料出口 加工成品进口	远期信用证进口 即期信用证收款	工缴费(即对口合同的进出口差额)
全球市场	自行进口原料,产品全部出口	差价
种子、鱼苗及肥料、饲料	种植、饲养、加工	"来料种养"的养殖(加工)费

4. 对销贸易

对销贸易(Couter Trade)是一揽子协议,任何进口到一个国家的产品或服务都与从这个国家出口的其他产品或服务挂钩,它包括易货贸易、互购、补偿贸易、冲销和转手贸易等不同方式。

易货贸易(Barter)以实物支付,常为单一合同下的一次性交易。它是一种古老而传统的贸易方式,然而在国际贸易中却可能发挥奇特的功能。例如被美国《时代》周刊誉为1992年中国经济界最具有轰动效应的"南德集团飞机进口案",采用的就是易货贸易的方式。1992年,南德集团以在中国滞销积压的消费品换取前苏联制造的4架"图-154"民用干线飞机。这笔交易最终通过北京易货贸易公司完成,总金额4.8亿人民币,历时5年半,南德集团组织了14个省市307家工厂、110多个品种、3 000多种规格的产品货源,1 000多节火车皮的专列持续发运了近4年,合同摞起来有1米多高,无一例纠纷,无一方不受益。

互购(Reciprocal Trade)常采用传统的支付方式,是两笔合同。例如1983年美国豪克斯德利公司购买价值2 000万美元的印度尼西亚橡胶和水泥,向印度尼西亚出口价值相当的火车车厢。

补偿贸易(Compensation Trade)建立在信贷基础上,由一方提供机器设备或交钥匙工厂(Turn-key Plant),对方以该设备或工厂的产品或双方约定的其他产品作为偿付。例如美国莱威·斯特劳斯公司在匈牙利建立牛仔裤加工厂,而以匈牙利每年生产的50万条牛仔裤作为支付。

冲销(Offset)分为直接冲销和间接冲销,常用于航空工业。直接冲销是对外直接投资(FDI)加上补偿贸易,某公司购买当地产品,同时还要在客户所在国投资兴建与终极产品相关的工业。间接冲销也就是互购。

转手贸易建立在清算协议基础之上。清算协议在欧洲国家和发展中国家之间最常被使用,要求以折扣价格在一国购买不可兑换货币和结算权,再转让给第三方。

二、间接贸易

由于国际贸易涉及跨越国界的交易方,在直接交易之外,还常常寻求通过中介来撮合或完成交易。

专栏13.2

综合商社

充分发挥中介在国际贸易中的作用的典型例证之一是日本的综合商社。日本经济学家小岛清评价:综合商社是在一定的时间和场所起中介作用的类市场合作体系。综合商社的特点是对国内和国际商务的深入参与,它一方面大量参与国内产品和服务的经销,有庞大的国内经销网络;另一方面代理着日本企业的进出口业务。日本综合商社的优势在于进出口业务,这种优势来源于三个方面:首先是对国内、国际市场不同区域的了解。综合商社始终采用最先进的通信设备,并重视建立和改进各个业务联络处、顾客和附属机构之间的国际通信网络,从而能够迅速、及时地处理国内外市场的区域性信息;其次是不断加强静态和动态规模经济的发展;最后是拥有广阔的国内市场。

1. 买卖关系的中介

作为买卖关系的中介必须承担交易的风险,运用买卖关系中介的典型是转口贸易和分销。转口贸易又称为间接贸易,指通过中间转口贸易商完成的交易。一笔转口贸易的完成往往涉及两份进出口合同关系,转口商是一份合同的进口方和另一份合同的出口方。

分销(Distributorship)是建立在分销协议基础上的长期合作关系,即出口商与国外分销商达成书面协议,主要规定分销商品的种类、分销期限和地区范围,利用国外分销商就地推销商品。分销有一般分销和独家分销之分。在一般分销方式下,分销商虽享有分销权,在购货上能得到一些优惠,但没有专营权,出口企业可以在同一地区指定几个分销商。独家分销(Exclusive Sales;Exclusive Distributorship)又称包销,指出口企业授予分销商在约定期限、约定地区对约定商品有独家专营权。

2. 代理关系的中介

代理关系的中介无需承担交易风险,但需尽到勤勉、谨慎的义务,主要运用在代理、拍卖、寄售、展卖等贸易方式中。

代理（Agency）的最简单而直接的方式是代理人（Agent）按照本人（Principal）的授权（Authorization），代表本人同第三人订立合同从事其他法律行为，由此产生的权利与义务直接对本人发生效力。独家代理（Exclusive Agency；Sole Agency）指在约定的期限和地区范围内给予代理人专营权；不授予专营权的代理是一般代理，也称佣金代理（Commission Agency）。

将代理制引入国际贸易可以追溯到几个世纪之前。在欧洲海上贸易发展之初，商人往往把货物委托给出海的商人代理经营。而现在，为了降低成本、提高效率、开拓市场，往往委托专业化的贸易实体代理经营。例如日本有7 000多家代理机构，80%以上的进出口都是通过代理完成的。

拍卖（Auction）是由专营拍卖业务的拍卖行接受货主的委托，在一定的地点和时间，按照一定的章程和规则，以公开叫价竞购的方式，最后由拍卖行把货物卖给出价最高的买主的一种现货交易方式。拍卖可分为增价拍卖、减价拍卖和密封递价式拍卖三种形式。增价拍卖也称"买主叫价拍卖"，由拍卖人宣告预定的最低价格，然后由买主竞相加价，直至出价最高时，由拍卖人接受并以击槌宣告达成交易。减价拍卖又称"卖方叫价拍卖"或"荷兰式拍卖"，由拍卖人先开出最高价格，然后由拍卖人逐渐减低叫价直到有人表示接受而达成交易。密封递价式拍卖也称"招标式拍卖"，由拍卖人事先公布每批商品的具体情况和拍卖条件，然后，竞买者在规定的时间内将密封标书递交拍卖人，由拍卖人选择条件最合适的表示接受而达成交易。

寄售（Consignment）是寄售人（Consignor）先将准备销售的货物运往寄售地，委托当地代销商（Consignee）按照寄售协议规定的条件和办法代为销售的方式。可见，寄售是先出运后出售商品的委托代售的贸易方式，是寄售人为开拓商品的销路，委托国外代销商、扩大出口的一种贸易方式。寄售的特点是先发运、后销售，对寄售人而言，是开拓市场和扩大销路的行之有效的方式。由于货物未售出前发运，售后才能收回货款，寄售人资金负担较重且周转时间长，收汇不安全；对代销人而言，无需垫付资金，不承担风险；如货物滞销，需运回或转运，寄售人将遭受损失。

展卖（Fairs and Sales）按买卖方式可以分为两种类型：第一种是将货物卖给国外客户，由其在国外举办展览会或博览会，货款展卖后结算；第二种是货主与国外客户合作，展卖时货物所有权仍属于货主，并由货主决定价格，货物出售后，国外客户收取佣金或手续费，展卖结束后，未售出货物折价处理或转为寄售。展卖按举办形式有两种分类方法：第一种是定期的国际博览会与不定期的国际展览会；第二种是综合性/专业性/国别博览会或展览会。

第三节　品牌服务与贸易便利化

一、品牌服务

在中国商品和企业"走出去"的过程里，品牌经营有着格外重要的意义，海尔、TCL等中国企业积累了宝贵的经验。例如，1996年，海尔首次海外生产是在印度尼西亚建立了冰箱的合资工厂，"海尔"逐渐成为世界知名品牌；TCL在走进国际市场的过程中采用了多品牌战略(Multi-Brand Strategy),在美国市场使用 RCA 品牌,在德国市场使用 Schneider 品牌,在欧洲其他国家市场一般使用 Thomson 品牌,一方面有助于推进国际化和品牌力量,另一方面也是积极应对贸易壁垒的措施。

专栏 13.3

特 许 经 营

麦当劳、肯德基都是世界著名的快餐服务企业,其特许经营最显著的特点是:高度自动化的饮食服务系统、很高的质量标准、在世界各地分销点采用全部统一的标准化经营模式。

麦当劳、肯德基的设备和食品几乎全部由特许者总部提供,全套设备由公司按统一的设计式样建造,有利于高度自动化服务。新产品和新工艺开发须在公司总部进行,由公司总部试验和检查,并适时提出变革要求。

二、贸易便利化

随着信息技术的飞速发展,网络贸易应运而生,通过计算机、网络通信和互联网实现商务活动的国际化、信息化和无纸化,成为各国商务发展的一大趋势。顺应这种趋势,联合国全球贸易网点网络计划分三个阶段:第一阶段是 1992 年"贸易效率计划",建立贸易网点;第二阶段是 1994 年"全球贸易网点网络"建设,信息管理系统(TP Engine)和信息传递系统(ETO System);第三阶段自 1996 年 4 月开始,将"全球贸易网点网络"从交易前的网络发展成为真正的交易工具,可签订合同并进行实际支付。

2013 年底 WTO 巴厘岛部长会议通过了《巴厘部长宣言及决定》,进一步强调和诠释了贸易便利化问题:《贸易便利化协定》的原则是进一步加快货物,包括过境货物的流动、放行和结关;加强成员间在贸易便利和海关守法问题上的有效合作;《贸易便利化协定》的核心内容是通关便利化,具体表现在国际标准的使用、海关手续和所需单证的简化、电子手段的接受、单一窗口的运行、担保和后续稽查流程的制定、边境机构的合作、相关税费的减免等方面,特别强调快运货物(航空货运货物)和易腐货物的快速放行;并提出为发展中成员和最不发达成员提供特殊和差别待遇,提供援助和支持。

案例分析思考题 》》

案例 13.1　南德集团飞机进口案

1992 年,南德集团以在中国滞销积压的消费品换取前苏联制造的 4 架"图-154"民用干线飞机。这笔交易最终通过北京易货贸易公司完成,总金额 4.8 亿人民币,历时 5 年半,南德集团组织了 14 个省市 307 家工厂、110 多个品种、3 000 多种规格的产品货源,1 000 多节火车皮的专列持续发运了近 4 年,合同摞起来有 1 米多高,无一例纠纷,无一方不受益。请从该案例中思考易货贸易在国际贸易中的功能。

案例 13.2　德克罗·沃尔(A)诉马克丁有限公司(B)

A 将装饰用花砖在英国的独家销售权授予 B,A、B 分销协议规定:B 每年必须向 A 购买 8 万英镑货物。合同没有定明期限有多长,只规定凭合理通知确定。

合同履行了 15 个月,由于主管机关停发进口许可证,B 未能完成每年 8 万英镑的定额。但 B 将 A 产品在英国的销售点扩张到 780 个,广告费达 3 万英镑,额外雇用了 6 名专门的推销员。后由于 B 付款稍迟,A 拒绝接受 B 的新订单,并通知 B 取消其独家分销权。A 随即将独家分销权交给另一家公司 C,并到法院起诉 B;要求 B 赔偿合同 10 年不能履行造成的损失。B 进行反诉。请从该案例中分析独家分销的权利义务关系。

第十四章 贸易谈判

▍本章概要▍

本章主要从博弈论、信息论、商务文化等角度介绍了国际贸易谈判的基本概念和实践方法。在前述基本贸易流程和贸易方式的基础上,国际贸易的谈判充满了创造性。现代国际贸易谈判更多强调"正和谈判"模式:确定己方的利益和需求;寻找对方的利益和需求;提出建设性的提议和解决方法;促成谈判的健康、可持续发展。

在国际贸易谈判中,信息的搜集、甄别与处理有着至关重要的作用,同时要熟悉和了解多元化的全球商务文化,制定相应的谈判策略。

▍学习目标▍

1. 了解国际贸易谈判中博弈理论的运用。
2. 熟悉各种贸易谈判的基本策略。
3. 思考商务文化对贸易谈判的影响。

第一节 博弈论与谈判

一、基本概念

博弈论(Game Theory)关注的是意识到其行动将相互影响的决策者的行为。例如,石油输出国组织(OPEC)选择年产量就是一场博弈,沙特和科威特相互预测对方产量后才决定自身的产量,而且两国产量都会影响世界油价。对于制定决策时不考虑别人的反应,或将其视为非人格化的市场力量的场合,博弈论是无用武之地的。

谈判(Negotiation)意指参与各方基于某种需要,彼此进行信息交流,磋商协议,旨在协调其相互关系,赢得或维护各自利益的行为过程。美国谈判协会创始人杰勒德·尼伦伯格(Gerard I. Nierenberg)在《谈判的艺术》一书中指出:谈判的定义最为简单,而涉及的范围却最为广泛,每一个要求满足的愿望和每一次要求满足的需要,至少都是诱发人们展开谈判过程的潜因。只要人们为了改变相互关系而交换观点,只要人们为了取得一致而磋商协议,他们就是在进行谈判。

博弈与谈判同属于集体决策的过程,有很多共同点,但也有重要的区别:博弈是基于彼此独立而又相互影响的个体之间的决策(Separate Decisions)分析,博弈理论通常给予所有个体行为的建议;谈判强调的是共同决策(Joint Decisions)的理念,谈判分析往往集中于其中一个谈判方,提出在考虑其他谈判方行为基础上的行动建议。博弈和谈判之间的界限并不是绝对的,可以互相转化。

国际贸易谈判的特点是:首先,具有涉外性和较强的政策性;其次,应符合国际法律和惯例;最后,涉及面广、影响因素复杂多样,例如政治、宗教信仰、法律制度、商业习惯、社会习俗、财政金融、气候等自然条件、基础设施及后勤供应等。

专栏 14.1

日本对中东投资石化生产基地

1973 年 4 月,日本三井物产等 100 多家公司与中东 A 国有石化公司合资建立合营企业,全部资产 7 300 亿日元,其中日方 4 300 亿日元,对方 3 000 亿日元(900 亿由日方贷款)。

1978 年,A 国突然爆发动乱,国内政局不稳,合资工程陷入瘫痪。政府一再声称对西方国家的企业实施国有化,日方已投入的 1 000 多亿日元资产面临巨大损失威胁。A 国政府要求合资工程尽快复工,并保证其不在国有化之列。日本决定 1979 年 11 月复工并追加 1 300 亿日元投资。但开工前发生 A 国学生占领美国大使馆并扣留人质事件,政府内阁辞职,政局再度混乱,工程再度延期。

1980 年 3 月,工程全面开展,但当年 9 月两伊战争爆发。工程 1 个月内被轰炸 5 次,严重损坏,人员疏散。

1981 年 3 月和 7 月,日本和 A 国投资者互访并探讨修复工程,但当年 10 月,工程第 6 次被轰炸,修复希望破灭。

该工程涉及日本 800 多家企业,参与建设的日方人员 3 548 人,日方雇用的外籍人员 793 人,日方已投入 3 000 亿日元,还有大批待运设备。

长期以来,日本与 A 国就工程损失问题进行了艰难的谈判。因工程损失是战争导致,属人力不可抗拒因素,日方作为投资人要承担风险。

二、谈判的分类

在现代谈判理论刚开始创立的时期(20 世纪五六十年代),谈判理论侧重于解决的问题是:怎样实现谈判者的目标,如何在谈判中占上风和推迟妥协,怎样使用威胁手段制造压力,以及如何在谈判不陷入僵局的情况下赢得自己的利益。相对应的谈判模式通常是"零和谈判"模式,其特点为:首先确定自己一方的利益和立场,捍卫己方的利益和立场;接下来双方讨论作出让步的可能性;最后达成妥协方案,或宣布谈判失败。

从 20 世纪 60 年代到 80 年代,随着一些有影响力的著作和论文的发表,双赢理念逐渐形成并最终导致了谈判界的一场革命。谈判理论的焦点从如何分配利益向如何整合资源和扩大利益方面转移。这场谈判革命的杰出贡献者有:美国学者罗杰·费舍尔和威廉·尤利、英国谈判家比尔·斯科特。美国律师杰勒德·尼伦伯格在纽约创立非营利性的谈判学院,被《财富》杂志誉为"谈判培训之父"。与之相对应的谈判模式通常是"正和谈判"模式,其特点为:首先确定己方的利益和需求,同时寻找对方的利益和需求;接下来在谈判中提出建设性的提议和解决方法;最后宣布谈判成功,或谈判失败,或谈判陷入僵局。

毋庸置疑,"双赢"是一种更为先进的谈判理念,为此通常需要平衡各方隐蔽议程。在谈判中虽然议题总体相同,但各方都有自己优先考虑的事情,对议题的优先顺序排列往往不同,即各项议题的重要性对各方是有差异的。在谈判实践中,从来没有两个谈判对手的隐蔽议程是完全相同的。"双赢"结果能够正确地反映出买卖双方隐蔽议程的差异性,达到利益的平衡。

专栏 14.2

西奈半岛领土争端

1967年中东战争结束后,以色列占领了埃及西奈半岛6万平方公里土地。一些国家,特别是美国多次以调解人身份督促双方通过谈判解决争端,但各种努力均告失败,双方坚持自己的利益和谈判立场,没有丝毫妥协迹象。埃及要求以色列无条件归还领土;以色列认为占领西奈半岛是出于安全考虑,因为几次针对以色列的武装进攻都是从该区域开始。谈判持续11年没有实质性进展。

1978年埃以之间再次恢复谈判,地点在美国戴维营。在双赢理念的影响下,双方重新审视各自的利益和要求,并了解对方的利益和要求:埃及致力于恢复领土主权,而不是威胁以色列;以色列对领土扩张不感兴趣,主要利益是保证国家安全。双方达成共识:以色列归还埃及领土;作为回报,埃及将西奈半岛大部分领土划为非军事区域。这次谈判只用短短12天为原来持续11年的谈判画上了圆满句号。

三、不同类型的博弈与谈判

1. 完全信息静态博弈

完全信息静态博弈是指,博弈各方同时决策,且对博弈中各种情况下的得益都完全了解。

国际贸易谈判中的相关问题有:第一,囚徒困境型的自相杀价、恶性竞争;第二,智猪博弈型的大企业与中小企业的关系;第三,田忌赛马型的情报搜集、各项条款的综合平衡、谈判班子的组合。

专栏 14.3

中日铁矿石谈判博弈

国际铁矿石主要供应方:巴西淡水河谷、澳大利亚力拓以及必和必拓三大巨头

国际铁矿石主要需求方:近年,中国已超过日本成为最大铁矿石进口国

在以往的价格谈判中,三大巨头之一与某个主要需求方谈判,决定价格。例如2005年,日本新日铁获得首发价格谈判权,中国只能接受其谈判结果,被迫付出铁矿石涨价71.5%的代价。

中日铁矿石谈判博弈

		中国	
		同意涨价	不同意涨价
日本	同意涨价	(-1,-1)	(2.5,-3)
	不同意涨价	(-3,2.5)	(2,2)

请思考：
1. 是否有占优选择？如果有，占优选择是否是最安全的选择？
2. 如果对方选择合作或不合作，结果有何差异？如何应对？

专栏14.4

俾斯麦海之战

俾斯麦海之战1943年发生在南太平洋，日本海军上将木村受命将日本陆军运抵新几内亚，其间要穿越俾斯麦海，美国海军上将肯尼欲对其进行轰炸。木村可以选择较短的北线和较长的南线。

肯尼和木村的行动集相同，都是{北，南}，严格地说都没有占优策略。根据弱优势策略均衡(Weak-Dominance Equilibrium)的原理，肯尼选择北线并获得成功。

		木村		
		北	↔	南
肯尼	北	2,-2		2,-2
		↑		↓
	南	1,-1	←	3,-3

2. 完全信息动态博弈

完全信息动态博弈是指，博弈各方不是同时，而是先后、依此进行选择或行动，各方在关于博弈进程的信息方面是不对称的，后行为的博弈方有更多的信息帮助自己选择行为。国际贸易谈判中的相关问题最典型的就是讨价还价。

理想的讨价还价模型为：假定谈判双方报价和还价的价格差是1 000美元，双方就如何让步以消除这1 000美元的差距进行磋商。由于谈判费用和利息损失等，每进行一个阶段，双方的得益需打一个折扣，折扣率(消耗系数)为 $\sigma, 0 < \sigma < 1$。第一阶段，卖方的方案是自己让步 S_1，买方让步 $1\,000 - S_1 (0 < S_1 < 1\,000)$，若买方接受，双方让步分别为 S_1 和 $1\,000 - S_1$，谈判结束，否则进入下一阶段；第二阶段，买方的方案是卖方让步 S_2，自己让步 $1\,000 - S_2 (0 < S_2 < 1\,000)$，若接受则双方让步分别为 σS_2 和 $\sigma(1\,000 - S_2)$，谈判结束，否则进入下一阶段；对一个无限阶段博弈而言，无论从第三阶段开始还是从第一阶段开始，结果都是一样的，都由卖方先出价，然后双方交替出价，直到对方接受为止，第三阶段双

方让步一定是$(S, 1\ 000 - S)$,根据逆推归纳法,$S = 1\ 000/(1 + \sigma)$,这是本博弈的均衡出价,买方接受并获得$1\ 000 - S$。

专栏 14.5

终 结 博 弈

长期合作博弈的效率在法经济学中被以终结博弈的游戏规则加以阐释:假定每轮交易的总获利为1美元,交易双方可以通过谈判均分利益,到每轮结束前,交易双方各记下自己想要得到的钱。如果双方记下的金额之和不大于1美元,则各自得到记下的金额;如果该和大于1美元,则记下金额多的一方得到自己记下的金额,另一方只能得到1美元减去对方记下的金额(即剩余的部分)。在这样的游戏规则下,双方的最优选择是在每轮各记下0.5美元,使交易一直持续下去,这种长期合作使双方各自的收益及总收益最大。然而如果一方出现欺诈,则另一方会受到损失,游戏会终止。如果一方担心对方在最后一轮进行欺诈,则会将自己的欺诈提前到前一轮……以此类推,欺诈可能在第一轮就会发生。

为了双方交易效率的最大化,应该寻求维系长期合作关系的有效机制,一方面可以运用长期合同的正式机制,另一方面则是通过一些非正式的机制。例如日本的综合商社借助其优质服务和融资能力向有潜力的客户提供风险资金和经营资金,甚至提供长期贷款和投资,以维持长期合作关系。

3. 不完全信息静态博弈

不完全信息静态博弈是指,至少有一个博弈方不完全清楚其他博弈方的得益或得益函数,各方同时决策。国际贸易谈判中的相关问题在拍卖、投标等贸易方式中体现得十分显著。

拍卖是博弈论精粹的集中体现,博弈论最神奇的应用就在于无线电通信、短期国库券、石油勘探开采租约、木材和污染权等领域,这些物品通常以拍卖形式出售,而这些拍卖是由博弈论学者设计的。

不同的拍卖规则使交易的结果出人意料。例如苏比克拍卖:在苏比克1971年的论文中,美元拍卖被描写成"一个极为简单、非常有娱乐性和启发性的客厅游戏"。一张1美元纸币被当众拍卖,其规则为:(同任何拍卖一样)钞票归报价最高者,新报价必须高于上一次,在规定时间内无新报价则拍卖结束;(特别之处)报出第二最高价格者要无偿付出他最后一次报价的款项。结果这张1美元的纸币被卖出了天价。维克里拍卖的拍卖规则也很有趣:出售物品给报价最高者,但他只需要按第二高价格支付。这种拍卖的特征及优势是:每个竞买者将报价封入信封,其真实估价(或保留价格)是符合其利益的;赢家被随机地从报价最高者中选出,他只需按第二高的价格付钱,因此是他的占优策略。

由于拍卖具有不完全信息静态博弈的特征,可能产生"赢家诅咒"(the Winner's Curse)的隐患。美国政府曾在20世纪60年代向各石油公司公开拍卖海洋油田的勘探开采权。在密封拍卖中各石油公司的出价相差上百倍之多。参加投标的石油公司忽略了赢家诅咒的问题,所以他们在拍卖中付出了太高的价格。

专栏 14.6

哈默竞标利比亚石油产业

哈默的西方石油公司来到利比亚,正值利比亚政府筹备第二轮出让租借地谈判。出租地区大部分是原来一些大公司放弃的利比亚租借地。来自9个国家的40多家公司参加投标,其中不乏资金雄厚的对手。利比亚政府允许一些规模较小的公司参加投标,因为他们首先要避免的是遭受大石油公司和大财团的控制,其次才考虑资金问题。

哈默认为,自身的优势在于卓越的跨文化交流能力:1961年他曾受肯尼迪总统委托到利比亚与国王建立了私人关系,国王在王宫的欢迎会上真诚地对哈默说:"真主派您来到了利比亚。"年轻时哈默还曾远涉重洋与列宁打过交道。

这一次哈默的公司制作了与众不同的投标书:首先,投标书制作成羊皮证件形式,卷成一卷后用代表利比亚国旗颜色的红、绿、黑三色缎带扎束;其次,投标书正文明确加注指出,毛利5%供利比亚发展农业之用;再次,投标书承诺在库夫拉图附近沙漠绿洲(国王和王后诞生地,国王父亲陵墓坐落地)寻找水源;最后,投标书承诺一旦找到石油,将与利比亚政府联合兴建一座制氨厂。

最后,哈默竞标成功,同时得到两块租地:其中一块四周都是产油的油井,有17个竞标方,多数是实力雄厚的知名公司;另一块有7个竞标方。夺得两块租地后,哈默凭借独特有效的经营管理,使之成为财富的源泉。

4. 不完全信息动态博弈

不完全信息动态博弈是指,至少有一个博弈方不完全清楚其他博弈方的得益或得益函数,各方不是同时决策。现实中的国际贸易谈判很多情形下都类似于不完全信息动态博弈。在不完全信息动态博弈中,常用的对策有以下几种:

(1)对方报价。爱迪生在做某公司电气技师时,他的某项发明获得发明专利。公司经理表示愿意购买其发明专利,并让爱迪生先报价。爱迪生坚持让对方报价,经理爽快地先报了40万美元,谈判顺利结束。事后爱迪生说,他的估价只有5 000美元,因为以后实验上需要用钱,再便宜些他也会卖出的。

(2)以问代答。在谈判进展不太顺利的情况下,一方问对方:"你对合作前景怎么看?"善于处理问题的对方可以采取以问代答的方式:"那么,你对双方合作的前景又怎么看呢?"这时双方自然会在各自脑海中思考和重视谈判进展,对打破僵局起到良好的作用。以问代答对于处理一些不便回答的问题也非常有效。

(3)沉默是金。一位谈判专家受委托交涉一项赔偿事宜:理赔员首先提出赔付100美元,谈判专家表情严肃、沉默不语;理赔员沉不住气了,加价到200美元,又是一阵长久的沉默,谈判专家表态无法接受;理赔员加价到300美元,谈判专家沉思良久;理赔员有点慌乱地加价到400美元,谈判专家踌躇好一阵,慢慢说"喔,我不知道……"理赔员痛心疾首继续加价,谈判专家重复着良久的沉默、严肃的表情、不厌其烦的老话。最后理赔950美元,而委托人原来预计300美元赔付。

（4）谈判团队。谈判团队的合理配合可以有效地处理不完全信息动态博弈中一些难解的问题。例如一家日本驻美分公司经理,他的英语十分流利,但在贸易谈判时始终用日语通过翻译与对方交流。在贸易谈判结束后的庆祝会上,他用英语和对方谈笑风生,令对方大吃一惊而又迷惑不解。该经理对此的解释为:贸易谈判中存在许多微妙的问题,往往在当时气氛下考虑不周,脱口而出,事后发现讲错了话,却很难挽回。通过翻译可以迂回解决问题。

另外,谈判领导人对同事不同方式的介绍将给对手留下不同的印象,可以根据谈判现场的需要调节各个方面的详略和强弱。例如,对于同一个会计身份的介绍可以是不同的:"这是我们的会计,哈利";"这位是哈利,他具有15年财务工作的丰富经验,有权审核1 500万英镑的贷款项目"。很显然后者更能突出本次谈判中会计工作的重要性。

在谈判团队中,主谈与辅谈应分工明确、配合默契。主谈的发言,自始至终都应得到所有辅谈的支持,这种支持可以是口头语言,或动作姿态语言等表示的赞同。一支素质良好且相互配合协调的谈判队伍是谈判成功的基础。

第二节 信息论与谈判

斯蒂格利茨在《信息经济学》一书中明确提出从竞争均衡范式到信息范式的转变,具体到国际贸易谈判,信息的准备主要包括以下方面:第一,商品信息和商品知识;第二,市场分布、供求、竞争、分销等市场信息;第三,谈判实力、资信、时限等对手资料;第四,产品性能、专利、生命周期等科技信息;第五,政治、贸易政策、国内政策等政策法规信息;第六,汇率、外汇管制、银行运营等金融信息;第七,货单、样品、商品目录和说明书等。

一、信息与谈判地位

在国际贸易谈判中,要结合具体情况恰当地发挥信息的作用。有些信息不对称是固有的;有时创造不对称和不完美信息能够产生市场力量;有的情况下为了克服信息不对称,需要搜集和揭露信息,并且对信息进行分类和甄别。

专栏 14.7

日本探析中国石油输油管信息

20世纪60年代,中国大庆油田刚刚开发成功,信息保密十分严格。日本情报机关从《中国画报》刊登的大庆油田照片上获得了大庆炼油能力、规模等情报,并且据此获得了向中国出售输油管线的机会。日本对照片情报分析为:"铁人"王进喜身穿皮袄、头戴皮帽,背景是漫天大雪,这个地点很可能在东北;报上说,油田设备是工人们从车站拉到油田的,日方推断油田离铁路线不远;报上还说,从车站到油田道路十分泥泞……

日本综合分析断定油田在北大荒,据此认为中国一定需要架设输油管,随后通过各种途径探听中国人是否愿意购买日本的输油管。日本输油管设计适应东北寒冷的气候,最后赢得了向中国出口的机会。

专栏 14.8

掌握市场行情，控制谈判进程

荷兰某精密仪器公司 A 与中国某企业 B 拟签订交易合同，但双方就价格条款产生分歧。A 知道 B 是第一次进口此类世界一流技术的仪器，对有关情况一定缺乏经验和细致入微的了解。于是谈判一开始，A 介绍自己的种种优势，并将价格定在 4 000 美元。

根据 B 掌握的资料，国际上此类产品最高售价 3 000 美元，于是 B 将所有了解到的国际上十多家企业的生产、技术、售价详情和盘托出。A 十分震惊。于是将价格降到 3 000 美元。

B 谈判前了解到，A 经营遇到一定困难，并陷入一场巨额债务当中，回收资金是其当务之急，A 正四处寻找产品买主，目前只有 B 发出购买信号。于是 B 从容将出价降到 2 500 美元。A 提出终止谈判，B 毫不退让。B 根据已掌握的资料，相信 A 一定会再来。果然不久 A 主动找到 B。最后双方以 2 700 美元成交。

二、质量信息与商品价格

斯蒂格利茨在《信息经济学》一书中明确提出了质量取决于价格的理念，指出价格具有信息传递的功能和影响行为的作用，这对传统的定价原理提出了挑战：首先是传统供求法则和一价定律的失效；其次是不完美信息下产生的价格歧视问题；最后是比较静态下均衡的变化。

具体而言，斯蒂格利茨指出：现实当中的需求曲线很可能不是向下倾斜的，需求和供给分析可能无法区分，市场很可能不完备，当质量取决于价格时，市场均衡可能以供求不相等为特征；一件商品价格下降可能导致市场上该商品平均质量下降，从而减少对其的需求，价格变动对需求有双重效应——沿着一条信息固定的需求曲线移动，信息变化引起需求曲线平移；一价定律强调具有相同可观察特征的所有物品应该卖相同的价格。而当质量与价格之间存在某种关系时，价格本身成为鉴别质量的重要信息，消费者作出购买决定之前只能通过价格来区分质量，那么一价定律的核心主旨就失效了。

在国际贸易谈判中有两种典型的报价方式——西欧式报价和日本式报价，二者均是充分利用价格信息控制谈判进程。西欧式报价的特点是首先提出含有较大虚头的价格，然后根据买卖双方实力对比和该笔交易的外部竞争状况，通过给予各种优惠，如数量折扣、价格折扣、佣金和支付条件上的优惠（如延长支付期限、提供优惠信贷等）逐步软化和接近买方的市场和条件，最终达成交易。只要能稳住买方，该报价往往会有不错的结果。

专栏 14.9

西欧式报价的特点及其应对策略

[**案例 1：撒切尔夫人的英国减负谈判**] 撒切尔夫人在欧共体首脑会议上要求为英国每年减负 10 亿英镑，其他首脑认为撒切尔夫人的真正目标是减少 3 亿英镑，于是提出只

削减 2.5 亿英镑。

撒切尔夫人意欲以高价改变各国首脑的预期目标,采取了强硬态度。法国进行报复,在报纸上大肆批评英国。撒切尔夫人顽强抵抗,最终为英国赢得削减开支 8 亿英镑。

[案例 2:柯泰伦打破僵局] 柯泰伦曾是苏联派驻挪威的全权代表,一次就进口挪威鲱鱼事宜与挪威商人谈判。挪威商人开出高价,柯泰伦坚持出价低、让步慢的原则。双方坚持自己的出价,希望削弱对方的信心,迫使对方让步,气氛十分紧张。

柯泰伦为打破僵局,决定迂回逼进。她对挪威商人说:"好吧,我只好同意你们的价格了。但如果我方政府不批准,我愿意用自己的工资支付差额,当然要分期支付,可能要支付一辈子。"挪威商人只好降价。

日本式报价首先将最低价格列在价格表上以吸引买主兴趣,但辅之以对卖方最有利的结算条件。如买方要求改变有关条件,卖主则相应提高价格。因此最后成交价格往往高于价格表中的价格。该方式一方面可以排斥竞争对手,吸引买方,取得与其他卖主竞争的优势和胜利;当其他卖主离开后,买方原有的市场优势不复存在,只好任卖方一点点抬价以实现买方的要求。

三、道德风险和逆向选择

斯蒂格利茨在《信息经济学》一书中明确指出:道德风险问题对经济的影响十分广泛,只要有风险,且人们厌恶风险,以及监督"努力"有成本,就会出现道德风险。国际贸易谈判中道德风险也是一个值得注意的问题。

例如在国际贸易中,交易中介要求出口方准备一份印有报价单的"估价发票",其中价格是他们商谈价格的两倍;进口方会按发票价格付款,而出口方应将发票价与商谈价的差额作为"佣金"支付给交易中介。再如进口方总经理声称进口必须通过注册的"本国代理机构"进行,要求由自己的贸易公司作为代理,并要收取高额的代理费以中饱私囊。

此外,环境和劳工标准的歧视性也被认为是道德风险的典型体现:跨国公司在东道国是否应该遵守在母国规范下形成的道德准则?母国法律有耗资巨大的环境保护要求,如防污染的设备等;要求耗资巨大的安全措施来保护母国工人的健康和安全,此外还有最低工资标准、社会保障基金、健康医疗以及其他雇员福利所带来的附加成本。如一些跨国公司服装设计企业在某些发展中国家的承包商让工人加班而且滥用童工,这种做法就严重违反了国际公认的工厂中儿童待遇的标准。

在网络技术中,道德风险又被注入了更多技术手段,例如"竞价排名"与欺诈点击。厂商设置一个关键词,该关键词或其广告的点击率越高,厂商需要支付给网站的钱就越多。当网站自行采取欺诈点击时,点击率就会变成自己的收入;当厂商的对手采取欺诈点击时,则增加受害公司的支出,造成对该公司的打击。网络广告的恶意点击已经是行业公开的秘密了。在利益的驱使下,代理商甚至不再人为点击,而是利用相关软件自动反复点击刊登在自家网站的广告,达到增加广告收入的目的。

斯蒂格利茨为这些道德风险问题提出了解决方案:在信息不完全时,规制介于更直接控制(例如国有化)和更间接控制(例如税收和补贴)之间,而且更加重要。具体做法可以是:相互制衡、审核、抽租、有限承诺等。

第三节 商务文化与谈判

国际贸易谈判中涉及的商务文化范畴十分广泛:道德文化、旅游文化、食文化、广告文化、服饰文化、体育文化、茶文化、影视文化、酒文化、网络文化、民俗文化以及企业文化等。多元化的全球化进程异常复杂和晦涩,它需要具有思想和勇气的商业领袖和学术专家对此进行大量的解释工作。当考虑到现实存在的多元文化时,把世界假设成一个统一的全球大市场是过于理想化的,或是源于过分的民族优越感。

专栏 14.10

迪士尼的跨文化改革

20世纪90年代初迪士尼在建园初始就遇到诸多麻烦,法国工人联合会就"迪士尼公司严格的统一服装规定"问题出面干涉,造成建园的1.2万名员工几乎全面停工,更增添了迪士尼公司在欧洲融资的困难,延误了欧洲迪士尼乐园建设工程的进度。自开业第一天起,由于客源市场的背景文化和民族心理等方面的影响,破坏艺术的行为以及媒体对迪士尼乐园经营方式的批评导致游人下降,开业之初每天的亏损达100万美元,连续三年的亏损使欧洲迪士尼乐园一度陷入极度萧条的困境。

迪士尼被迫进行了"法国化"改革:乐园高级管理层实行本地化、乐园员工管理法国化、乐园主题活动欧洲化,强调其创始人沃尔特·迪士尼的欧洲血统,新建了具有浓郁欧洲风情的景点(如放映欧洲历史电影),甚至将名字改为"巴黎迪士尼"。与此同时,法国政府提供政策上的扶持。一系列的举措终于赢回了游客,使之成为欧洲规模最大、影响最广的主题公园,也是全欧洲游客最多的付费游乐场。

专栏 14.11

了解和运用商业文化

[**案例1:日本与澳大利亚铁矿石贸易谈判**] 日本了解到澳大利亚人生活安逸、舒适、不耐艰苦,因此,邀请澳商到日本谈判,实行疲劳战术。一开始,他们不急于解决问题,而是热情地陪伴澳商吃喝玩乐,将各种有趣的活动与故意复杂化的谈判有机结合起来,将澳商活动时间排得满满的。几天过去,澳商筋疲力尽,热情的日本人在谈判桌上不断提这样那样的问题,谈判进展缓慢。身心疲惫的澳商越到后来越是急躁,结果以满足日方的条件达成协议。

[**案例2:葡萄美酒夜光杯**] 众所周知,外国葡萄酒很难打入法国市场,但中国留学生经过多年努力,终于使中国葡萄酒奇迹般地打入了法国市场。

但中国葡萄酒在香港地区转口时遇到麻烦,港方提出:土酒关税80%,洋酒关税300%,内地葡萄酒应按洋酒征税。内地与港方谈判时引用唐诗:"葡萄美酒夜光杯,欲饮琵琶马上催。"中国早在1 300多年前的唐代就生产葡萄酒了,比英国、法国早几个世纪。最后按土酒征税。

专栏 14.12

谈判中的"Yes"、"No"及IBM现象

谈判中不同民族在语言方面也有独特的商业文化。例如在美国A公司与日本B公司的贸易谈判中,A高兴地发现,每当提出一个问题时,对方就点头说"Yes",以为谈判进行得特别顺利。直到签合同时才震惊地发现B的"Yes"只是"I'm listening",不是"I agree with you"。"Yes"在谈判中往往还意味着"I understand"、"I'll consider it"。

"No"的表达方式也很复杂,有的文化价值观反对正面冲突,因此不直接说"No",而是用模糊的词句表示拒绝。例如巴西人用"It's somewhat difficult"代替"It's impossible",没有经验的谈判者可能产生误解。因此,必须尽量了解对方的文化、价值观和风俗习惯,从而正确无误地传递和接收信息。

在与阿拉伯商人进行谈判的过程中,要注意"IBM"现象:I是"因夏利",即"天意";B是"波库拉",即"明天再谈";M是"马列修",即"不要介意"。有时需要放慢进度,或者一定要配合对方悠闲的步伐,慢慢推进才是上策。

一场成功的国际贸易谈判是一种创造性的行为,而不是纯粹的对抗和竞争。一种有趣的比喻认为谈判进程就像一条鱼,张开的鱼尾是信息的搜集和谈判计划的设计,庞大的鱼身是大量的相互交流、技术支持和非正式的谈判,关键的鱼颈部是正式的谈判,合同的签署是在鱼的头部,之后还有进一步的合作关系的维系。谈判的技巧与钓鱼也有很多相似之处,例如需要足够的耐心、松紧适当(钓绳)、慎重开口(一条鱼若不开口也不会被钓上来)等。在谈判中博弈策略的恰当运用、信息的搜集和甄别以及对商务文化的了解与应用无疑是非常重要的。

案例分析思考题

案例 14.1 铁矿石谈判——宝钢集团与澳大利亚FMG公司

宝钢长期信用等级为"A-",这是当时(2009年)全球钢铁企业中的最高长期信用等级,也是中国制造业中的最高等级。澳大利亚FMG当时已经和35家中国大中型钢铁企业签订了10年以上的长期协议,每年供应量预计接近世界第二大矿业公司力拓目前每年2.2亿吨的产量。请结合本章学习为双方制订谈判方案。

案例 14.2 珠江6号船无单放货纠纷案

开证行A付款后,开证申请人B未付款赎单,A持正本提单提货时,承运人C已无单放货。A起诉C。

C认为A应该先起诉B要求支付货款,既然A未提出该请求,应视为放弃了向任何人主张权利的机会。C的理由是否成立?

案例 14.3 CIF布莱梅出口黄麻,以信用证支付。卖方提交了来自上手的运输单

据,买方支付了货款。当船抵达目的港时,买方发现船上没有合同约定的货物,因为货物未装上船。卖方认为 CIF 合同和信用证都是单证买卖,而且他本身不是货物的托运人,买方应向承运人索赔。卖方的理由是否成立?

案例 14.4 肯尼亚 A 商向埃及 B 商出口咖啡,双方签订两份 FOB 蒙巴萨合同,选择肯尼亚先令为计价货币,以信用证作为支付方式。B 将货物转售给西班牙商人 C。

C 开出以英镑为计价货币的可转让信用证,A 接受了第一份合同下的货款。后英镑贬值,A 要求第二份合同以肯尼亚先令支付,否则应补足差额。A 的要求是否合理?

第四篇 综合案例分析：中美贸易的模式及转型

第十五章　传统中美贸易的驱动与制约因素分析

▌本章概要▌

本章从静态角度将经典贸易理论与中美贸易实践结合起来,探讨了传统中美贸易发展的"要素驱动"模式,并分析了其中的贸易基础及贸易障碍,从而揭示了中美贸易的互补性、互利性,以及矛盾与摩擦的深层经济动因。

▌学习目标▌

1. 理解传统中美贸易的经济利益基础。
2. 分析中美贸易摩擦的深层经济动因。
3. 尝试将经典贸易理论与中美贸易实践有机地结合起来。

中国和美国是两个有着独特地位的大国,对外贸易在两国经济的总体规模当中所占的比例虽然是有限的,但在两国关系乃至世界格局当中承担着特殊重要的使命。中美之间在意识形态、文化传统、政治、外交等领域存在着重大的差别,但贸易关系的发展却源远流长。1784年8月25日,美国的"中国皇后"号商船抵达广州,被公认为中美贸易的起点。此后虽然历经沧海桑田,但从总体上看中美贸易有着明显的互补性和互利性。美国前任贸易代表查伦·巴尔舍夫斯基引用了屈原《离骚》中的诗句来形容中美贸易关系:"鸷鸟之不群兮,自前世而固然。何方圆之能固兮,夫孰异道而相安?"

第一节　要素驱动型传统中美贸易[①]

中美贸易的发展离不开整个世界经济与贸易的格局,一般认为中美贸易经历了四个阶段:第一阶段是1844年中美《望厦条约》以前,中国闭关自守,美国受本国经济落后的制约,不得不通过转口贸易获取贸易利益;第二阶段是《望厦条约》以后100年,中美之间处于不平等贸易阶段,中国经济贸易的艰难曲折和美国经济贸易的快速增长形成了鲜明对照;第三阶段是新中国成立后的28年,中国经济贸易得到了发展,但改革开放以前的计划经济和多次决策失误,使中国的发展大大落后于美国,"冷战"的格局使中美贸易中断了近20年,直到1977年才恢复到1950年的双边贸易水平;第四阶段是改革开放以来,中美贸易迅速发展,在两国对外贸易中的地位迅速提高。1978年,中国海关统计中美贸

---

① 要素指国家拥有的或在生产中投入的资源,它本身是一个绝对或相对量的概念。从绝对的角度出发,要素代表了资源总量;从相对的角度出发,则是要素的比值。传统中美贸易建立在两国要素差异的基础之上,故称之为"要素驱动型"。

易额为 9.9 亿美元,占中国对外贸易额的 4.8%,占美国对外贸易额的 3‰。1996 年,美国商务部统计两国贸易额达 635 亿美元,占中国对外贸易额的 21.9%,占美国对外贸易额的 4.5%。① 这种增长的状态一直持续到进入 21 世纪,中国"入世"大大推动了中美贸易的发展。根据中国海关的统计资料,2002 年中美贸易额为 971.81 亿美元,其中对美出口 699.51 亿美元、自美进口 272.3 亿美元,同比分别增长 20.8%、28.9%、3.9%。② 2003 年 1—9 月中美双边贸易额达 909.8 亿美元,增长 29.9%,其中中方出口 659.3 亿美元,进口 250.4 亿美元,中方顺差 408.9 亿美元。③

对中美贸易的传统研究主要从要素因素角度出发,认为两国的要素差异是贸易基础与格局、获利与影响的根本原因。

一、传统中美贸易的理论依据

要素驱动贸易模型将要素因素作为两国贸易的核心动因,其主要思想体现在单一要素的古典模型和两要素的新古典模型。

古典贸易模型包括了亚当·斯密的绝对优势理论和大卫·李嘉图的比较优势理论,它们共同的特征是假定只存在一种生产要素——劳动力(L),生产中所使用的劳动力的绝对量或相对量的差别导致了劳动生产率的绝对、相对差异,这是国际贸易和国际分工的根本原因。其中绝对优势理论认为,一国生产某种产品所使用的资源少于另一个国家,则该国在该产品上具有绝对优势;每个国家应该集中生产和出口自己有绝对优势的产品,进口自己没有绝对优势的产品,这就是国际贸易和国际分工的基础。绝对优势理论对于当前某些欠发达国家外贸战略的制定仍然有重要的指导意义,这些国家认为,必须首先培育本国劳动生产率的国际竞争优势,才能产生对外贸易的机会,才可能从自由贸易中获利。比较优势理论进一步拓宽了国际贸易产生的基础,指出一国生产某种产品的相对生产成本或机会成本低于另一个国家,则该国在该产品上具有比较优势;每个国家应该集中生产和出口自己有比较优势的产品,进口自己没有比较优势的产品,这就是国际贸易和国际分工的基础。

瑞典经济学家赫克歇尔—俄林提出的要素禀赋理论(H-O 模型)是新古典国际贸易理论的代表,该模型假定有资本(K)和劳动力(L)两种要素投入,国家的要素禀赋和产品的要素密集度共同决定了国际贸易和国际分工的基础。每个国家应该集中生产和出口在生产中密集使用自己充裕要素的产品,进口在生产中密集使用自己稀缺要素的产品,这就是国际贸易和国际分工的基础。

总体上看,改革开放以来中美贸易关系的发展基本上是要素驱动型贸易模式,中美贸易发展的巨大潜力——互补性和互利性日益明显地体现出来。互补性体现在中美两国的要素比例和比较优势不同,中国有充裕的劳动力,美国有丰富的资本,中国对美出口的主要是劳动密集型产品,如纺织品、服装、鞋类、玩具、家电和旅行箱包等,而从美国进口的主要是飞机、动力设备、机械设备等资本密集型产品。两国贸易在很大程度上是非竞争的,更多的是满足当地市场的供应不足。互利性体现在美国通过与中国的贸易,可

---

① 资料来源:胡涵钧著,《当代中美贸易(1972—2001)》,复旦大学出版社,2002 年版,第 4、5 页。
② 资料来源:马宇主编,《中国与 WTO 报告》(2003),经济日报出版社,2004 年版,第 223 页。
③ 资料来源:《国际商报》,2003 年 10 月。

以腾出资金和劳动力转向以知识为基础的新技术工业和服务行业,进行产业结构的调整。同时,进口廉价的中国商品有利于美国的消费者,还可以抑制通货膨胀。此外,可以增加就业,双边贸易直接或间接地为美国工业和服务业提供了上百万个工作岗位。中国对美贸易有利于沿海地带加工工业的发展,提高工业的技术水平。

二、传统中美贸易的潜在经济约束

客观地说,中美贸易的发展潜力尚未得到充分的发挥,传统中美贸易中的贸易逆差问题、最惠国待遇问题、反倾销问题等此起彼伏,成为双边贸易摩擦的焦点。形形色色的贸易障碍虽然有中美政治和意识形态的原因,但归根结底,要素驱动型贸易模式存在着潜在的约束因素。

(一)对福利状况的担忧

H-O 模型的推论——要素价格均等化定理(H-O-S 定理)指出,国际贸易使两国同类要素的相对价格和绝对价格趋于均等,因此商品流动代替了要素流动;S-S 定理进一步指出,国际贸易使得在出口部门中密集使用的要素报酬增加,在进口部门中密集使用的要素报酬减少,而不论该要素在哪一部门中使用。

要素价格的国际均等化与 S-S 定理表明的"放大效应"成为现实世界经济政策争论的中心。美国一种代表性的观点认为:世界贸易的扩张,尤其是来自低工资国家制成品的出口造成了美国非熟练工人工资的下降,在其他发达国家也导致了失业率的上升。许多批评家包括一些经济学家毫不犹豫地指责增长的贸易是发达国家工资下降的主要原因。

作为劳动密集型的"大国",中国出口扩张型增长可能导致福利恶化。"贫困化增长"的概念最早由印度经济学家巴格瓦蒂于 1958 年提出,他认为这种增长最初可能出现在这样的场合:由于生产能力扩张所导致的实际产出的增加有可能使贸易条件不利于正在增长的国家,而且贸易条件的恶化所造成的损失会超出产出增加所带来的收益,最终使该国的境况不如以前。"贫困化增长"的实质在于:经济增长对本国的贸易条件带来了不利影响,从而造成福利水平下降。

从中美贸易的现实情况看,中国出口的产品大部分属于劳动密集型产品,而在国际市场上,随着更多的发展中国家的加入,这些劳动密集型产品供给不断增加,而对其的需求却增加缓慢,其价格必然会大幅度下跌,那么即使出口量有所增加,贸易收益也会减少。例如,中国出口的棉织品、皮衣等大量劳动密集型产品的价格,1989—1993 年间下降了近 30%。[①] 另外,由于中国加工贸易的加工程度不高,增值系数只维持在 1.2—1.3,尤其是来料加工,国内来料加工企业所获工缴费仅是加工贸易增值中极少的一部分。所以,现阶段中国加工贸易是一种低收益的方式,仅仅只是量上的扩张。在这种情况下,出口数量越多,增长的速度越快,则资源的损失浪费越大。

---

① 资料来源:廖涵著,《我国加工贸易发展战略研究》,中国财政经济出版社,2002 年版。

（二）对特定要素收益的衡量

经济学家哈伯勒、哈罗德、俄林以及维纳提出了反映短期内要素收益变化的特定要素①模型的思想，萨缪尔森和琼斯则建立模型并作了系统分析，尼瑞和马萨在进一步分析的基础上将特定要素模型称为短期中的 H-O 模型。

特定要素模型中假定有工业制成品（x）和粮食（y）两种产品，其中工业制成品中使用特定要素（K）和公共要素（L），粮食中使用特定要素（土地）和公共要素（L）。在完全竞争的均衡条件下：

$$W_x = P_{Lx} = P_x \cdot MPL_x, W_y = P_{Ly} = P_y \cdot MPL_y$$

作为公共要素的劳动力在两部门之间可以自由流动，这意味着部门之间的名义工资是相等的，即 $W_x = P_x \cdot MPL_x = W_y = P_y \cdot MPL_y = W$，由此得出特定要素模型下价格、工资和劳动力的配置状况：两部门对劳动力需求线的交点决定了共同的名义工资和劳动力使用的数量。

国际贸易的直接影响是使商品的相对价格发生变化，出口品（假定为 X）的相对价格上升，进口品的相对价格下降。国际贸易使得进口部门特定要素所有者的收益下降，而出口部门特定要素所有者的收益上升，因此生产者利益集团往往倾向于奖出限入。特定要素模型解释了现实当中的许多贸易政策实施的经济原理。例如美国蔗糖的进口政策。美国蔗糖政策制定于 1934 年大萧条时期，当时美国甘蔗丰收，蔗糖价格大跌，政府通过蔗糖法，制定蔗糖最低价格；后对该法案进行补充，规定国外进口蔗糖每年不超过当年消费的 15%。该保护政策造成了三个方面的影响：第一，美国蔗糖业每年多挣近 10 亿美元；第二，美国消费者每年多支付 20 亿美元；第三，美澳自由贸易协定将蔗糖作为例外排除在外，澳大利亚每年损失 4.4 亿美元的可能出口，作为交换，美国同意澳大利亚将小麦排除在协定之外，美国小麦因此无法进入澳大利亚市场。这项政策的政治经济分析表明：美国消费者每人每年多支付 8 美元，几乎可以忽略不计；而生产者数量有限，每个生产者受益匪浅；美国超过四分之一的甘蔗农场在佛罗里达州，这是美国两党必争之地，蔗糖厂家对政府的捐款起到举足轻重的作用。

由此可见，如果考虑到短期的利益分配问题，要素驱动型中美贸易中，保护主义的力量不容忽视。

（三）对技术国际扩散的制约

在国际贸易理论界有一个令人迷惑不解的现象，这就是著名的里昂惕夫之谜。1953 年，里昂惕夫将其投入—产出法运用于美国 1947 年进出口产品中 K/L 投入的分析，发现美国出口品中的资本（K）含量低于进口品中的资本含量，这表明，美国出口劳动密集型产品而进口资本密集型产品，这似乎与 H-O 模型的预测正好相反。为什么人们普遍认为的资本密集型的美国会出口劳动密集型产品而进口资本密集型产品呢？经济学家从各个不同角度对该现象进行了解释，其中一种观点认为，H-O 模型本身的预测没有错，里昂惕夫的检验也没有错，是人们对美国要素禀赋的估计错了。美国最充裕的是高科技人才，

---

① 特定要素指一种要素通常仅限于某一部门，而不适合于其他部门的需要。特定要素是一种暂时的现象，如果时间足够长，所有部门的要素都可以自由流动和调配。

因此出口富含熟练劳动力的技术密集型产品正好符合了要素禀赋理论的基本思路。

对里昂惕夫之谜的这一解释思路意味着,美国应该更多地向中国输出技术,才能发挥中美贸易的潜力。但事实上,无论出于政治因素的考虑,还是基于对福利状况的担忧,美国一直在限制对中国的技术输出。

克鲁格曼在《技术、贸易和要素价格》一文中指出,严格的经济分析表明,国际贸易对工资的影响是有限的。贸易虽然在增长,但它与发达国家的经济规模比较起来还是很小的一部分。尤其是来自发展中国家的制成品的进口只占了 OECD 国家 GDP 的 2%,有限的贸易流不能解释要素相对价格的巨大变化。在美国,自 20 世纪 70 年代以来,工资上升的 30% 与大学教育有关。尤其是在近年来的技术进步中,各行业广泛倾向于使用熟练劳动力,使得对熟练劳动力的需求上升,其工资上涨,而对非熟练劳动力的需求下降,其工资下跌。因此,导致近年来收入变化的主要原因是技术因素而不是贸易行为。

克鲁格曼北—南模型研究了技术进步对发达国家和发展中国家福利的影响,在完全竞争市场体系下建立了与李嘉图模型相似的 $2\times 2\times 1$ 模型:两类国家——技术创新国家(北方国家 N)和技术跟随国家(南方国家 S);两类产品——新产品与老产品,新产品只在 N 国生产,当其技术扩散到 S 国时,就成为老产品;一种要素投入——劳动力(L),劳动力在两国之间不流动。同种产品在两国之间的劳动生产率完全相同,N 国生产新产品的特殊能力成为两国工资差别的唯一源泉。

北—南模型从静态、动态的不同角度分析了技术创新与收入分配的关系,认为由于具备雄厚的资本、高技能的熟练劳动力和市场需求条件等原因,技术创新往往首先发生在北方国家。不断的技术创新会使北方国家的相对工资水平上升,而国际技术扩散会提高南方国家的相对工资水平。因此,为了提高本国的相对福利状况,北方国家应该加强技术创新,防止技术的国际扩散。

另外,在 H-O 模型框架下,技术进步是有偏向性的。出于对贸易条件的考虑,一国会倾向于选择进口替代部门的技术进步,而不是出口部门的技术进步。这种技术进步的倾向性不利于贸易的扩大,甚至会使贸易萎缩。

由此可见,在 H-O 模型的框架下,为了保障本国福利状况的更大改善,作为劳动密集型"大国"的中国应选择进口替代的发展战略,作为高科技密集型的美国则应该限制技术的国际扩散,中美贸易存在着根本上的制约因素。如果进一步考虑短期中的利益分配问题,乃至政治、意识形态方面的因素,则贸易保护更容易抬头。

第二节 规模经济与中美贸易

将规模经济纳入国际贸易的理论分析是克鲁格曼的突出贡献之一,但规模经济理论更倾向于解释发达国家之间的贸易,而难以成为中美贸易的主要驱动力量。

一、历史的作用与不平衡发展理论

克鲁格曼在其所著《克鲁格曼国际贸易新理论》中提出了不平衡发展理论,在引入外

---

① 参见 Paul Krugman, *Technology, Trade, and Factor Prices*, NBER Working Paper Series 5355, 1995。

部规模经济①的条件下,解释了工业制成品贸易中存在的不平等的利益分配现象。不平衡发展理论指出:世界分为富有与贫穷两种国家的主要原因是世界经济中存在着某些从根本上不平等的进程,这种国际不平等趋势还在不断增长。在两地区框架的基础上,该模型认为,随着落后地区工业部门被发达国家的出口挤垮,与发达国家进行贸易会阻碍落后国家工业化的进程。

正如克鲁格曼所指出的,由于工业制成品的资本增多,工业品的相对价格下降,直至在某一点上正好是落后地区的工业不能完成并开始衰退的状态。这种现象一经出现,便是一条不归路,随着工业规模下降、生产成本不断提高,直到落后地区生产工业制成品的部门最后消失。

历史的作用展示了落后国家工业发展的"星星之火"不断被来自先进国家的进口制成品所扑灭的结果。从另一个角度理解,克鲁格曼不平衡增长理论指出,顺应经济规律,落后国家应该主动接受作为"世界农场"的国际分工格局。但不平衡发展模型基本上忽视了各国劳动力资源的差异导致的劳动力成本差距在工业品贸易当中的作用,而中美劳动力成本差距悬殊,这对于决定两国在工业品领域的国际贸易和国际分工的格局具有重要的作用。在近代中美贸易中,中国凭借低廉的劳动力价格,在轻工业品方面与美国的产品相抗衡;同时,美国机械、钢铁等重工业品的进口促进了中国工业化的发展。因此在具体分析中美贸易时,一方面要重视不平衡发展理论所揭示的两国之间可能存在的利益对峙,另一方面要考虑中美两国劳动力要素的巨大差异,选择并发挥自身的比较优势。

二、动态规模经济与"蛙跳模型"

动态规模经济理论从"干中学"的学习效应出发,通过"蛙跳模型"揭示了世界经济贸易中"后来居上"的现象。布瑞齐斯(Brejis)、克鲁格曼和齐东(Tsiddon)的"蛙跳模型"认为:领先国在旧技术上有学习效应,旧技术的生产率比新技术初始时高,故领先国会选择沿用旧技术;而后起国由于劳动力成本较低,可以一开始就选择新技术,从而在未来取得技术优势。为了保证自己的国际领先地位,技术开发国当然必须限制技术的国际扩散。

但值得注意的是,"蛙跳模型"有四个前提条件:第一,领先国与后起国之间的工资成本差异足够大;第二,新技术在初始时比旧技术的效率低;第三,旧技术的经验对新技术并不重要;第四,新技术最终比旧技术有显著的效率增进。在现实当中,这四个前提很难同时满足。

另外,按照产品生命周期理论和重叠需求论,传统技术国际扩散的方向首先是具有相似市场条件的其他发达国家,而不是中国等发展中国家。在现实当中,亚太地区发生着产业结构的调整。日本在20世纪七八十年代,产业结构从传统的重化工业逐渐转向汽车、电气机械、半导体和计算机等节省能源的高科技产业,彩电、汽车和半导体成为主要的对美出口产品。80年代以来,日本的主导产业是电子工业、微型计算机工业、精密机械和精细化工工业。90年代以来,信息产业、新材料和生物工程成为日本的重点产业目标。近年来,日本将制造业的生产基地向海外转移。与日本相似,韩国、新加坡等其他亚

---

① 外部规模经济是指当单个企业的规模不变时,产品的平均成本随着整个行业的规模扩大而下降。

洲国家也逐渐调整产业结构。美国与日本、韩国、中国香港、中国台湾、新加坡等国家和地区有十分密切的贸易往来,中国内地当时正处于接受发达国家和亚洲新兴工业化国家和地区转移边际产业的阶段,在很大程度上继承了这些国家和地区在美国进口中的份额。20世纪90年代以来,中国鞋类、玩具类、服装、机电产品对美出口增长迅速,而同期日本、韩国在这些产品上的对美出口均有不同程度的下降。在美国亚太地区的贸易伙伴中,中国明显地替代其他国家和地区成为美国劳动密集型产品的最重要供给者。

第十六章 传统"要素驱动"模式的欠缺与拓展

▍本章概要▍

本章从总量分析和产业分析的不同层面阐明了实证检验对"要素驱动"模式中"技术扩散负作用论"的质疑:Kumar 与 Russell 的总量分析表明,落后国家的技术追赶可能使美国等先进国家受益更多;另外,Stiroh、Freund 与 Weinhold 的产业总量分析表明,美国信息技术的国际扩散推动了贸易的扩大、生产率的复苏和经济的增长。本章进而通过揭示实证检验与理论分析产生分歧的原因,指出了中美贸易模式的拓展方向——引入需求因素的影响、纳入信息技术的作用。

▍学习目标▍

1. 了解实证检验对技术国际扩散影响的基本分析结论。
2. 分析实证检验与理论原理产生分歧的原因。
3. 思考中美贸易模式的拓展方向。

根据传统的"要素驱动"模式,技术的国际扩散会降低美国的相对福利水平,并威胁到其在国际上的领先地位,但关于技术扩散影响的实证检验对这一结论提出了质疑——Kumar 和 Russell 的总量分析表明,国际技术扩散实际上使领先国和落后国都受益,而且领先国受益更多;Stiroh 的产业分析和 Freund、Weinhold 的总量分析进一步综合显示,信息技术的国际扩散推动了美国对外贸易和开放度的增长及生产率的进步。

第一节 实证研究质疑"技术扩散负作用论"

传统"要素驱动"模式认为,技术国际扩散损害美国的相对福利状况,并威胁美国的国际领先地位。但实证分析表明,技术扩散并不影响国际收入的差距,信息技术扩散对美国的经济发展和生产率增长起到了促进作用。

一、技术扩散不影响国际收入差距

Kumar 和 Russell 在规模收益不变的假定下,基于对 57 个国家 1965—1990 年效率水平的分析,研究了技术追赶(Catch-up)对生产率和国际收入差距的影响。

世界在时期 t 的技术定义为:

$$T_t = \left\{ <Y, L, K> \in R_+^3 \middle| Y \leq \sum_j Z^j Y_t^j \right.$$

$$L \geq \sum_j Z^j L_t^j, \ K \geq \sum_j Z^j K_t^j, \ Z^j \geq 0 \ \forall_j \}$$

t 时期国家 j 的效率指数定义为：

$$E(Y_t^j, L_t^j, K_t^j) = \min \{\lambda \mid \langle Y_t^j/\lambda, L_t^j, K_t^j \rangle \in T_t \}$$

这个指数是给定技术 T_t 和投入 L_t^j、K_t^j 时，产出 Y_t^j 扩张的最大比例，它小于等于1。基期和现期的效率指数分别为 e_b 和 e_c，令两期经济的潜在产出为：

$$\bar{y}_b(k_b) = y_b/e_b, \ \bar{y}_c(k_c) = y_c/e_c$$

由此可得：

$$y_c/y_b = [e_c \cdot \bar{y}_c(k_c)] / [e_b \cdot \bar{y}_b(k_b)]$$

使用基期技术变形得到下式：

$$y_c/y_b = [e_c \cdot \bar{y}_c(k_c) \cdot \bar{y}_b(k_c)] / [e_b \cdot \bar{y}_b(k_c) \cdot \bar{y}_b(k_b)]$$

使用现期技术变形得到下式：

$$y_c/y_b = [e_c \cdot \bar{y}_c(k_c) \cdot \bar{y}_c(k_b)] / [e_b \cdot \bar{y}_b(k_b) \cdot \bar{y}_c(k_b)]$$

综合起来，Fisher 理想分解公式为：

$$y_c/y_b = (e_c/e_b) \cdot \{[\bar{y}_c(k_c) \cdot \bar{y}_c(k_b)] / [\bar{y}_b(k_c) \cdot \bar{y}_b(k_b)]\}^{\frac{1}{2}} \cdot$$
$$\{[\bar{y}_b(k_c) \cdot \bar{y}_c(k_c)] / [\bar{y}_b(k_b) \cdot \bar{y}_c(k_b)]\}^{\frac{1}{2}}$$

这一分解将劳动生产率的增长分成了三个部分：第一是技术变化，它引起世界生产可能性边界发生移动；第二是技术追赶，它引起朝向或背离世界生产可能性边界的移动；第三是资本积累，它引起沿着世界生产可能性边界的移动。根据1965年和1990年57个国家效率水平得出的效率变化所作的广义最小二乘（Generalized Least Square，简称 GLS）回归结果，得出的回归系数在统计上不显著，这意味着技术追赶对于减轻各国收入的不平等作用甚微。

考察的两个重要结论是：首先，虽然存在着大量的技术追赶，但这个因素显然没有影响国际收入差距，因为技术追赶的程度与生产率的初始状态无关；其次，技术变化是非中性的，在低的资本—劳动比率下它的扩张不大，而在高的资本—劳动比率下有迅速的扩张。这一结论对传统"要素驱动"模式关于技术扩散损害美国相对福利水平的结论提出了质疑。

二、信息技术扩散推动美国经济增长

Freund 和 Weinhold 的研究显示，20 世纪 90 年代后半期以来，美国经历了信息技术国际扩散和相关服务贸易的蓬勃发展。相对于 20 世纪 90 年代的前四年而言，1995—1999 年互联网类服务贸易扩张十分迅速，并远远超过了商品和服务的总体情况，其中计算机服务出口增长了 71%，进口增长了 243%。美国对外贸易与互联网的国际渗透成正比，具体而言，外国的互联网渗透每增加 10%，其出口增长 1.7%，进口增长 1.1%。[①]

Freund 和 Weinhold 建立了两个服务贸易模型。第一个模型依赖的变量是 1995—1999 年美国 14 个服务行业的贸易增长，具体的方法是，以服务贸易的增长值与下列因素

---

① Caroline Freund and Diana Weinhold, Internet and International Trade in Service, *the American Economic Review*, May 2002.

进行回归:产业固定影响、信息技术变量、GDP 增长、实际汇率升值、最初水平。在最后时期使用了对数水平的信息技术变量,因为正是信息技术促成了这一时期的贸易。在回归中区分了美国的出口和进口,是因为外国的 GDP 增长和汇率的变化可能对它们造成不同的影响。GDP 的海外增长会增加对服务的需求,从而对美国的出口产生正面的影响;如果 GDP 的海外增长也带来这些产业的更多供应的话,美国的进口增长也可能受到正面影响。美元的实际升值从长期看会增加美国的进口,但短期中会降低进口的名义价值,因为在需求量不变的情况下,服务的价格下降。

附录二表 A2.1 显示第一种估算的结果,信息技术对服务贸易增长的影响是正向、显著的,近年来信息技术渗透程度较高的国家有更高的服务贸易增长。对于所有的服务产业而言,10% 的信息技术变量增长与 1.7% 的美国进口增长和 1.1% 的美国出口增长相关联。如果这种动态关系长期持续,意味着 10% 的信息技术变量增长与 6% 的美国进口增长和 4% 的美国出口增长相关联。

值得注意的是,信息技术的使用与信息技术服务贸易之间的因果关系是双向的:服务贸易的增长导致企业采用信息技术来便利其贸易,而更多的信息技术渗透又使企业能够将信息技术用于服务贸易。

此外,直观的结论是:更高单位资本收入的国家有更多的贸易增长,信息技术可能很好地代表了相对收入,或与服务生产的比较优势相关联;另外,有更深化的金融系统的国家在电子服务业方面可能具备熟练劳动力和市场需求。

第二个模型是服务贸易的修正的重力等式(Gravity Equation)。基本的重力等式描绘了两国间的贸易与其经济总量(GDP)生产是成正比的。运用 1996—1999 年的数据,以进出口的对数与以下因素进行回归:伙伴国收入和人口的对数、与美国距离远近的对数、相近状况和共同语言的指数变量以及产业和年度的固定影响,此外还包括了金融深度[①]指数和互联网变量的对数。

结果进一步证实了信息技术对美国服务进口的影响,根据附录二表 A2.2,互联网渗透在海外每增长 10%,会导致美国商务、职业和技术增长 1.2%。在出口等式中存在一个问题:海外的贸易政策千差万别,这会影响美国服务出口的跨部门分布。美国的进口数据没有遇到这个问题,因为所有国家面临的都是相同的美国规则。

研究结果揭示,信息技术的海外发展便利了对美国服务出口的增长,特别是,短期的影响为:信息技术变量每增长 10%,这些出口的增长是 1.7%。服务贸易的扩张显示了全球范围的增长,资源被重新配置到最有生产力的领域,社会福利获得了增长,而且还可能存在更大的乘数效应,因为其他研究发现,服务领域几乎对所有部门而言都是重要的投入。这意味着在通过影响生产率而直接影响增长的同时,信息技术还间接地通过对开放程度的影响而促进增长。

由此可见,信息技术的国际扩散推动了出口贸易的增长,自 20 世纪 70 年代以来,西方经济学家就致力于探讨出口贸易对国民经济的贡献。贝拉萨等人将传统的生产函数 $F = f(L, K)$ 转换成开放经济中的国民收入函数 $F = f(L, K, X)$,变形成为关于各变量增长率的函数:$GY = c + \beta_1 GL + \beta_2 GK + \beta_3 GX + \varepsilon$,其中 GY、GL、GK、GX 分别代表国民经济的增

---

① 金融深度指 M2/GDP(来自 IMF 的《国际金融统计》的计算)。

长率、劳动力的增长率、投资的增长率以及出口的增长率,各变量前的参数表示贡献率(弹性)。对 30 个国家的数据分析结果证明,出口贸易与经济增长之间存在必然的正相关关系,并且相关系数达到 0.888。因此,信息技术的国际扩散对于经济增长有显著的推动作用。

三、信息技术扩散促进美国生产率复苏

Stiroh 运用产业数据重点分析了信息技术与近年来美国生产率复苏之间的关系,认为信息技术的发展对美国生产率的增长起到了显著的积极作用。原始数据显示:1995 年以后大多数产业经历了生产率的加速增长,对各产业平均增长率变化的简单检验可以测定加速度的显著性(见附录二表 A2.3)。

$$d\ln A_{i,t}^{Y} = a + bD + \varepsilon_{i,t} \tag{16.1}$$

当 $t > 1995$ 时,$D = 1$;其余情况,$D = 0$。$A_{i,t}^{Y}$ 是产业总产出的劳动生产率,a 的估计值为 1995 年以前的平均增长率,b 给出了平均变化,t 是 1977—2000 年或 1987—2000 年,i 是产业。

附录二表 A2.4 给出了(16.1)式的各种估计结果,它显示 1995 年以后代表性产业均呈现了显著的生产率加速度,表明近年来美国生产率的复苏与早些时候的生产率增长有所不同。近年来生产率的复苏在这场经济扩张中开始得比较晚,它源于资源的利用和配置效应的改变,在促进长时期的经济扩张当中起到了重要的作用。生产率的加速度根源于更快的技术变化,而不是来自暂时的要素利用和要素积累。几个补充性检验显示,信息技术与生产率增长之间有着强劲的关联性,信息技术密集型产业生产率的增长速度比其他产业高两百个百分点,这还是排除了直接生产信息技术的产业。生产率增长与信息技术的密集程度也是相关的,1995—2000 年生产率增长幅度随着 1995 年信息技术资本服务的份额上升。[1]

数据资料显示,对美国生产率复苏有直接贡献的产业都是生产信息技术和使用信息技术的产业,比较 1995—2000 年与 1987—1995 年,26 个使用信息技术的产业对总生产率加速度的贡献率是 0.83 个百分点,两个生产信息技术的产业的贡献率是 0.17,其余 33 个产业的贡献率为 - 0.21%。这表明信息技术发展对于推动美国生产率的复苏起到了重要的作用。[2]

在以上分析的基础上,Stiroh 进一步检验了生产率加速度与信息技术密集度的关系。如果信息技术是生产率迅速增长的推动力量,密集使用信息技术的产业会有更大的生产率收益。相反,如果美国生产率复苏的大部分推动力量是一些其他因素,例如来自强劲的总需求的周期性现象,那么生产率的收益就与信息技术无关。

$$d\ln A_{i,t}^{Y} = a' + b'D + rc + sDc + \varepsilon_{i,t} \tag{16.2}$$

当 $t > 1995$ 时,$D = 1$;其他情况,$D = 0$。当信息技术密集时,$c = 1$;其他情况,$c = 0$。a' 是 1996 年以前非信息技术产业的平均增长率,r 是 1996 年以前信息技术密集产业的平均增长率,b' 是 1995 年以后非信息技术密集产业的加速度,s 是信息技术密集产业相对于

---

[1] Kevin J. Stiroh, Information Technology and the U. S. Productivity Revival: What Do the Industry Data Say? *American Economic Review*, December 2002, p.1560.

[2] 同上。

其他产业的不同加速度,标准差作了异质修正。c 是信息技术密集指数,即信息技术在资本服务中的份额,它区分出那些作了信息技术投资和高科技投入的产业,信息技术密集产业依此定义为在 1995 年的资本服务中信息技术份额超过了中值的产业。

附录二表 A2.5 的数据显示,当用 1995 年信息技术在产出中的份额来定义信息技术密集产业时,1987—2000 年的加速度是 1.32%,1977—2000 年为 1.74%,两者都有显著性。按照 1995 年单位 FTE 的信息技术资本衡量,比率最高的一组只有 0.40%,比率最低的一组为 1.02,其原因在于:1995 年每个工人使用信息技术比率比较高的产业在 20 世纪 90 年代早期作了巨额的信息技术投资,削减了劳动力,这两者都导致了早期迅速的生产率增长,而往后额外的生产率收益就困难了。最后,综合指数显示了信息技术密集产业在两个时期的相对生产率加速度,排除异常值并不会根本上改变使用信息技术密集度替代衡量的结果。

Stiroh 使用的另一种检验生产率加速度与信息技术密集度的方法是持续的信息技术回归:

$$\mathrm{d}\ln A_{i,t}^{Y} = a + bD + r\mathrm{IT}95 + qD\mathrm{IT}95 + \varepsilon_{i,t} \qquad (16.3)$$

当 $t > 1995$ 时,$D = 1$;其他情况,$D = 0$。IT95 是 1995 年信息技术在资本服务中份额的对数,q 代表了随着 1995 年信息技术密集度的增长获得的额外的生产率加速度。附录二表 A2.6 显示了估算的结果。检验的结果表明,信息技术密集产业与其他产业相比,生产率的发展状况差距很大。

使用独立指数以及信息技术密集度的持续衡量两种检验方法都证明:在 20 世纪 90 年代早期进行了大量信息技术投资的产业比其他产业明显有更大的生产率增进。进一步比较 20 世纪 80 年代早期劳动生产率的加速度(见附录二表 A2.7),结果表明,相对于 1982 年而言,1995 年以后信息技术对于生产率复苏有更重要的作用,1982—1986 年生产率的波动是周期性的,所有产业获得了同样的收益。相反,1995 年以后的复苏中信息技术密集型产业的相对收益表明了信息技术对生产率增长有实际的影响,早些时候在信息技术方面的投入在 80 年代对生产率的影响很小,但 1995 年以后,信息技术成为生产率收益的推动力量。

本节的实证分析表明,自 20 世纪 60 年代中期以来,技术的国际扩散并未影响到国际工资差距;自 90 年代以来,信息技术的国际扩散与美国生产率的全面复苏相伴相随,信息技术贸易成为推动美国经济增长的重要因素。这些结论对传统"要素驱动"模式中关于"技术扩散负作用论"的分析提出了质疑。

第二节 技术扩散中"需求因素"理应强化

对比实证检验方法与传统"要素驱动"模式的理论分析,两者产生分歧的直接原因在于:"要素驱动"模式是纯供给的量化分析,但是技术扩散受到需求因素的影响。

一、技术扩散的需求导向

曼斯菲尔德(Mansfield)在《应用微观经济学》中强调指出,技术不同于使用的技巧,因为并非所有的被了解的技术都能被运用;技术也不同于纯科学,纯科学是理解性的,而技术则是应用性的。因此,在实践中,技术具有明显的需求导向。

1961年,瑞典经济学家林德提出"重叠需求论",又称"偏好相似论",从需求和市场相似性的角度解释第二次世界大战以后大量国际贸易集中在发达国家之间的现象。该理论认为,制成品的对外贸易是国内贸易的一种延伸,或者说国际市场是国内市场的蔓延。首先,需求结构是决定贸易格局的重要因素,两国需求结构越相似,两国间的贸易机会可能越密集;其次,平均收入水平对需求结构具有支配性的影响,发达国家的平均收入水平比较接近,所以具有相似的需求结构和更多的贸易机会。

维农的产品生命周期理论进一步从动态的角度解释了技术从创新到扩散的过程:在初始期,美国是新产品开发、生产和出口的起源地,这一时期强大的研究开发能力决定产品生产比较优势;在成长期,技术逐渐扩散,美国新产品出口的首要市场是平均收入水平和需求结构相似的其他发达国家和地区,随着生产的标准化,决定生产比较优势的是资本要素;到了成熟期,技术已经普及,决定生产比较优势的是低廉的成本,中国等发展中国家具备了生产和出口的优势。

在产品生命周期的作用下,结合林德的重叠需求论,美国技术扩散的方向是具有相似平均收入水平和需求市场的其他发达国家(地区),而不是广泛意义上的发展中国家。

二、技术扩散的需求制约

纵观历史可以发现,需求因素对技术的作用是非常显著的,任何新技术产业的形成都需要一个足够规模的市场。例如从20世纪50年代到90年代初的几十年里,中国汽车产业一直没有很好地发展起来,除了科研和生产能力的差距之外,没有足够规模的消费群体和市场支撑也是重要的原因之一。

1991年成立的经营高科技卫星电话业务的铱星公司在短短几年内宣告破产,就是需求不足造成的。铱星公司耗费巨资,以66颗低轨道卫星组成的移动通信网络为基础,提供覆盖面广泛的卫星电话业务。虽然这项业务在技术上很先进,但对于消费者而言,价格太昂贵,从而使得该公司的用户发展远远低于预想。铱星公司预计初期仅在中国就要发展10万用户,该公司要实现赢利至少需要65万用户,而直到它宣告破产保护为止,在全球只发展了2万多个用户。由于需求不足,铱星公司不得不在提供业务后不到一年的1999年8月13日向美国破产法院申请破产,耗资巨大的66颗卫星在空中变成废物。[①]实践证明,技术扩散明显受到需求因素的影响。

当考虑到技术扩散的需求制约时可知,相似市场之间产生自然的技术扩散和贸易机会,这是技术生命周期的运作规律。从另一个角度考察,在中美之间,没有天然市场优势的中国在引进美国的技术时,实际上是在作出市场的让渡,这种让渡为美国技术垄断权创造了更多的收益,有利于美国相对福利的增长,而中国付出了对市场影响和干预的成本,并且面临相关技术适用性的风险。中国技术引进的过程中,高投入、低回报的实例屡见不鲜。

可见,需求制约使得技术在中美之间的扩散提高了美国技术垄断权的收益,而成本落在了发展中的中国,并使中国面临很大的技术适用风险。从这一角度分析,中美之间

---

① 参见海闻、P.林德特、王新奎著,《国际贸易》,上海人民出版社,2003年版。

三、中美贸易应引入需求因素的影响

理论分析及实践经验都证明,中美贸易中需求差异对贸易的影响不容忽视。当考虑需求因素时,美国新技术最容易进入的是有相似平均收入水平和市场结构的领域,而不是一般意义的发展中国家,所以技术扩散对国际收入差距的缩小作用是有限的;考虑到中国市场的让渡,技术扩散还会提高美国的相对福利水平。因此,为了更客观地评价技术扩散在中美贸易中的地位,必须考虑将需求因素引入中美贸易模式。

本节分析了传统"要素驱动"模式与实证检验产生分歧的重要原因——技术扩散的需求影响。"要素驱动"模式是纯供给的量化分析,但理论分析与实践经验都证明:需求因素决定了技术扩散的方向,技术扩散的首选目标是有相似需求条件的市场。对于高收入的创新国和人均收入水平比较低的发展中国家而言,需求的差异阻碍了直接的技术扩散,发展中国家的市场让渡以其成本换来创新国技术垄断权的收益。

第三节 "信息产业"要求"需求方规模经济"

实证检验认为,信息产业的发展和信息技术的扩散对美国的经济增长和生产率水平产生了正面的影响,从而对传统"要素驱动"模式中"技术扩散的负作用论"提出了新的质疑。

究其原因,信息技术本身特有的经济和市场规律重新诠释了规模经济的传统概念和技术国际扩散的影响,以网络外部性和需求方规模经济效应为特征的信息产业对"技术扩散负作用论"提出了有力的反驳。

一、信息技术与产业规则

信息技术包括有关信息的搜集、识别、提取、变换、传递、存储、处理、检索、分析和利用等方面的技术。现代信息技术是 20 世纪 70 年代以来形成的一个全新的、用以开发和利用信息资源的高技术群,包括微电子技术、新型元器件技术、通信技术、计算机技术、各类软件及系统集成技术、光盘技术、传感技术、机器人技术、高清晰度电视技术等,其中以微电子技术、计算机技术、软件技术、通信技术为主导。

信息技术具有不同于一般技术的特点,主要体现在其高度的创新性、渗透性、倍增性及带动性,其核心是电子计算机。同蒸汽机一样,电子计算机是一种相对先进的社会经济环境的产物,能启动一轮全新的世界经济社会的变革;但不同的是,蒸汽机引致的种种发明不过是"人类自然力"的扩张,而电子计算机激发的是"人类思维能力"的飞跃和升华。

信息技术的蓬勃发展带来了信息产业的崛起。1999 年 7 月,美国商务部发表了《浮现中的世界经济之二》的报告,首次将信息技术相关的产业划分为信息技术"生产产业"、信息技术"使用产业"和"非信息技术密集型产业"三大类。信息技术"生产产业"(Information Technology Producing Industries)包括电脑硬件和软件、通信设备和服务等;信息技术"使用产业"(Information Technology Using Industries)主要指信息技术设备投资占设备总投资比重在30%以上的产业,如电信业、电子设备业、广播电视业等;"非信息技术密集型产业"(Non-Information-Technology Intensive Industries)是信息技术设备投资占设备总投资比重低于30%的产业(包括生产和服务部门)。[①]

"信息规则"推动着信息产业的发展,卡尔·夏皮罗、哈尔·瓦里安坚持认为"信息规则"不过就是一直适用于高固定成本、低边际成本的产业(如航空业)的规则的扩展而已,但是这种扩展事实上已经到达史无前例的状况。例如航空业从来没有遵循"免费第一"的规则,但信息产品几乎为零的边际成本和需求方规模经济效应使这一规则成为一种规律。

二、信息规则拓展"规模经济"

经济信息化的主要目标不仅是发展信息产业,而且要提高社会各领域信息技术的应用和信息资源开发运用水平,从而提高社会各领域的效率和质量。在此过程中,信息规则拓展了传统"规模经济"的概念。夏皮罗、瓦里安在《信息规则——网络经济的策略指导》一书中指出:推动传统工业化经济的力量是规模经济,而在信息规则中的核心概念是"需求方规模经济"(又称为"正反馈"或"网络的外部性")。

在传统经济学中,规模经济是纯供给分析的范畴:内部规模经济指出,随着企业产量的增加,产品的平均成本降低;外部规模经济认为,随着产业内企业数量的增加,产品的平均成本降低。而在信息产业中,"需求方规模经济"效应以一种全新的、更强烈的形式出现,它基于市场的需求方,而不仅仅是供应方。微软公司在1998年5月市值达2100亿美元,这种巨大的价值并不是基于开发软件的规模经济,而是需求方规模经济。微软的用户认为它有价值,是因为它被广泛采用,成为事实上的产业标准。

在现代经济中,工业化是信息化的物质基础和重要载体,信息化是工业化的推动引擎和提升动力,两者相互融合、相互促进、共同发展。

三、中美贸易应纳入信息技术的作用

需求方规模经济效应为"平民化"的信息技术产品提供了生存的空间,因此在信息技术产品市场上国家(地区)之间的需求差距被最大限度地缩小;同时,由于信息技术产品具有易修改的特征,更容易适应个性化的市场需求。可见,信息技术打破了传统技术的需求制约,为中美贸易提供了新的平台。因此,中美贸易应纳入信息技术的作用,这意味着从"要素本位"向"信息技术本位"的转化。

信息技术的纳入改变了传统中美贸易的纯供给分析模式,更强调需求方规模经济效应和网络的扩张性;同时改变了中美分工和贸易的基础。"要素驱动"模式下的中美分工基本上是外生给定的,中国被动接受分工地位,中美贸易的利益分配问题突出。信息技术使中国获得了超越外生要素的竞争平台,如果"要素本位"时代对中美贸易的限制阻碍的是物质文明的发展,那么在"信息技术本位"时代,中美贸易影响的是更深远的社会和文明的进步。本节从信息技术的特性和信息产业的规则出发,分析了实证检验中信息技术扩散的正面影响与传统"要素驱动"模式中"技术扩散负作用论"之间产生分歧的原

[①] 参见甄炳禧著,《美国新经济》,首都经济贸易大学出版社,2001年版,第85—89页。

因，指出"要素驱动"模式不能完全解释现实的国际贸易现象，因为传统经典"要素驱动"模式是纯供给的量化分析，可能忽视了需求的影响，也难以充分体现现代技术的独立作用。例如信息技术具有需求方规模经济效应，它推动信息技术的扩散，为中美贸易提供了新的平台和驱动力量。因此，中美应纳入信息技术的作用，重视对"技术驱动"模式的探讨。

第十七章 "要素驱动"向"技术驱动"转型

┃本章概要┃

本章系统分析了中美贸易面临的国际经济贸易新秩序和网络经济的发展等客观环境、条件的变革,指出传统"要素驱动"模式应当向"技术驱动"模式转型,建立中美新型合作竞争。这种转型顺应两国乃至全球贸易发展的新趋势,符合国际经济与贸易多极化格局及利益均衡的客观要求。

┃学习目标┃

1. 了解新型国际经贸秩序的特点及其对中美贸易关系的客观要求。
2. 体会网络经济的蓬勃发展对传统贸易模式的挑战。
3. 思考中美贸易转型的必要性。

第二次世界大战以后,南北贸易的地位逐渐下降,世界经济贸易的重心转向了北北贸易及南南合作,国际贸易理论政策的探讨也聚焦于这些领域,其中克鲁格曼的规模经济理论为北北贸易奠定了坚实的基础。然而现代技术的冲击使得南北贸易不再成为"孤岛",亚洲金融危机集中反映了在网络经济运作下民族国家传统抗击力的杯水车薪。因此,必须重视国际贸易理论的拓展,以及与现实环境相适应的贸易模式的转型。

第一节 新型世界经贸秩序强调"技术驱动"

当前世界经济新秩序的显著特征体现为:经济全球化与贸易保护的并存、多边贸易体制与国际经济一体化形成"互补性竞争",需要建立更有效的驱动与制约相结合的贸易模式。"技术驱动"顺应信息技术的发展和新型世界经济的要求,提供了新型合作竞争的理论依据。

一、全球化与非全球化之争与"技术驱动"的定位

经济全球化并无统一的定义,一般指商品、劳务、技术、货币、资本在全球大量流动,使各国经济紧密联系,相互依赖程度日益加深的经济现象。经济全球化的根本原因是生产力的发展和推动。生产力发展到一定阶段,商品的世界市场才得以形成;生产力发展使资本积累空前剧增,那些拥有相对过剩资本的国家可以向全球资本短缺的国家输出资本;生产力发展使得运输成本降低,那些具有巨大经济和技术优势的国家,可以充分利用外国的资源优势、国际分工优势,大规模地进行跨国直接投资,就地生产、就地销售或全球销售。当然,经济全球化绝不仅仅是一个生产力的概念。生产力的发展总是在一定生产关系内进行的,经济全球化必然也表现为各国之间的国际经济关系。

被称为"金融大鳄"的乔治·索罗斯指出:"全球经济实际上应被视为全球资本主义体系。""我们可以把资本主义体系比作一个帝国,它也有中心地区和边缘地区之分。中心地区往往以边缘地区的牺牲为代价来获取利益。更重要的是,全球资本主义具有扩张倾向。它一味追求征服,绝不是寻找一个均衡状态。只要还存在着没有被纳入该体系的市场和资源,它的扩张就不会停下来。""中心地区是资本的供给者;边缘地区是资本的使用者。中心地区也是领导者、创造者和信息交换中心,其最重要的特征是它不仅控制着自己的经济政策,同时还掌握着边缘地区的经济命脉。"这一论断代表了发达国家某些利益集团的观点。

关于经济全球化实质的主要争论是在新自由主义者为一方,马克思主义拥护者、受马克思主义影响的激进派人士以及维护本国经济利益的民族主义者为另一方的两大阵营之间展开。以美国的"华盛顿共识"为代表的新自由主义主张"自由化、市场化、私有化",扫除一切民族障碍,扫除一切国家干预,使商品、资本以及其他生产要素(不包括劳动力)在全球完全自由流动,实施非调控的市场化,扫除一切国有经济,实现私有化。新自由主义只不过是西方经济学的一个流派,其他学派对它多有异议。著名美国经济学家、世界银行前副行长斯蒂格利茨于1998年1月首次提出"后华盛顿共识"(即超越"华盛顿共识"),用其他共识取代"华盛顿共识"。他说:"往好里说,它(华盛顿共识)是不完全的,往坏里说,它是误导的。"拉美新自由主义改革已经造成灾难性后果,例如阿根廷经济危机。

关于商品和资本的跨国自由流动,马克思指出:在现代的社会条件下,纯粹的自由贸易指的是排除一些仍然阻碍着资本前进的民族障碍,让资本能充分地自由活动。马克思还指出:资产阶级迫使一切民族采用资产阶级的生产方式,"按照自己的面貌为自己创造出一个世界"。美国激进学者诺姆·乔姆斯基说:"华盛顿共识……是由美国政府及其控制的国际组织制定","意欲筹划如何运用这一强国地位及影响去建立一个符合自身利益的全球体系"。

不少民族主义者也极其尖锐地提出了针对经济全球化实质的观点。科特迪瓦前总统贝迪埃说:"西方国家关于全球化的观点远没有被其他国家接受。在这场实行垄断的全球游戏中,非洲不是参加者。"2000年4月中旬在哈瓦那召开的首届南方国家首脑会议上,一些国家领导人指出:"拥有先进科学技术的发达国家是经济全球化的主要受益者。发达国家在经济领域中独断专行,横行霸道,它们的资金成了富国征服穷国的大炮。由于国际社会的不平等,发展中国家不可能在国际金融和贸易关系上有决定权。"

客观地评价,经济全球化有其积极的作用,也存在着消极的影响。从经济学的角度考察,全球化主要表现为消费的全球化、生产的全球化和经济运行机制的规范化,它已经成为世界经济贸易新秩序的大势所趋。但是由于经济发展的不平衡和寻求利益的不一致,各国之间的贸易摩擦也日趋激烈。进入21世纪以来,由于美国、欧盟、日本等经济体的经济形势不容乐观,全球贸易保护主义抬头,以反倾销、反补贴、保障措施为主要手段的贸易摩擦已成为各国经济发展中"没有硝烟的战争",传统"要素驱动"模式中的贸易制约因素日显突出。

"技术驱动"模式能够更好地适应现代技术和新型经济运营机制,驱动与制约的结合可以在全球化与非全球化之间寻求合理的平衡,缓解传统"要素驱动"模式下的摩擦和纷争,建立新型贸易格局。另外,"技术驱动"对于传统贸易也具有带动作用。

二、多边贸易体制的进程与信息技术的促进

中国"入世"后,中美贸易从原来的双边关系纳入到多边贸易体制。多边贸易体制的基本原则——贸易无歧视、贸易更自由、贸易可预见、促进公平竞争等客观上促进了经济的全球化和市场的一体化。多边贸易体制历经半个多世纪,致力于削减贸易壁垒,其自由化的举措主要集中在实体经济领域,并取得了很大的成就。

随着国际贸易信息技术化的发展,多边贸易体制规则越来越多地涉及相关领域。《服务贸易总协定》(GATS)专门制定了电信服务的附件;1997年,又签署了《全球基础电信协议》《信息技术产品协议》(ITA)等一系列服务贸易进一步自由化、推动信息技术国际扩散的协议。此外,WTO的《与贸易有关的知识产权协定》(TRIPs)、《与贸易有关的投资措施协议》(TRIMs)以及《进口许可程序协议》等与信息产业的发展密切相关。

TRIPs为多边贸易体制下的知识产权保护提供了法律依据。TRIPs有三大基本原则:第一,与世界知识产权组织(WIPO)的四大公约[①]并行不悖,只对《伯尔尼公约》关于精神权利的保护作出保留。第二,最惠国待遇原则。TRIPs第4条规定:对于知识产权,一成员方给予另一成员方国民的任何利益、优惠、特权或豁免,必须立即无条件地给予其他所有成员方的国民。最惠国待遇的例外主要包括:其一,加入WTO以前已经签订的司法协助及法律实施的双边或多边国际协定,允许只适用于签订该协定的成员方;其二,根据《伯尔尼公约》(1971年巴黎文本)及《罗马公约》的选择性条款,在某些国家间按授权所获得的保护仅按互惠原则相互提供保护;其三,《建立WTO的协议》生效前已生效的知识产权保护国际协议,并且已将这些协议通知TRIPs委员会,如果这些协议并不对其他成员方构成不公平的歧视,则这类协议所产生的优惠、特权、豁免及利益可以作为例外;其四,WIPO主持缔结的有关知识产权的多边协定中所规定的优惠、特权、豁免、利益,只适用于这些协议的签字国。第三,国民待遇原则。TRIPs第3条规定:对于知识产权,一成员方给予其他成员方国民的待遇,不得低于其本国国民的待遇。国民待遇的例外主要包括:其一,已在WIPO四大公约中规定的例外;其二,有关知识产权在司法和行政程序方面的例外,但这些例外不能与TRIPs的义务相抵触,也不能对正常贸易构成变相限制;其三,WIPO主持缔结的多边协议中有关获得和维持知识产权程序方面的规定;其四,TRIPs中的其他例外。

WTO法律体系和制度安排中已越来越重视虚拟世界和网络空间,并将此作为拓展和挖掘多边贸易体制利益的"朝阳领域"。1998年,WTO的互联网商务会议上,132个成员方贸易部长达成"在一年内对通过互联网销售的软件和货物免征关税"的协议,即"零关税"协议。

由此可见,多边贸易体制的自由化进程越来越强调"技术驱动"。WTO秘书处主编的《电子商务与WTO的作用》一书指出:电子商务,特别是以国际互联网等最新发展的技术为媒体的电子商务,会产生许多极具价值的经济和贸易新机会,并最终提高人类的生活水平;WTO在其职责范围内所起的作用是培育一个对国际电子交易具有吸引力的环

---

① WIPO的四大公约包括《巴黎公约》《罗马公约》《伯尔尼公约》《集成电路知识产权华盛顿公约》。

境;WTO 的基本目标是,在不牺牲合法的公共政策目标的前提下,确保在所有方面都实现最大限度的利益。

三、国际经济一体化的发展与信息技术的作用

20 世纪 50 年代以来,国际经济一体化获得了迅猛的发展,这种趋势一直有增无减,成为新型世界经济秩序的突出特征。

国际经济一体化与 WTO 的多边贸易体制并存,从贸易制度的安排考察,是由于 WTO 对关税同盟、自由贸易区以及其过渡性合作组织采取了从法律到实践的宽容。从内部经济动因考察,国际经济一体化的集团成员可以享受 WTO 最惠国待遇的例外。Madanmohan Ghosh、Carlo Perroni 和 John Whalley 在《最惠国待遇的价值》一文中指出,不同国家从 WTO 中获得的利益和承担的成本是不同的,在传统的竞争均衡的框架下,最惠国待遇使"小国"[①]受益,因为它们可以成为"大国"在 GATT/WTO 谈判回合中双边关税减让利益的搭便车者。而"大国"则承担了显著的成本,因为它们放弃了与"小国"讨价还价的机会。

另外,国际经济一体化集团对 WTO 的决策产生重要的影响,一方面有利于削减多边贸易谈判的交易成本,另一方面有助于提高集团成员的谈判地位和对决策的影响程度。在 WTO 中,欧盟是最大、最全面的谈判联盟,2004 年 5 月 1 日,欧盟进一步东扩。为了保证 WTO 决策的公正性,应当维持各方力量的平衡。但在传统经济领域,很难再形成这样强有力的抗衡集团。而在虚拟空间,美国具有相当的优势,应当寻求以信息技术为纽带的广泛的集团合作。信息技术的突出特征是跨越了地理空间的距离,也带动了其他产业的发展,为中美合作提供了契机。

中美合作是典型的南北合作,似乎有悖于小岛清等学者所强调的——集团化应该在比较优势接近的国家之间组建。但 Wilfred J. Ethier 建立了一个北南合作型联盟的模型,假定发达国家利用人力资本和熟练劳动力分两个阶段生产可交换产品 X。在 a 阶段,发达国家利用人力资本在本土进行生产,在 b 阶段则利用熟练劳动力生产,其生产可在任何国家进行。发展中国家利用熟练劳动力和不熟练劳动力生产可交换的初级产品 Z。每个国家有各自的效用函数和福利函数。福利函数由工人工资和效用函数构成,并且发达国家对外征收的关税包括向在国外进行 b 阶段生产的产品征收关税。r 为发展中国家改革所能容忍的最小收益,p 为改革成功的概率。当改革的实际收益大于 pr 时,发展中国家将继续改革。否则,将停止改革。Wilfred J. Ethier 认为,如果发达国家已加入了多边贸易体制,而区域经济一体化形式也不受限制,那么发达国家将与所有成功进行改革的发展中国家结成区域经济一体化组织。

与不存在区域经济一体化组织的情况相比,区域经济一体化组织将促使更多的发展中国家进行改革并且取得成功,而且也将促使发达国家对发展中国家进行更多的直接投资。

由此可见,第一,该模型中的区域经济一体化推动了发展中国家的改革和发达国家的直接投资。第二,区域经济一体化与多边贸易体制之间的关系在该模型中是和平共处

[①] 国际贸易中"小国"与"大国"的划分是以其在世界贸易中所占的份额为标准,而不是人口、土地面积等其他因素。

的,区域经济一体化组织是多边贸易体制成功的产物,同时也进一步加强了多边贸易体制的基础。第三,在此过程中,发达国家将对发展中国家进行更多的直接投资,产生投资创造效应;发展中国家通过吸引发达国家的直接投资,使 b 阶段的生产由发达国家转移到发展中国家,从而进一步促使自己改革成功,带来投资转移效应。第四,该模型中的直接投资对改革十分敏感,改革成功将吸引更多的直接投资,而直接投资又可以推动改革的成功。区域经济一体化组织的建立约束了政府的行为,使得政府不会因政权的更迭而动摇改革的决心和影响改革的进程。第五,区域经济一体化组织就像一只看不见的手,引发改革中的国家之间为争取更多的直接投资而相互竞争。第六,区域经济一体化在确保发展中国家改革成功的同时,将更多的国家纳入到维护自由贸易秩序的行列中,成为更多发展中国家加入多边贸易体制的一条途径。

该模型较好地描述了发达国家与发展中国家建立国际经济一体化中的北南合作模式,如墨西哥加入北美自由贸易区,亚太经合组织中包含了新兴工业化国家和中国、印度尼西亚等发展中国家,欧盟东扩涉及波兰、匈牙利等转轨国家。这种将经济欠发达国家纳入互惠性区域贸易安排的做法,是一种多层次、多体制、多文化的合作模式,而该模式加强了企业跨集团兼并和投资活动,并对国际资本、商品、人才的流向产生了重大的影响,促进了生产要素在集团内部的流动和产业结构在地区内部的跨国调整,促进了资本、人才的跨国流动。同时对外贸易的内涵已从传统的调剂余缺和资源比较优势扩大到投资创造效应、"干中学"效应、改革创造效应、外部性溢出效应和不完全竞争下的垄断效应,进而导致不可逆转的国家竞争优势。

结合中美贸易的实践,两国都在谋求周边的地区经济合作,从而导致了北美自由贸易区的成立、中国—东盟"10+1"自由贸易区的组建。但对于中美贸易而言,传统合作的利益空间和凝聚力有限,贸易品的可替代性也比较突出,例如北美自由贸易区的组建使墨西哥替代中国成为对美输出纺织品服装最多的国家。而目前中美在 APEC 中也只能建立相对松散的合作。信息技术使中美合作超越了地理空间的限制,并能充分发挥开发能力和市场结合的优势,促进需求方规模经济的形成,因此可能成为中美贸易的新纽带。这种合作的合理实施实现了真正意义上的"双赢",有利于缓解双边贸易中的传统摩擦和纠纷,促进两国的政治、外交等领域的友好关系,对于多边贸易体制的稳定、台湾问题的解决、人民币升值压力的缓解等现实问题都具有不可忽视的战略意义。

本节强调了在新型世界经济贸易秩序下,中美贸易必须重视"技术驱动"贸易模式的作用。国际经济一体化的蓬勃发展、多边贸易体制的自由化进程客观上要求以信息技术为纽带形成中美新型合作与竞争,这是在全球化与非全球化之间寻求合理平衡的有效途径。

第二节 网络经济要求贸易模型的新陈代谢

网络经济以信息技术为基础,以信息产业为主导,以全球网络为载体,是超越传统的新型经济模式。网络经济对于企业的作业管理和组织结构、政府调控和政企合作、世界经济贸易和金融的运行机制都产生了巨大而深远的影响。与之相适应,网络贸易在信息技术的驱动下,超越了传统"要素驱动"模式的格局和获利,客观上要求代之以"技术驱动"模式。

一、"要素驱动"难以维系和制约网络空间

"要素驱动"模式借助传统经济理论分析方法,即供需两分、生产成本对商品价格的形成有重要影响、要素决定着商品的成本,因此结论为要素差异决定商品价格的不同,从而产生了国际贸易。借助量化分析,一般认为,一国应生产和出口密集使用本国充裕要素的产品,进口密集使用本国稀缺要素的产品。

"要素驱动"模式解释了传统的中美贸易,形成了中美之间互利、互补的格局;但同时,从国际比较考察,两国要素禀赋具有不确定性,另外还有地理空间的障碍,使得中美贸易具有比较强的可替代性,与综合国力和基本国情相比较,两国贸易的发展有限、壁垒重重、纠纷不断。

随着国际贸易的信息技术化发展趋势,建立在信息技术基础上的网络贸易挑战着传统经济学的分析方法,其典型特征是超越了国界、供需互动、生产的边际成本与商品价格之间失去了必然联系,从而割断了传统要素与贸易之间的牵引与驱动关系。网络贸易的基础和格局取决于信息技术的特性和市场规律,传统"要素驱动"理论难以维系网络贸易。

另一方面,传统的贸易壁垒无法阻碍网络空间的运作,1997年亚洲金融风暴集中体现了在网络冲击下传统壁垒的杯水车薪。在这次危机中,无国界的经济实体,包括各种大投资家借助网络金融兴风作浪。早在1996年,投机者聚焦于经济状况欠佳的泰国,在1997年年初运用金融远期合同向泰铢采取行动,泰铢的贬值借助网络金融引发了连锁反应,危机迅速席卷东南亚和东亚国家,波及拉美、美国和世界其他地区。金融风暴也许已经尘埃落定,但关于它的思考却远未结束。这场危机揭示了一个重要的问题:网络经济使一国的传统抗击能力很容易土崩瓦解,网络空间加强了危机的多米诺骨牌效应,推动了产业联动和危机扩散。

二、"技术驱动"展示新型合作竞争

"技术驱动"模式展示了国际贸易的新型合作竞争,对这种全新模式的理解关键在于信息技术的需求方规模经济驱动以及合理的制度约束并存。这种合作竞争关系的建立,超越了传统要素的限制,同时也是相关成本与收益核算和推进的过程。

中美的合作与竞争不仅仅是一个经济与贸易问题,往往还被提高到政治的高度。"技术驱动"模式为中美新型合作与竞争提供了理论依据:中美之间形成"开发创新—市场规模"的黄金组合,有利于推动和引发"正反馈"效应,因此有广阔的合作空间。对于美国而言,这种贸易模式开拓了市场,使信息技术产品的经济效益最大化;对于中国而言,信息技术的发展提供了新的竞争平台,伴随信息技术传递的传统工业技术及相关产品可以推动中国工业化的进程,同时可以发挥中国在软件开发等领域的优势,从而顺应中国以信息化带动工业化的基本国策。

中美之间存在着显著的制度差异,"技术驱动"所必需的制度建设和国际协调可能面临高的成本,但是在新型国际经贸秩序下,两国应当求同存异,谋求新的贸易机会和利益纽带,构筑中美新型贸易,维持中美新型合作竞争。

三、"技术驱动"的制度约束

在信息技术带动下的"技术驱动"型贸易不再受传统贸易壁垒的制约,而更多地受到制度因素的影响,其中尤其重要的是知识产权保护和政府规制。

(一)适度的知识产权保护制度

20世纪90年代以来,随着中美贸易的发展,美国越来越关注其知识产权在中国是否受到保护的问题,中美之间就中国的相关立法的完善,以及对法律的贯彻落实发生了两起纠纷。

1991年4月26日,中国被美国以持续的知识产权保护不力为由进行"特殊301条款"调查。经过双方的谈判,1992年1月26日,签署了《中美关于知识产权保护的谅解备忘录》,规定自签订之日起,美国停止对中国的"特殊301条款"调查,而中国也同意在约定期限内完成对知识产权问题的保护工作。中美之间达成的协议集中在完善中国知识产权保护的立法问题上,主要内容包括:第一,自1992年3月17日开始,在美国政府作出同样宣布之日起,美国国民的作品受中国著作权法及有关规定的保护;第二,受保护的美国作品包括计算机程序和录音制品;第三,美国国民在中国享有的著作权内容及其受到的法律限制与中国国民相同;第四,对于美国国民的作品,凡未超过中国著作权法规定的保护期限的,中国给予保护。

尽管中国政府在签署谅解备忘录后作出了巨大努力,但美国认为一些人守法意识不强,1994年6月再次要求对中国进行为期6个月的"特殊301条款"调查,美国认为在计算机行业相关的激光唱盘等产品方面中国的侵权行为给美国企业造成了每年数十亿美元的损失。1994年12月31日,美国贸易代表公布了28亿美元的对华贸易报复征求意见清单,宣称将对中国出口美国的电子、发电机、自行车、鞋、玩具等商品征收100%的关税。中方不甘示弱,2小时后也公布了对美报复清单。1995年2月2日,美国前贸易代表坎特宣布了对华实施贸易制裁的最终决定,将原定为28亿美元的输美产品削减到10.8亿美元;中方随即作出反应,外经贸部公布了对美贸易报复的最终决定。

1995年2月26日,双方草签了《中美知识产权保护协议》,侧重于要求中国政府保障现有相关法规的实施,其主要内容包括:第一,1995年3月到9月,中国政府将实施一系列强有力的措施打击盗版;第二,1995年年底前中国政府确保有关法规的实施,授权海关打击侵犯版权及商标权的进出口行为;第三,建立一个集中的由国家版权局管理的著作权认证体系,主要针对音像制品及计算机软件,例如确保CD、Laser CD及CD-Rom上均会印有出版厂商的标识号码;第四,是对驰名商标的保护。

这两次知识产权纠纷都是在双边关系的基础上、在单边报复制度的威胁下,为了避免两败俱伤,最后寻求了通过谈判协商解决的方式,这反映了中美经济贸易的相互依存和相互竞争关系。从经济学的角度分析,知识产权保护必须在鼓励创新的长期需求与已创作品的短期使用之间寻求微妙的平衡(Plant,1934;Nordhaus,1969)。针对这一问题的经济学分析得出了不同的结论。

Kai-Lung Hui和I. P. L. Png考察了宽银幕电影国际供应中经济动因的影响,并研究了1998年美国加强版权保护对电影产品供应的影响。通过对418个观察对象1990—

2000 年的数据资料的统计,运用普通最小二乘法(OLS)和两阶段最小二乘法(2SLS),两者的结论都证明,电影的供应的确是有弹性的,尤其是对于随着录像制品使用和个人收入而变化的需求增长是敏感的。因此,至少在电影这个领域,创作品的供应对经济动因的确是有反应的,但法律的修改只是保护现存创作品拥有者的利益,对电影的创作活动没有影响。美国 1998 年版权法的修改并不能改变美国电影生产下降的局面,在该行业加强版权保护,并不能根本解决其面临的经济困境。因此知识产权保护并不能达到其促进受保护产品供应的目的。

Josh Lerner 在《技术和发明的经济学:150 年的专利保护》一文中通过考察 150 年来 60 个国家专利保护的强度,进一步从相对的经济实力、政治条件和法律条件三个方面解释了以专利权保护为代表的知识产权保护程度出现国际差别的原因。

Lerner 指出,从经济学的角度来看,有三种宽泛意义上的解释。第一,许多经济研究者认为,最优的专利保护程度取决于国家的发展阶段,在 William Nordhaus(1969)的古典模型中,当有限的投资会导致大量的发现时,弱的专利保护政策是最优的。对于技术跟随国而言,技术发现的过程可能比较容易,应该制定弱的保护政策。第二种解释是强调政治权利在财产权分配上的影响。Douglas North(1979)提出,即使最有权威的机构也只能抽取产权权利产生的部分剩余,但管理这些权利的成本却落在这些机构身上,因此权力机构的统治者不会自发投资于建立强的产权权利。第三种解释强调"路径的依存":社会机构最初设计的潜在作用。North(1990)认为企业和政府官员会拒绝破坏合谋安排的政策改革,这导致了国家之间的差异。

(二) 知识产权保护与反垄断

被萨缪尔森誉为 20 世纪最伟大的经济学家之一的熊彼特提出,垄断是技术创新的源泉,这一经济思想在微软案的审理过程中得到了重新认识。美国传统反垄断法将西屋公司、美国钢铁公司、AT&T、IBM 等推上了被告席,并树立了强烈的竞争创造效率的意识;但在微软案中却显得困难重重。微软拆分判决的撤销是由于微软处于特殊的信息技术行业,其垄断地位建立在知识产权的基础之上,为了保护技术创新,也为了确保美国信息技术产品出口的地位,必须保持微软的垄断地位。这一最终判决显示了在信息技术时代,保护知识产权与传统反垄断法之间存在着明显的冲突与矛盾。

Steven Shavell 和 Tanguy Van Ypersele(2001)在分析 MP3 一案时指出,即使面临不可分性,在竞争经济中创新活动依然可以繁荣。新技术会使得社会得自垄断权力的收益减少,竞争市场可以成为培育创新活动的机制。因此不要对生产者让步,不要给他们垄断的权力。

假定厂商是相同的,面临固定成本,边际成本为 0;有 H 个相同的风险中性的消费者,他们有固定的保留价格,并以 $\theta > 0$ 的边际成本再生产商品。当知识垄断通过版权得以合法实施时,假设后进入的价格处于每个厂商需要弥补成本的价格与根据厂商和消费者数目而决定的垄断价格之间。这种特殊形式的市场安排的结果是"帕累托最劣产出"。而如果没有版权保护,则可以达到最优。

Steven Shavell 和 Tanguy Van Ypersele(2001)认为,应该设计一个系统,以一般的收入来回报那些生产如音乐这样的商品的人,从经济上和技术上都是可行的。回报与消费者选择的数目成正比,它可以与现行的录音制品的销售系统并存。当然,回报基金可能受制于政府,会产生被特殊利益集团掌握的风险,但同样的弊病也存在于现存的版权保护的法律系统中。相对于隐藏的放慢信息技术产业的技术变化的约束而言,直接的基金被认为更加透明,更少受到政治上的责难。因此结论是,信息时代不能过多强化知识产权保护,而是应该加强竞争机制。

(三) 经济规制

信息技术的市场特征具有自然垄断性,美国、欧盟、日本等发达国家非常重视对相关的网络产业实行规制,随着信息技术的国际扩散,这一问题在发展中国家也将越来越突出和重要。

网络规制的手段是多方面的,但值得注意的是,虽然网络已超越了国界,但各国的主权、司法管辖权等依然存在。例如法国诉 Yahoo! 案中,虽然法国裁决 Yahoo! 在网上公开拍卖纳粹物品为非法,但却难以对处在美国的供应商执行裁决。美国从 20 世纪 70 年代后期开始进行经济规制的改革,其中间目标是实行激励规制,最终目标是培育有效竞争。经济规制的调节手段主要是价格、产量、质量、市场进入和退出规则等,执行这些职能的不一定是政府机构,还可以是跨国界的行业协会,使得决策更容易得到实施。

第十八章 中美贸易的转型与展望

┃本章概要┃

本章从动态角度分析了中美贸易的转型。本章明确了中美贸易转型的方向:"要素驱动"转向"技术驱动"、"壁垒障碍"让位于"制度约束"、"被动分工"转型为"合作竞争"。在此基础上,本章探讨了转型的进程以及发展前景。

┃学习目标┃

1. 明确中美贸易转型的方向。
2. 分析中美贸易转型的进程及前景。
3. 思考中美贸易转型的利益动因与现实障碍。

2014年7月9日,中国国家主席习近平在北京举行的第六轮中美战略与经济对话和第五轮中美人文交流高层磋商联合开幕式上致辞,主题是"努力构建中美新型大国关系",此轮会谈涉及加快双边投资协定谈判、人文交流等重要的双边经贸深层次合作问题。

前述分析从静态角度揭示了传统中美贸易的"要素驱动"特征,并指出了其向"技术驱动"转型的理论依据和国际经济贸易环境的客观要求,探讨了中美贸易模式转型的必要性。本章进一步从动态的角度系统分析中美贸易转型的方向、进程与前景。

第一节 中美贸易模式转型的方向

中美贸易模式的转型,离不开国际经济贸易环境的影响,以双方的根本利益为动机,还受到政治、文化等其他因素的影响。中美贸易从"要素驱动"向"技术驱动"转型符合双边的政治、经济利益,也是新型世界经济贸易秩序和政治格局的客观要求,因而是大势所趋。

一、传统"要素驱动"应转向"技术驱动"

从近年来的数据考察,中美在"要素驱动"作用下的双边贸易仍然呈现出增长的局面。

如表18.1所示,中美贸易增长的趋势一直伴随着两国进入21世纪。中国入世以来,美国成为中国的第二大贸易伙伴;到2014年,中国已是美国第二大贸易伙伴、第三大出口市场和第一大进口来源地。

表 18.1 中国"入世"十年来中美贸易迅速发展 （单位：亿美元）

年份	中国海关统计				美国商务部统计			
	总额	进口	出口	差额	总额	进口	出口	差额
2000	744.6	223.6	521.0	298.9	1163.2	1000.6	162.5	-838.1
2001	804.8	262.0	542.8	280.8	1214.6	1022.8	191.8	-831.0
2002	971.8	272.3	699.5	427.2	1334.8*	1135.2*	199.6*	-935.7*
2003	1264.0	339.0	925.0	586.0	—	—	—	—
2011	3853.4	1020.4	2833.0	1812.7	—	—	—	—

资料来源：马宇主编，《中国与 WTO 报告》(2003 年)，经济日报出版社，2003 年版，第 224 页；《国际商报》，2004 年 1—3 月；张汉林主编：《世界贸易组织，发民报告》(2012 年)，高等教育出版社，2012 年版，第 224 页。

注：* 为 2002 年 1—11 月的数据。

虽然中美贸易的统计方面存在差距，但对发展趋势的结论是一致的——"要素驱动"框架下的中美贸易在逐年增长。这种贸易框架为中美双方带来了互利和互补的结果，2001 年 6 月布什总统表示：美国对华出口为美国创造了 40 万个就业机会。

"要素驱动"框架下的中美贸易在带来"双赢"的同时，也形成了重重的贸易障碍和纷争，近年来贸易摩擦呈现上升趋势，例如美国对中国纺织品服装的保障措施、美国对中国钢铁的反倾销、美国对钢铁的保障措施等。中国对美贸易的持续顺差成为中美贸易摩擦的焦点问题之一，人民币升值的压力也日趋严峻。随着中国"入世"过渡期的结束，中国市场正在逐渐开放，美国对中国的出口也可能进一步增长。

另外，"要素驱动"框架下的贸易无论中国还是美国都在向周边地区经济集团成员转移。

北美自由贸易区、CBI（加勒比海盆地）扩大法案、"807 贸易协定"等密切了美国与墨西哥等中美洲国家的经济联系，而近年来中国与东盟的贸易增长超过美国，"入世"后中国与周边国家和地区的贸易增长也十分迅速（如图 18.2 所示）。因此，在传统国际经济一体化的"要素驱动"框架下，中美之间的贸易机会受到很大的冲击。而中美合作竞争的加强是国际经贸新秩序的客观要求，因此应当寻找新的利益驱动和联系纽带。

表 18.2 2011 年中国内地前五大贸易伙伴

位次	国家（地区）	贸易额（亿美元）	同比增长（%）
1	欧盟	5000	18.3
2	美国	4467	15.9
3	东盟	3629	24.0
4	日本	3500	17.9
5	中国香港	2700	26.3

资料来源：张汉林主编，《世界贸易组织发展报告》(2012 年)，高等教育出版社，2012 年版，第 385 页。

值得注意的是，在中美进出口商品的构成当中有一种值得深思的现象：美国向中国出口如大豆、豆油这些通常被认为是初级产品的商品,而中国对包括美国在内的海外市场的出口中,商品技术含量在逐渐增长。

对中美之间"技术—大豆"贸易格局的解释应当结合两国不同的生产和贸易方式,农业是美国战略性贸易产业计划的重点领域之一,每年大量的政府补贴推动农业领域的科技开发和技术进步,美国大豆富含大量的生物工程技术和人力资本,在全球比较下,其生产方式属于资本和技术密集型。而中国机电产品出口目前附加值还比较低,倚重加工贸易,"大进大出",缺乏对核心技术的掌握和自有的品牌优势,因此,统计数字上的出口增长本质上仍然相当于劳务输出的扩大。据《中国海关统计》的资料,截止到2000年,中国机电行业的平均增值率仅为25.5%,与美国的48.7%、日本的35.9%相距甚远,在"要素驱动"的全球比较优势链上,中国尚处于典型的劳动密集型阶段,升级的空间非常有限,而且遥遥无期。

在国际贸易的信息技术化发展趋势下,要素的重要地位让位于信息资源,有形产品的贸易地位受到无形产品特别是信息金融服务等新型经济活动的挑战。在新型国际贸易秩序下,贸易的主体、格局、规则都受到信息技术的冲击和影响。

中美贸易从"要素驱动"向"技术驱动"的转型顺应了国际贸易网络化的发展要求,也加强了中美的合作竞争。在中国近年的进口产品构成中,信息技术产品所占的份额呈现明显的上升趋势;而中美之间在信息技术产品开发方面的合作竞争格局也日渐成熟。

二、"壁垒障碍"让位于"制度约束"

前面的分析表明,在"技术驱动"模式下,传统的贸易壁垒无法阻碍网络空间的运作,网络经济使一国的传统抗击能力很容易被推向土崩瓦解,网络空间加强了危机的多米诺骨牌效应,推动了产业联动和危机扩散。因此,必须寻求更有效的对贸易的合理制约手段。中国"入世"后,美国实施针对中国的严格的、制度化、官商一体的WTO协议执行监督措施。2002年2月在日内瓦召开的《信息技术产品协定》工作会议上,美国以中国仍然限制15种IT产品进口为由,阻挠中国加入该协定。美国企业界通过商会和行业组织对中国在电信服务、汽车、金融保险、信息技术、石油化工、医药和生物工程等重点领域涉及协议执行的许可证、市场准入、配额管理和执法等问题进行紧密跟踪,并与官方共同向中国施压。美国国会通过的PNTR议案授权美国总统实施"保障措施":当中国某种商品对美国出口激增造成或威胁美国市场"秩序"、带来市场"混乱"时,总统有权决定征收高关税,或采取数量限制等其他措施。2002年8月,美国首次援引美国贸易法421条款和中国"入世"议定书第16条,专门针对中国特定产品进行特保调查。中国"入世"以来,美国对中国钢铁的反倾销、对中国纺织品服装的保障措施充分体现了美国贸易保护主义的势力在传统贸易领域的抬头。此外,美国对中国的高技术产品出口仍然采取遏制战略。

作为WTO的成员,在多边贸易体制的规则约束下,中国市场在逐渐开放,限制进口的传统壁垒将逐步削减,中国政府应当顺应国际贸易发展的新趋势,及时调整中国外贸发展战略,针对目前情况,"主动进攻"是最好的防卫。以信息技术为纽带、合理制度约束为保障的"技术驱动"下中美新型合作竞争符合多边贸易的宗旨和原则,有利于更好地维护公平、公正的贸易利益,也有助于缓解中美在传统贸易领域的摩擦和纠纷。

在信息技术高度发达的全球网络经济和多边贸易体制的规则约束下,传统贸易壁垒的作用已经被极大地削弱,伴随"技术驱动"的制度约束更新了壁垒观念,并提供了更有效的合理规制手段。在此基础上建立的合作与竞争使中美贸易获得新的发展机遇,在"正反馈"作用下实现新型贸易"双赢"。

三、"被动分工"转型为"合作竞争"

在传统中美贸易的"要素驱动"模式下,由于要素是外生给定的,双方的分工存在着"被动"接受的利益分配不均衡。信息技术驱动下的合作竞争具有更充分的自主性和灵活性,并要求驱动与制约的同步,合理的制度条件成为维系利益平衡的必要约束。技术的驱动与制度的约束是相辅相成的关系,缺一不可。没有制度约束,会削弱技术的驱动力量;而没有"技术驱动",制度约束也就失去了存在的基础。

合作竞争有助于引发正反馈效应,极大地拓展传统被动分工下的贸易"双赢"。中美之间的合作竞争从总体上考察有"开发创新—市场规模"的黄金组合:美国有信息化程度最高的广阔市场,而中国的人口规模提供了激发需求方规模经济的潜在市场;美国在信息产业发展方面拥有核心竞争力,而中国在软件开发等领域可以借鉴印度经验,探寻发展的空间。因此,合作竞争给中美贸易带来了新型格局与新的获利。

本节主要从理论分析角度阐明了中美贸易转型的基本方向:贸易的基础从"要素驱动"向"技术驱动"转型,贸易的约束从壁垒障碍向制度约束过渡,贸易的格局从"被动分工"向"合作竞争"转移,建立"技术驱动"与制度约束相结合的新型合作竞争模式。

第二节 中美贸易模式转型的进程

中美贸易模式转型的进程受到双边关系的影响,归根结底是在利益的驱动和制约下进行。在这一进程当中,信息技术的更新、扩散需要成熟的技术和市场条件来推动,也需要合理的制度条件来维持。

一、转型的驱动因素与日俱增

从纵向比较考察,中美贸易的技术含量呈现出逐渐上升的势头,中美进出口贸易的结构发展大体上可以分为三个阶段:20 世纪 70 年代末到 80 年代中期,中国对美出口的主要是初级产品和技术含量低的劳动密集型产品,例如原油、成品油、纺织品和服装等;20 世纪 80 年代中后期到 90 年代,贸易商品向多元化方向发展,中国对美出口中初级产品的比重下降,电器产品的地位上升;20 世纪 90 年代后半期以来,机电类产品逐渐成为中国对美出口的主导产品。[①]

20 世纪 90 年代以来,美国开始从工业经济向以知识为基础的新经济转变,信息技术对贸易的增长起到显著的促进作用,信息技术产品和服务的出口增长快于所有行业的产品和服务出口增长。1990—1999 年间,信息技术产品出口额年均增长 9.5%,信息技术服务出口额年均增长 13.2%,均高于其他产品和服务的贸易增长率。在统计中,美国信息技术产品贸易存在着逆差,1999 年逆差额为 660 亿美元;但美国跨国公司在海外的销售

---

① 资料来源:湖涵钧著,《当代中美贸易(1972—2001)》,复旦大学出版社,2002 年版,第 111 页。

额大于外国公司在美国的销售额,1997 年这两个值分别为 1 960 亿美元和 1 105 亿美元①,因此美国广义的信息技术贸易仍为顺差,至少信息技术有助于减少美国的贸易逆差。

二、转型的必要条件逐渐成熟

在中美贸易转型的过程中,技术、人才和市场是三个必要的条件。从技术条件考察,自 20 世纪 90 年代以来,越来越多的商业企业置身于信息技术的应用,从投资的角度可见一斑。

例如,在 1995—2001 年间,美国在信息技术硬件上的年度商业投资额从 1 600 亿美元增加到 4 000 亿美元,翻了一番还多;同期软件年度投资额从 820 亿美元增加到约 1 500 亿美元,增长了 80% 以上。到 2001 年,信息技术投资的总量超过了美国全部投资支出的三分之一。美国每年在研究和开发方面的近 550 亿美元的支出中,近 40% 用在信息产业上。从 1995 年开始,信息产业已占了美国经济增长量的三分之一。从人才条件考察,美国在软件和计算机服务方面的人才需求量已经从 1992 年的 85 万增加到 2001 年的 160 万。②中国的软件开发领域人才辈出,还有大量留学人员在中美之间起到了桥梁和沟通的作用。

从市场条件考察,中美具有相互需求的市场条件,美国有相对成熟的信息化市场,而中国的人口规模提供了发挥需求方规模经济效应的潜在市场。近年来中国进口机电产品、信息技术产品的总量与日俱增,反映了中国对信息技术及相关产品的需求市场潜力。另外,中国在软件开发等领域也具有一定的优势和潜力,在中美合作竞争中将发挥应有的作用。

近年来中国的进出口构成当中,计算机与通信技术、计算机集成制造技术、计算机及信息服务等项目的贸易额都呈现了较高的增长趋势。另外,中国在信息技术出口方面的能力也逐渐增强,尤其是计算机与通信技术呈现出相当的顺差。根据前述 Freund 和 Weinhold 的实证分析,信息技术渗透与服务贸易增长有着正向、显著的相关性,信息技术使用与信息技术服务贸易之间有双向的促进关系,因此中国信息技术类产品贸易的增长说明中国正处于蓬勃向上的信息化进程。

三、转型的约束机制日臻完善

中美在制度方面的差异客观存在,并成为中美贸易的纠纷焦点之一。20 世纪 90 年代以来,随着中美贸易的发展,美国越来越关注其知识产权在中国是否受到保护的问题,中美之间就中国的相关立法的完善,以及对法律的贯彻落实发生了两起纠纷。

20 世纪 90 年代,中美在双边基础上两度签署协议,解决知识产权纠纷。进入 21 世纪后,中国"入世"使得中美知识产权保护问题被纳入了多边贸易体制。

TRIPs 框架为中美在管理知识产权方面的合作提供了统一的法律准则。中国"入世"以来,根据 TRIPs 的基本原则,对专利法、商标法、著作权法等主要知识产权法作了重要修改,出台了《集成电路布图设计保护条例》等新法规,使中国知识产权法律制度从总体水平上基本达到了 TRIPs 所要求的国际先进水平。2001 年 12 月 20 日,国务院以 339

---

① 资料来源:甄炳禧著,《美国新经济》,首都经济贸易大学出版社,2001 年版,第 92 页。
② 参见 David Van Hoose 著,刘悦欣等译,《电子商务经济学》,机械工业出版社,2003 年版,第 19 页。

号令公布了新修改的《计算机软件保护条例》,使计算机软件的保护延伸到最终用户,最终用户指软件的实际使用者,其购买、使用、复制非法软件,或将合法购买的正版软件未经授权擅自复制提供给他人使用的行为均属侵权。

当然,中美两国具体的法律规定和措施实施可能还存在差异。正如 Lerner 在《技术和发明的经济学:150 年的专利保护》一文中所指出的,知识产权保护的国际差别是客观存在的。Lerner 通过考察 150 年来 60 个国家专利保护的强度,从相对的经济实力、政治条件和法律条件三个方面解释了以专利权保护为代表的知识产权保护程度出现国际差别的原因。因此,中美之间制度方面的合作和协调任重而道远。

"技术驱动"型中美贸易模式的建立,客观上还要求双方在政府干预、经济规制方面相互合作、相互借鉴。美国有历经百年的反垄断法,这是政府干预经济的最古老、最有效的手段,在信息时代却面临挑战。中国在发挥政府职能方面具有制度优势,但在反垄断问题上还存在法律的空白。经济规制在欧美具有比较长的发展历史,而对于中国而言是一个崭新的领域,网络的无国界特征要求经济规制的多层面化和国际合作。

本节主要从实践角度分析中美贸易转型的进程,以及技术条件、市场条件和制度条件,探讨了中美贸易转型的进程中面临的机遇和挑战,并将制度建设和协调作为这一进程的关键问题。以知识产权保护问题为例,中美知识产权纠纷反映了两国制度协调任重道远,而 WTO 的 TRIPs 则体现了多边贸易体制和国际规则为制度建设提供了基本标准。

第三节 中美贸易模式转型的前景

中美贸易从"要素驱动"向"技术驱动"转型顺应了信息技术的发展趋势,其前景与全球网络经济的繁荣与困境休戚相关,与中国经济增长和中美多元化的外贸发展战略密切相连。

一、经济模式的转轨与贸易转型的契机

以信息技术为基础的全球网络经济推动了经济模式的转轨。在《美国总统经济报告》中,对"新经济"的定义是包括劳动生产率迅速提高、收入上升、失业率降低和通货膨胀率保持较低水平等;这些业绩源于高新技术、经营创新、经济政策三者相互促进的有机结合。[①]新经济是信息革命的发展和信息技术广泛应用的产物,它以知识为基础,以信息为主导,以全球市场为导向,以网络为载体,信息化、全球化是其两大支柱。

美国"新经济"进入 20 世纪 90 年代以后显示了蓬勃的发展势头,信息技术产业成为美国"新经济"中最具创新力和最为耀眼的部门之一。全球化刺激技术创新、技术进步反过来又推动全球化;信息化降低了全球化过程中的成本,而全球化为信息技术市场的充分实现打开通道。伴随"新经济"的全球渗透,美国的贸易获得了强劲的增长,其中尤以信息技术产品贸易的增长格外迅速(如图 18.1 所示)。

---

① 参见萧琛主译,《美国总统经济报告》(2001 年),中国财政经济出版社,2003 年版,第 21 页。

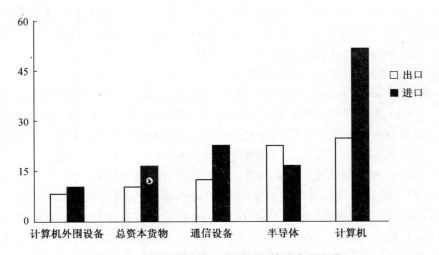

图 18.1　美国资本品和若干信息技术产品贸易

注:纵轴为 1996—2000 年平均每年贸易量变化的百分比;2000 年的估计值基于前三个季度。
资料来源:萧琛主译,《美国总统经济评论》(2001 年),中国财经出版社,2003 年版,第 124 页。

"新经济"的扩张对世界经济产生了深刻而广泛的影响,其中也包括了如金融危机等灾难性事件,因此存在着对这一经济模式的保留甚至反对态度。但无论是支持者还是反对者都必须正视这样的现实:这一模式事实上已经并且仍将继续对世界经济发挥重要的作用。美国"新经济"通过许多渠道影响其他国家:首先是对外贸易,进口产品满足美国不断增长的需求、出口新技术产品;其次是国际投资,一方面提供新的机会和良好的投资环境吸引外国投资进入美国,另一方面通过合并、购买、共同冒险和外部采购进行有组织的套汇,加强国外投资;再次是通过国际会议、专业期刊、新闻报道和留学生教育更广泛地传播美国的文化和思想观念;最后是提高教育程度,以工资奖励为激励,范围所及是世界性的。

"新经济"使美国经历了前所未有的繁荣,创造了"强劲增长而无通货膨胀"的奇迹,对这一模式的评价褒贬不一,对其发展前景的预测众说纷纭,但矛盾主要集中在全球化的方面,对于信息技术本身的积极作用和发展前景基本上得到了国际认同。中国"入世"以后面临着对外贸易制度的转轨,中国明确提出了以信息技术带动工业化的基本国策,这顺应了世界经济的总体发展趋势,使"技术驱动"型中美贸易获得了新的发展契机。

二、成本收益的权衡与贸易转型的挑战

中美贸易往往被提到政治的高度,20 世纪 70 年代以来中美政治关系的演变和经贸关系的发展都说明,中美关系除了矛盾的一面,还存在着安全利益、经济利益等相辅相成的共同利益,合作与竞争的并存正是这种特殊双边关系的体现。

中美贸易转型收益有直接收益和间接收益两大类。从直接收益分析,"技术驱动"模式充分利用中美之间的技术优势和市场条件,为中美提供了新的贸易机会和平台,带来需求方规模经济效应,这尤其有利于美国信息技术的提供者,在中国可以探寻现存和潜在的获利丰厚的市场;另外,相关的制度约束顺应现代国际经济贸易新秩序的要求,更新了传统贸易壁垒,有利于缓解双边现有的贸易摩擦和纠纷。从间接收益来看,"技术驱

动"带动了其他领域的发展,有利于国民经济的全面增长和社会进步,对于后起的中国而言,可能超越传统要素的限制,赢得新的竞争起点和平台,个性化的信息技术产品市场也使中国获得了新的分工和贸易机会;另外,由于中美贸易的政治敏感性,新的合作纽带和贸易驱动有利于促进某些双边政治问题的解决。

中美贸易转型的成本主要体现在制度建设和国际协调当中,另外,信息技术产品市场具有初期投入高的特征,所以对于后起的中国而言,在一定时期内的投入可能比较大,而收益则不太明显。

从总体上看,"技术驱动"型贸易模式为中美贸易的发展提供了新的驱动力量,顺应了信息技术发展和两国经贸利益的要求。以信息技术为支柱的新的经济模式对中国会产生强大的冲击和影响,这不仅仅是一个经济问题,更是一种观念和文化的变革。另外,信息技术的扩散创造了新型"双赢",反驳了传统模式下的技术扩散带来"中国威胁论";但另一方面,信息技术操纵下的被控问题、泄密问题、侵扰问题等,以及不同文化甚至意识形态的冲撞会更加明显而突出。因此,合理制度约束是"技术驱动"型中美贸易的必要保障。适度的知识产权保护机制的建立、政府合理干预措施的实施以及必要的经济规制的探寻,仍然任重而道远。

三、外贸战略的调整与贸易转型的实施

美国外贸战略的调整主要体现为多边主义、地区合作与双边贸易的多元化外贸战略,以及自克林顿政府"新兴大市场"计划以来,对新兴市场国家的重心转移。自20世纪90年代以来,美国对华贸易政策一直是遏制与接触并存。克林顿政府在1993年9月宣布制定美国第一个出口战略,其目标是到2000年使美国的出口额达到12 000亿美元,该战略的核心之一就是"新兴市场"战略,中国是美国确定的十大新兴市场之一。美国商务部的统计表明,20世纪90年代以来美国对发达国家出口年均增长5%,对发展中国家出口年均增长10%。[①] 发展中国家对美国的出口获得了相当的增长,尤其是新兴市场,将成为美国未来经济增长的动力。

在新型世界经济贸易秩序下,中国外贸战略的制定除了受国家目标和国内利益集团的影响之外,还必须面对开放的国际贸易体系,与其他贸易伙伴进行有效的协商与合作,应对各种贸易摩擦与争端。随着与世界经济的融合与接轨,传统的封闭型决策机制已不再适应中国经济贸易发展的要求。中国外贸战略的主体思路应当包括三个基本方面:在多边贸易体制下的权利和义务、在国际经济一体化进程中的地位和作用、双边经贸关系的功能与格局。在多元化的中国外贸战略中,中美贸易将起到举足轻重的重要作用。

首先,中美合作是多边贸易体制力量均衡的客观要求。多边贸易体制本质上是一种作为成员方的国家(地区)和作为国际组织的WTO之间的一种权力的平衡。目前,在多边贸易体制下,欧盟是最大、最全面的集团;随着欧盟东扩,其地位还会与日俱增。而其他地区还没有形成足够凝聚力的集团和抗衡力量,力量的失衡可能影响到多边贸易体制决策的公正性和公平性,从而可能对多边贸易宗旨的实施和原则的体现构成扭曲,最终威胁到多边贸易体制在世界贸易中的地位和作用。

---

① 资料来源:胡涵钧著,《当代中美贸易(1972—2001)》,复旦大学出版社,2002年版,第76页。

其次，中美合作顺应国际经济一体化的发展形势。欧盟是典型的地区主义的国际经济一体化集团，而美国在合作伙伴的选择上，有着更灵活而广阔的思路。美国在与周边的加拿大、墨西哥建立北美自由贸易区之前，于1985年与以色列建立了跨越地理空间的自由贸易区。中国目前在亚太经济合作组织（APEC）和中国—东盟自由贸易区的组建当中发挥着自身的作用，东亚合作、东北亚经济圈等合作也成为讨论的议题，但这些合作是基于传统地区经济集团的概念和模式。中美之间的利益纽带在信息技术的驱动下可以超越地域空间的限制，并有助于提升两国在国际经济一体化进程当中的地位和作用。

最后，从双边贸易关系考察，中美贸易在传统模式下的发展受到了制约，形成了各种贸易壁垒和障碍，损害了双边的福利。在中国的对外贸易双边关系中，中美经贸关系尤为关键。

"技术驱动"模式有助于缓解两国之间持续、全方位的贸易争端，信息技术下"新型双赢"成为维系双边贸易的利益纽带。

本节将理论与实践相结合，展望了中美贸易模型转型的前景。对中美贸易新型模式产生重要影响的是全球网络经济的发展势头、中国经济的增长状况以及中美外贸发展战略的调整。在新的国际环境下，多元化的外贸战略是中美双方的明智选择，中美贸易在其中起到了举足轻重的作用。"技术驱动"模式为中美贸易的发展提供了新的契机，但也带来了严峻的挑战，主要体现在制度建设和协调成本以及新的国家安全问题。

第四节　中美贸易趋势观测和政策建议

探讨中美贸易发展的趋势和战略有三个基本原则：首先，应当顺应世界经济贸易新秩序的客观要求，探寻中美贸易的恰当定位；其次，应当根据国际贸易理论分析与政策实施的具体特征，挖掘中美贸易的利益纽带与平衡机制；最后，应当符合中美贸易政治性的特色，谋求维系合作竞争的有力因素。

世界经济贸易新秩序包括了全球网络经济的新格局、多边贸易体制的新推进及国际经济一体化的新形势，这些方面都要求强调"技术驱动"与制度约束相结合的中美新型合作竞争。

信息技术跨越了地理空间的限制，并能充分发挥中美之间的"开发创新—市场规模"优势，带来新型贸易"双赢"。

从理论考察出发，传统"要素驱动"模式认为，资本、劳动力"要素"的差异决定了贸易的基础、格局与获利，它存在着内在的对中美贸易的制约，尤其体现在"技术扩散的负作用论"。但这一观点受到了实证检验的质疑。中美之间需求条件、生产函数及组织机制差异悬殊，规模经济和技术作用发挥的形式、程度都有显著不同；信息技术有着独特的市场规律，在传统框架下难以充分体现。因此，客观上要求建立独立的"技术驱动"模式，更好地体现现代技术在中美贸易中的地位和作用。"技术驱动"极大地降低了交易成本，带动了国民经济的增长，使得中美之间有更细分的专业化分工机会。中国加工贸易的发展、高新技术产品出口的持续增长，得益于这种细化的分工和动态的产业转移。因此，"技术驱动"对国民经济具有明显的带动作用。

此外，中美贸易往往与政治因素紧密相连，具有"国家安全"的敏感性，因此对中美贸易模式的探讨应重视相关的制度因素,尤其是适度的知识产权保护制度、合理的政府干预及必要的经济规制,这是"技术驱动"型中美贸易不可分割的组成部分,是中美新型合作竞争框架的基本特征。

中美贸易的转型顺应了信息技术蓬勃发展的客观需要,提供了双方合作竞争的新模式,符合中美双方的共同利益,有利于全球政治经济的稳定和多边贸易体制力量的平衡,因而具有重要的战略意义。目前,中美都在积极寻求地区经济合作。北美自由贸易区的组建为集团内贸易的扩张创造了优越的条件,美国众议院还通过了CBI(加勒比海盆地)扩大法案,保障CBI国家经济贸易得以持续发展。更广泛的美洲合作还在进行,美洲自由贸易区已提上日程。

中国也在积极地从事地区合作,例如"中国—东盟自由贸易区",以及中国内地和香港之间的CEPA制度安排等。中美之间在传统"要素驱动"框架下的可替代性比较强,现有平台APEC还比较灵活而松散。而新型世界经济贸易秩序客观上要求加强中美的合作竞争,"技术驱动"作为一种跨越地理空间距离、有利于发挥两国优势的模式,为中美贸易提供了新纽带和新平台,为中美多元化外贸政策和战略提供了新的机遇和挑战。

在中美贸易从"要素驱动"向"技术驱动"转型的过程中,由于中美历史制度差异悬殊,也因为中美贸易强烈的政治性关联,制度的建设显得格外重要,需要借助各种政府与非政府、正式与非正式的机制,这是保障中美贸易健康发展的必要条件,也是未来需要进一步研究的重要课题。

案例分析思考题 》》

案例18.1 印度软件业发展的启示

印度软件业是印度增长最快和最重要的出口部门。在1997—2007年的"黄金十年"里,印度软件业平均每年增长率为42.35%,远远超过世界软件业15%的年增长速度。印度信息技术产业的产值大约每18个月就翻一番,其在世界软件开发和特种软件市场的份额几乎达到20%。印度电子及计算机软件出口促进会公布的一份报告显示,在2000—2002年间,印度的计算机软件和相关服务的年出口额从1990—1991年间的1.39亿美元猛增至59.78亿美元,增长幅度高达4 200%。从2001年至2002年3月,印度在软件业的收入已经达到了131亿美元。美国是印度软件业的最大出口市场,占印度软件出口的62%,美国《财富》杂志公布的全球500家大公司中,有185家采用印度的软件。[①]

印度软件业的发展依赖于四个方面的作用和影响。首先,政府出口导向型发展战略,1987—1994年,印度每年软件产品的50%以上供应出口,近年来,这一比率高达70%以上。其次,印度软件业高质、高效、低价的产品和服务,印度的"离岸开发结构"以人造卫星为中介,通过运算速度高达每秒64千比特以上的数据传输网络系统,使处于印度的软件编程人员调用网络内世界各地的电脑,随时按客户要求接单、调试和修改程序,即使远在一千英里之外的用户都可以随时监控软件的开发过程,并能对1分钟之前刚出现的编程进展发表意见和要求修改。再次,印度有独特的人才优势,能说英语的人口在全球范围内仅次于美国;印度拥有250万中高级人才,大专院校每年培养41 000名电脑专业

---

① 孙海著,《信息中国》,湖南人民出版社,2003年版,第162、163、174页。

毕业生;到1995年,有14家大型电脑公司获得ISO 9000证书,另有50家公司的技术认证申请正在审批;65%以上的软件公司都已掌握和采用了当今世界上最先进的技术。最后,印度软件业采用了规模经营,以十几家大公司为主。这些公司有几百名甚至上千名工程师,并拥有最高水准的设备,有能力承接技术难度高的工程;典型的如太特咨询商务公司,拥有4 000名高素质工程师,在全球设立了40个商务处,1994年其软件出口量占全国的20%。[①]

印度软件业发展的重要启示在于:一方面,信息技术和国家产业政策使印度的外贸克服了地理空间的障碍,超越了经济发展阶段的鸿沟,获得了新的发展平台,信息产业对整个国民经济的带动作用是不容忽视的;另一方面,要选择适合现代信息技术的发展模式以确保持续、稳定的繁荣和增长。

印度软件业的发展是现代南北贸易的大胆尝试和创新。印度以出口导向为特征,利用海外信息化市场,创造了发展的奇迹。但印度软件业的发展模式也产生了一些潜在的问题:首先,出口导向战略使其国内市场被忽视;其次,印度软件业的高速发展在某种程度上依靠大量较为廉价的软件工程师为美国等信息产业发达国家做软件加工,过度依赖海外市场和软件外包业务,不仅使印度软件业失去了自己的品牌,而且失去了生产的控制权和对软件产品的知识产权,这对印度软件业未来的持续、良性发展可能会造成严重的威胁;最后,印度在软件出口领域已经成为贸易"大国",作为劳动密集型大国,在"要素驱动模型"中,出口扩张型增长容易带来"福利恶化型增长",印度软件出口的扩张对其综合贸易条件也产生了不利的影响。目前的印度软件业正面临着发展"瓶颈":海外市场的低迷可能会使其增长放慢,软件控制权的丧失使其失去了将来更大的发展空间,此外还要面对来自中国等其他国家软件业的竞争。

请从本案例中思考中国外贸在网络空间的发展机遇与挑战。

---

① 文富德、陈继东编著,《世界贸易组织与印度经济发展》,巴蜀书社,2003年版,第250—251页。

主要参考文献

一、英文部分

1. Avinash Dixit, Governance Institutions and Economic Activity. *American Economic Review*, 2009, 99, p. 1.
2. Avinash Dixit, Victor Norman, Theory of International Trade—a dual, general equilibrium approach, Cambridge University Press, 2006.
3. Avinash K. Dixit, Joseph E. Stiglitz, Monopolistic Competition and Optimum *Product Diversity*, *American Economic Review*, June, 1977, pp. 297-308.
4. Dennis R. Appleyard, Alfred J. Field, Jr., Steven L. Cobb, *International Trade*, Seventh Edition, 2012.
5. Dominick Salvatore, *International Economics: Trade and Finance*, Tenth Edition, International Student Version, 2011.
6. Dominick Salvatore, *International Economics*, Eighth Edition, 2004.
7. Elhanan Helpman, and Paul R. Krugman, Market Structure and Foreign Trade. The MIT Press, Cambridge, Massachusetts. London, England, 1985.
8. Elhanan Helpman, and Paul R. Krugman, *Trade Policy and Market Structure*. The MIT Press, Cambridge, Massachusetts. London, England, 1989.
9. Elhanan Helpman, The Mystery of Economic Growth, 2004.
10. Gene M. Grossman, Elhanan Helpman, Interest Groups and Trade Policy, 2002.
11. Jagdish Bhagwati, Protectionism. The MIT Press, Cambridge, Massachusetts, London, England, 1988.
12. James Gerber, *International Economics*, Fifth Edition, Prentice Hall, 2010.
13. Marc J. Melitz, The Impact of Trade on Intra-Industry Reallocations and Aggregate Industry Productivity, Econometrica, 2003, Vol. 71, No. 6, pp. 1695-1725.
14. Masahisa Fujita, Paul Krugman, Anthony J. Venables, *The Spatial Economy: Cities, Regions, and International Trade*, 1999, The MIT Press.
15. Paul R. Krugman (1990). Rethingking International Trade. The MIT Press, Cambridge, Massachusetts, London, England.
16. Paul R. Krugman & Maurice Obstfeld, International Economics Theory & Policy, Eighth Edition, 2009.
17. Pol Antràs, Elhanan Helpman, Global Sourcing, *Journal of Political Economy*, 2004, Vol. 112, no. 3, pp. 552-580.
18. R. Dornbusch, S. Fischer, P. A. Samuelson, Comparative Advantage, Trade, and Payments in a Ricardian Model with a Continuum of Goods, *American Economic Review*, December, 1977, pp. 823-839.
19. Richard E. Caves, Jeffrey A. Frankel, Ronald W. Jones, World Trade and Payments: An Introduction, 10th Editon, 2007.
20. Robert C. Feenstra, Alan M. Taylor, *International Economics*, 2008.
21. Robert J. Carbaugh, *International Trade*, Thirteenth Edition, 2011.
22. Staffan Burenstam Linder (1961). *Essay on Trade and Transformation*. Almqvist & Widsell, Stockholm, Göteborg · Uppsala, John Wiley & Sons, New York.
23. Thomas A. Pugel, *International Economics*, Fifteenth Edition, McGraw-Hill/Irwin, 2011.

二、中文部分

24. 〔美〕巴格瓦蒂、潘纳里亚、施瑞尼瓦桑著,王根蓓译,《高级国际贸易学》(第 2 版),上海财经大学出版社,2004 年版。
25. 〔美〕保罗·克鲁格曼著,海闻译,《国际经济学》(第 5 版),中国人民大学出版社,2002 年版。
26. 〔美〕保罗·克鲁格曼著,黄胜强译,《克鲁格曼国际贸易新理论》,中国社会科学出版社,2001 年版。
27. 〔美〕保罗·克鲁格曼著,张兆杰译,《地理和贸易》,北京大学出版社、中国人民大学出版社,2002 年版。
28. 〔美〕保罗·克鲁格曼著,蔡荣译,《发展、地理学与经济理论》,北京大学出版社、中国人民大学出版社,2002 年版。
29. 〔美〕保罗·萨缪尔森、威廉·诺德豪斯著,萧琛主译,《经济学》(第 19 版),商务印书馆,2012 年版。
30. 〔美〕保罗·萨缪尔森、威廉·诺德豪斯著,萧琛等译,《萨缪尔森微观经济学学习指南》(第 19 版),人民邮电出版社,2014 年版。
31. 〔美〕保罗·萨缪尔森、威廉·诺德豪斯著,萧琛等译,《萨缪尔森宏观经济学学习指南》(第 19 版),人民邮电出版社,2014 年版。
32. 〔瑞典〕贝蒂尔·俄林著,王继祖等译,《地区间贸易和国际贸易》,首都经贸大学出版社,2001 年版。
33. 〔美〕卡尔·夏皮罗、哈尔·瓦里安著,张帆译,《信息规则——网络经济的策略指导》,中国人民大学出版社,2000 年版。
34. 杜厚文著,《世界经济一体化集团化研究及关于欧洲经济一体化的特例分析》,中国大百科全书出版社,1997 年版。
35. 冯大同著,《国际商法》,对外贸易教育出版社,1993 年版。
36. 〔意〕G.甘道尔夫著,王小明等译,《国际经济学·第一卷:国际贸易纯理论》,中国经济出版社,1999 年版。
37. 〔美〕G. M. 格罗斯曼、E. 赫尔普曼著,李增刚译,《利益集团与贸易政策》,中国人民大学出版社,2005 年版。
38. 海闻、P. 林德特、王新奎著,《国际贸易》,上海人民出版社,2003 年版。
39. 胡涵钧著,《当代中美贸易(1972—2001)》,复旦大学出版社,2002 年版。
40. 冷柏军主编,《国际贸易实务》(第二版),北京大学出版社,2012 年版。
41. 李金萍、朱庆华、张照玉主编,《国际贸易实务》(第 4 版),经济科学出版社,2013 年版。
42. 李一文著,《近代中美贸易关系的经济分析》,天津人民出版社,2001 年版。
43. 刘伟、魏杰主编,王俊宜、李权著,《国际贸易》(第 3 版),中国发展出版社,2011 年版。
44. 刘伟、魏杰主编,李权著,《电子商务》,中国发展出版社,2007 年版。
45. 罗肇鸿著,《高科技与产业结构升级》,上海远东出版社,1997 年版。
46. 平新乔著,《微观经济学十八讲》,北京大学出版社,2001 年版。
47. 盛斌著,《中国对外贸易政策的政治经济分析》,上海三联书店、上海人民出版社,2002 年版。
48. 孙祁祥主编,《中国改革再出发》,北京大学出版社,2014 年版。
49. WTO 秘书处编著,《电子商务与 WTO 的作用》,法律出版社,2002 年版。
50. 王新奎著,《世界贸易组织与我国国家经济安全》,上海人民出版社,2003 年版。
51. 萧琛著,《全球网络经济》,华夏出版社,1998 年版。
52. 萧琛主译,《美国总统经济报告》(2001 年),中国财经出版社,2003 年版。
53. 薛敬孝、佟家栋、李坤望主编,《国际经济学》,高等教育出版社,2000 年版。
54. 余森杰著,《国际贸易学:理论、政策与实证》,北京大学出版社,2013 年版。

55. 张德修、王跃生、巫宁耕主编,《国际经济专家论东亚金融风暴》,经济日报出版社,1998年版。
56. 张汉林主编,《世界贸易组织发展报告》(2012年),高等教育出版社,2013年版。
57. 张康琴、曹梅颐著,《外国经济统计分析概论》(修订本),北京大学出版社,1989年版。
58. 赵忠秀等编著,《国际贸易理论与政策》,北京大学出版社,2009年版。
59. 甄炳禧著,《美国新经济》,首都经济贸易大学出版社,2001年版。
60. 李权编著,《国际贸易实务》(第二版),北京大学出版社,2011年版。

附录一　局部均衡分析和一般均衡分析

一、局部均衡分析

局部均衡分析侧重于说明单一产品市场中价格与产量的关系。其主要工具是消费者剩余和生产者剩余。

消费者剩余（Consumer Surplus）指消费者愿意支付的价格与实际支付的价格之间的差额。之所以会产生剩余，是根源于边际效用递减规律。[①] 消费者按最后一单位的价格支付他购买的全部消费品，然而前面各单位都比最后一单位具有更高的价值和效用，因此消费者从前面每一单位商品中享受了效用剩余。

如图 A1.1 所示，消费者剩余等于需求曲线（D）、价格曲线（P_0）及纵轴之间阴影部分的面积。P_0 是消费者消费第 Q_0 单位产品时享受的效用值，消费者以 P_0 的价格购买了全部 OQ_0 的商品，而在 (O,Q_0) 之间的任意一个数量（如 Q_1）上，消费者获得的效用都超过了 P_0，因此消费者获得了效用剩余。需求曲线衡量了消费者每单位支付的代价，因此需求曲线之下的总面积（$OABQ_0$）代表了消费者在消费中得到的总效用，减去消费者所支付的市场价格（OP_0BQ_0），就得到消费者剩余（$\triangle ABP_0$）。

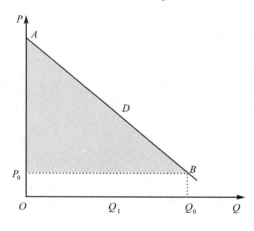

图 A1.1　消费者剩余

生产者剩余（Producer Surplus）是生产者愿意销售的价格与实际销售的价格之间的

[①] "边际"是经济学中的关键术语，常指"新增"。"边际效用"指消费新增一单位商品时所带来的新增的效用。"边际效用递减规律"（Law of Diminishing Marginal Utility）指出，随着个人消费越来越多的某种物品，他从中得到的新增的或边际的效用量是下降的。例如，一个极干渴的人喝第一杯水对他的效用很大，而第二杯、第三杯……他的效用逐渐递减，这体现了边际效用递减规律。

差额。之所以会产生剩余,是根源于边际成本递增规律。① 生产者按最后一单位产品的边际成本出售商品,而在前面各单位生产中成本会比较低,因此生产者从前面各单位商品中享受了盈余。

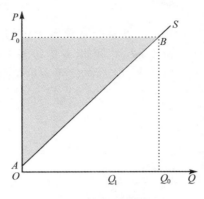

图 A1.2　生产者剩余

如图 A1.2 所示,生产者剩余是供给曲线(S)、价格曲线(P_0)与纵轴之间阴影部分的面积。P_0 是生产者生产第 Q_0 单位产品的边际成本,生产者以 P_0 的价格销售全部 OQ_0 的产品,而在 (O,Q_0) 之间的任何一个产量单位(如 Q_1)上,产品的边际成本都低于 P_0,因此生产者获得了盈余。供给曲线衡量了生产者每单位产品的代价,因此供给曲线以上的部分($\triangle AP_0B$)代表以 P_0 价格销售产品时生产者获得的总盈余,即生产者剩余。

二、一般均衡分析②

所谓一般均衡,是指一个国家或一个社会两种商品的总供应和总需求如何达到均衡,从中分析贸易获利。西方经济学家运用现代经济学的概念和方法,对于比较优势理论不仅从生产和供给的方面,而且从消费和需求的方面进行了较全面的分析和论述,说明贸易能增加社会福利。

(一) 机会成本和贸易获利

20 世纪 30 年代,经济学家哈伯勒(Gottfried Haberler)提出了机会成本这一概念,并用它来分析比较优势和贸易获利。

1. 什么是机会成本

机会成本是在资源一定的条件下,多生产一单位某种产品,就必须放弃一定数量的另一种产品的生产,所放弃的另一种产品的数量,就是多生产的单位产品的机会成本。

例如,A 国和 B 国都生产大豆和玉米两种产品。在资源一定的条件下,假定,A 国多生产 1 单位的大豆,需要放弃 2 单位的玉米的生产,那么,该国 1 单位大豆的机会成本就是 2 单位的玉米,大豆(soybean)用 S 代表,玉米(corn)用 C 代表,即 1S = 2C。而 B 国多生产 1 单位的大豆,需要放弃 3 单位的玉米的生产,那么,B 国 1 单位大豆的机会成本就

---

① "边际成本"(Marginal Cost, MC)指增加一单位产出的额外的或增加的成本。由于资源具有稀缺性,随着投入的增加,投入品的稀缺性越来越增强,因此有边际成本递增规律。

② 参见王俊宜、李权著,《国际贸易》,中国发展出版社,2003 年版。

是3单位的玉米,即1S=3C。A国的大豆的机会成本是:1S=2C,B国的大豆的机会成本是:1S=3C。从两个国家的大豆的机会成本中,可以看出A国在生产大豆方面具有比较优势,B国在生产玉米方面具有比较优势。

2. 机会成本具有三种形式

第一,机会成本不变。机会成本不变是指在资源一定的条件下,多生产1单位的某种产品,所放弃的另一种产品的数量不变。例如,A国每多生产1单位的大豆,始终放弃2单位的玉米。B国多生产1单位的大豆,始终放弃3单位的玉米。在机会成本不变的条件下,各国可以进行完全的专业化生产(见图A1.3)。

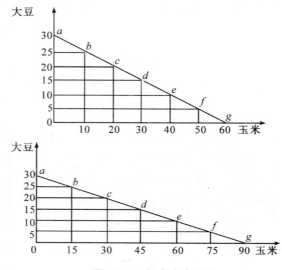

图A1.3 机会成本不变

注:该图的纵轴代表大豆,横轴代表玉米,如果A国的资源全部用于生产大豆可以生产30个单位,全部资源用于生产玉米,可以生产60个单位。A国的大豆的机会成本为:1S=2C。在机会成本不变的条件下,多生产10单位的玉米,需要放弃5单位的大豆,再多生产10单位的玉米,仍然需要放弃5单位的大豆。总之,每多增加生产10单位的玉米,所放弃大豆的数量始终是5个单位。如果B国的资源全部用于生产大豆可以生产30个单位,全部资源用于生产玉米,可以生产90个单位,B国大豆的机会成本是:1S=3C。在机会成本不变的条件下,每次多生产15单位的玉米,都需要放弃5单位的大豆。

第二,机会成本递增。机会成本递增是指在资源一定的条件下,多生产1单位的某种产品,所放弃的另一种产品的数量递增。例如,某国生产大豆和玉米,在资源一定的条件下,多生产10单位的玉米,需要放弃1单位大豆的生产,再多生产10单位的玉米,需要放弃3单位大豆的生产,再多生产10单位的玉米需要放弃5单位大豆的生产,再多生产10单位玉米需要放弃9单位的大豆,再多生产10单位的玉米需要放弃13单位的大豆,等等(见图A1.4)。

在现实世界里,机会成本递增是一个比较普遍的现象。那么,为什么会出现机会成本递增呢?其原因有两个方面:一方面,因为每一种产品生产中所使用的要素具有特殊性。生产某种产品所适用的某种特殊要素,在生产另一种产品中相对地使用较少,或者完全不使用。例如,制鞋工人的技术,在生产面包时就完全无用。有的土地适合生产水稻,但不适合种花生。因此,从一种产品的生产转移至另一种产品的生产时,常常引起对于某种特殊生产要素的需求的减少或者对于另一种生产要素的增加而引起成本的上升。

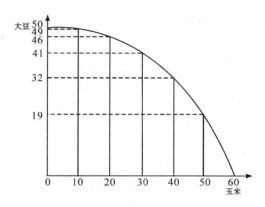

图 A1.4 机会成本递增

注:图中的纵轴代表大豆,横轴代表玉米。该国全部的资源用于生产大豆可以生产 50 单位,全部资源用于生产玉米可生产 60 单位。在机会成本递增的条件下,原来全部资源用于生产大豆,为 50 单位,为了多生产 10 个单位的玉米,需要放弃 1 单位的大豆;再额外多生产 10 个单位的玉米,即生产 20 单位的玉米,则需要放弃 3 单位的大豆,即生产 46 单位的大豆;再额外多生产 10 单位的玉米,即生产 30 单位的玉米,则需要放弃 5 单位的大豆,即生产 41 单位的大豆;再额外多生产 10 单位的玉米,即生产 40 单位的玉米,需要放弃 9 单位的大豆,即生产 32 单位的大豆;再多生产 10 单位的玉米,即生产 50 单位的玉米,需要放弃 13 单位的大豆,即生产 19 单位的大豆;等等。

另一方面,因为在每一种产品的生产中,所需要投入的要素比例不同。因此被放弃的另一种产品的生产,所释放出的生产要素的数量,不能完全符合增加的产品在生产上的需求。随着一种产品生产的增加,对某种要素的需要量也增加,这种要素成本会随之上升,从而引起机会成本递增。例如,放弃纺织品的生产,所释放出的土地十分有限,而增加大豆的生产所需要的土地很多。随着这种生产上的转移对于土地的需求越来越多,土地的价格也会越来越高,必然引起机会成本的上升。

在机会成本递增的条件下,国家之间的专业化分工是有限度的,不可能实行完全的专业化分工。因为,放弃一种产品的生产,可将资源转移到本国的优势部门,但在这种转移达到一定程度时,机会成本升高就使得这种转移成为不合算的,资源的转移也将停止。

第三,机会成本递减。所谓机会成本递减是指,在资源一定的条件下,多生产 1 单位的某一产品,所放弃的另一种产品的数量不变,而获得的这一种产品的数量在增加。例如,生产大豆和玉米,在资源一定的条件下,多生产 1 单位的玉米,需要放弃一定数量的大豆生产,每放弃 1 单位大豆的生产,所获得玉米的数量在增加,放弃的第 1 单位大豆的生产,获得 2 单位玉米,再放弃 1 单位大豆的生产,获得 3 单位的玉米,再放弃 1 单位大豆生产,获得 6 单位的玉米。在现实世界中,之所以出现这种情况,是随着某一产品生产规模的扩大,产生规模经济效应的结果。随着某种产品生产规模的扩大,单位产品的成本下降,收益递增。当然,规模经济是会受到限制的,有关这一方面的问题在第十四章中有详细论述(见图 A1.5)。

3. 机会成本与贸易获利

假定,A 国大豆的机会成本为 1 单位大豆可以交换到 2 单位的玉米,即 1S = 2C;B 国的大豆的机会成本为 1 单位大豆可以交换到 3 单位玉米,即 1S = 3C。

那么,A 国在生产大豆方面有比较优势;而 B 国在生产玉米方面有比较优势。因此 A 国将大豆出口到 B 国,每 1 单位的大豆在 B 国可以比在国内多得到 1 单位的玉米。而

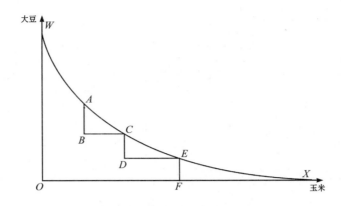

图 A1.5 机会成本递减

注:图中的纵轴代表大豆,横轴代表玉米,该国全部的资源用于生产大豆可以生产 W 单位,全部资源用于生产玉米可以生产 X 单位。假定,生产点在 A 点,为了多生产一些玉米,将生产点移至 C 点,需要放弃 AB 的大豆,而增加了 CB 的玉米,为了再多生产一些玉米,将生产点移至 E 点,需要放弃 CD 的大豆,最终完全专业化生产玉米,将生产点移至 X 点,需要放弃 EF 的大豆,从图形中可以看出,假定 $AB=CD=EF$,然而 $XF>DE>BC$。可见,所放弃的大豆的数量相同,所获得的玉米的数量在增加。

B 国 1 单位的玉米在国内只换到 1/3 单位的大豆,然而,到 A 国去可以换到 1/2 单位的大豆。因此 B 国将玉米出口到 A 国,每 1 单位的玉米可以多获得 1/6 单位的大豆,即 $1/2-1/3=1/6$。贸易的双方以本国机会成本低的产品去换取本国机会成本高的产品,从而从贸易中都能获利。可见,机会成本不同是贸易的基础,是贸易获利的源泉。比较优势学说又被称为比较成本学说。

(二) 生产可能性曲线

生产可能性曲线(Production Possibilities Curves),又称生产边界线(Production Possibilities Frontier)或转换曲线(Transformation Curves),即一个国家在一定的资源和技术条件下,充分发挥其劳动生产率,可以生产最大产量的两种产品的组合曲线。

生产可能性曲线存在着三种形式:

其一,在机会成本不变的条件下,生产可能性曲线是一条直线。假定,A 国和 B 国两个国家,生产两种产品:大豆和玉米。A 国将全部资源用于生产玉米能生产 600 单位,而没有大豆;如果将资源全部用于生产大豆则能生产 300 单位,而没有玉米;如果生产 480 单位的玉米,将能生产 60 单位的大豆;如果生产 360 单位的玉米,则能生产 120 单位的大豆;如果生产 240 单位的玉米,则能生产 180 单位的大豆。两种产品的比率是 300∶600。这条生产可能性曲线有着一定的斜率,斜率是 1∶2(见图 A1.6)。

假定,B 国将全部资源用于生产玉米为 450 单位,而没有大豆;如果将全部资源用于生产大豆可以生产 150 单位,而没有玉米;如果生产 360 单位的玉米,则能生产 30 单位的大豆;如果生产 270 单位的玉米,则能生产 60 单位的大豆;如果生产 180 单位的玉米,则能生产 90 单位的大豆;如果生产 90 单位的玉米,则能生产 120 单位的大豆。两种产品的比率是 120∶360,这条生产可能性曲线的斜率是 1∶3(见图 A1.7)。

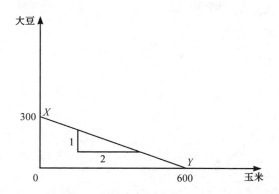

图 A1.6　机会成本不变条件下 A 国的生产可能性曲线

注:图中的纵轴代表大豆,横轴代表玉米。A 国将所有的资源用于生产大豆可以生产 300 单位,将所有的资源用于生产玉米可以生产 600 单位。直线 XY 的斜率为 1:2。

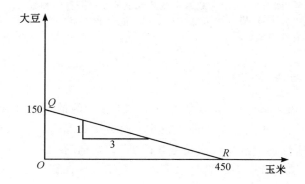

图 A1.7　机会成本不变条件下 B 国的生产可能性曲线

注:图中的纵轴代表大豆,横轴代表玉米。B 国将所有的资源用于生产大豆可以生产 150 单位,将所有的资源用于生产玉米可以生产 450 单位。直线 QR 的斜率为 $150:450=1:3$。

其二,在机会成本递增的条件下,生产可能性曲线是一条向外凸出的曲线。它表现为边际报酬递减,边际成本递增(见图 A1.8)。

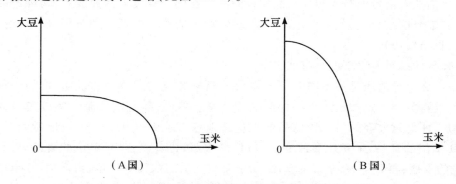

图 A1.8　机会成本递增条件下的生产可能性曲线

注:图中的纵轴代表大豆,横轴代表玉米。从 A 国和 B 国的生产可能性曲线形状可以判断,A 国在生产玉米方面具有比较优势;而 B 国在生产大豆方面具有比较优势。

其三,在机会成本递减的条件下,生产可能性曲线是一条向里凹进去的曲线,它代表边际报酬递增,成本递减(见图 A1.9)。

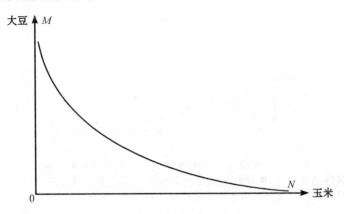

图 A1.9　机会成本递减条件下的生产可能性曲线

注:图中的纵轴代表大豆,横轴代表玉米。生产可能性曲线 MN 是一条向里凹进去的曲线,它代表边际报酬递增,成本递减。

(三) 无差异曲线

无差异曲线(Indifference Curves)是用来表示消费者的消费偏好和消费水平的,曲线上有着无数的不同点,这些点代表两种商品的不同数量的组合,然而,这种不同数量的组合对于消费者个人所提供的效用和满足是相同的、无差别的。

值得注意的是,消费者个人的满足水平由个人无差异曲线表示。个人的无差异曲线总和形成社会无差异曲线。社会无差异曲线表示一个社会对于两种产品总的消费水平和消费偏好。然而,在使用社会无差异曲线时要注意,个人和个人之间的消费偏好是千差万别的,如此参差不齐的个人无差异曲线总和起来,很难形成一条明晰的社会无差异曲线。同时,在贸易中,整个社会获利,无差异曲线会达到一个更高的水平。但是就个人来说,在贸易中有的人获利,有的人受到损失,但这在社会无差异曲线中无法得到反映。

假定消费者消费的是衣服和食品两种商品。在同一条无差异曲线上,两种产品有着许多不同数量的结合点,如 a、b、c、d、e、f。它们对于消费者的满足和效用是相同的、无差别的(见图 A1.10)。

无差异曲线具有以下四个特征:

其一,无差异曲线是一条向右下方倾斜并凸向原点的曲线。它说明,增加一种商品的消费,就得放弃一定数量的另一种商品的消费。然而,随着获得某 1 额外单位商品消费的增加,所愿意放弃的另一种商品的数量越来越少。从图 A1.10 中可以看到,为了多获得 10 单位的食品,最初愿意放弃 24 单位的衣服;再多获得 10 单位的食品,愿意放弃 10 单位的衣服;再获得 10 单位的食品,所愿意放弃的衣服为 6 单位;再获得 10 单位的食品,所愿意放弃的衣服为 4 单位;最后,再获得 10 单位的食品,所愿意放弃的衣服为 2 单位。这样一条向右下方倾斜并凸向原点的曲线的形状说明边际效用替代率递减。

其二,在同一平面图上有无数条无差异曲线,它们之间从不相交。这些无差异曲线表示不同的消费水平。图 A1.11(a)中,有三条无差异曲线,其中离 O 点最近的这条无差

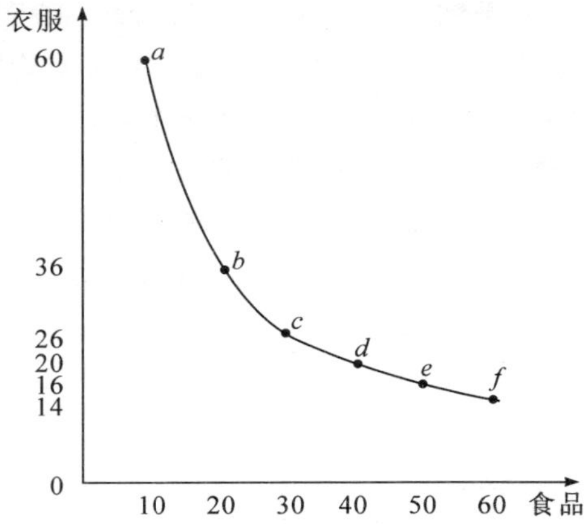

图 A1.10 消费无差异曲线

注:图中的纵轴代表衣服,横轴代表食品,在 a 点上,衣服为 60 单位,食品为 10 单位;在 b 点上,衣服为 36 单位,食品为 20 单位;在 c 点上,衣服为 26 单位,食品为 30 单位;在 d 点上,衣服为 20 单位,食品为 40 单位;在 e 点上,衣服为 16 单位,食品为 50 单位;在 f 点上,衣服为 14 单位,食品为 60 单位。

异曲线,即 I_1,表示消费水平最低;离 O 点最远的一条无差异曲线,即 I_3,表示消费水平最高;中间的一条无差异曲线,即 I_2,表示消费水平居中。

其三,在没有贸易的条件下,一个社会的无差异曲线只能与生产可能性曲线相切。图 A1.11(a)中,GH 是一条机会成本递增的生产可能性曲线,在没有贸易的条件下,A 国所能达到的无差异曲线只能是 I_2。无差异曲线 I_3,是该国无法达到的水平,因为 A 国的生产供给达不到这一水平。无差异曲线 I_1,则是低于该国可能供给的消费水平。

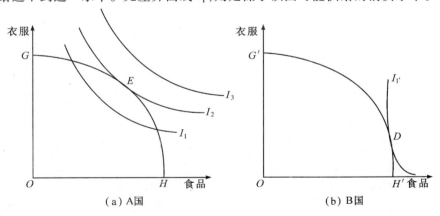

图 A1.11

注:图中的纵轴代表衣服,横轴代表食品。在(a)图中,同一平面图上有无差异曲线 I_1、I_2 和 I_3。无差异曲线 I_1 离 O 点最近,表明其代表的消费水平最低,无差异曲线 I_3 离 O 点最远,它代表的消费水平最高。在没有贸易的条件下,A 国的无差异曲线 I_2 与生产可能性曲线 GH 相切,它是这个国家的生产水平所能提供的最高消费水平。切点 E 表明其总供给和总需求达到均衡。在(b)图中,B 国的生产可能性曲线与 A 国相同,但是,无差异曲线则与 A 国不同。无差异曲线 $I_{1'}$ 是封闭经济条件下该国可以达到的最高消费水平。然而,它所代表的是这一个国家的消费偏好与 A 国不同,该国更加喜爱食品一些。

其四，图 A1.11 中，假定两个国家 A 国和 B 国有着相同的生产可能性曲线，A 国为 GH，B 国为 $G'H'$，但是，两国有着不同的无差异曲线。A 国无差异曲线 I_2，B 国无差异曲线 $I_{1'}$，它们都和本国的生产可能性曲线相切。A 国无差异曲线 I_2 和生产可能性曲线相切在 E 点；B 国的社会无差异曲线 $I_{1'}$ 与生产可能性曲线相切于 D 点。它们表示 A 国的总供给和总需求在 E 点达到均衡，B 国的总供给和总需求在 D 点达到均衡。两个国家的不同之处在于其社会消费偏好不同。A 国对于两种商品的偏好较均衡，而 B 国更多偏好于食品。

附录二 相关数据资料

表 A2.1 美国进出口的增长,各类服务,1995—1999 年[①]

A. 美国进口增长,1995—1999 年

独立变量	服务		
	总体 (i)	BPT (ii)	总体 (iii)
互联网变量的对数	0.17 (4.06)	0.23 (3.76)	0.17 (2.24)
GDP 增长	1.17 (3.89)	0.23 (3.76)	0.17 (2.24)
实际汇率升值	0.76 (1.85)	1.04 (2.52)	0.59 (1.30)
1995 年贸易的对数	-0.30 (-6.70)	-0.39 (-5.81)	-0.32 (-6.63)
1995 年 GDP 的对数	—	—	0.03 (0.28)
1995 年人口的对数	—	—	0.02 (0.31)
金融深度	—	—	0.02 (0.26)
考察的样本数	361	239	361
R^2	0.24	0.22	0.24

B. 美国出口增长,1995—1999 年

独立变量	服务		
	总体 (iv)	BPT (v)	总体 (vi)
互联网变量的对数	0.11 (3.79)	0.14 (3.03)	0.06 (1.15)
GDP 增长	0.84 (2.93)	1.04 (2.65)	0.62 (1.94)
实际汇率升值	0.42 (1.50)	0.72 (1.85)	0.18 (0.64)
1995 年贸易的对数	-0.25 (-6.11)	-0.30 (-5.47)	-0.30 (-6.67)
1995 年 GDP 的对数	—	—	0.16 (1.75)
1995 年人口的对数	—	—	-0.00 (-0.09)

---

① *American Economic Review*, May 2002, p.238.

（续表）

独立变量	服务		
	总体（iv）	BPT（v）	总体（vi）
金融深度	—	—	-0.09 (-1.35)
考察的样本数	394	253	394
R^2	0.25	0.26	0.28

注：所有回归中包括了产业固定影响（未显示）。括号内是回归系数，包含异方差一致性 t 统计值。BPT = Business, Professional and Technical Services；金融深度指 M2/GDP（来自 IMF 的《国际金融统计》的计算）。

表 A2.2　贸易水平的 Gravity Equations，各类服务业，1995—1999 年①

	美国进口的对数		美国出口的对数	
	所有服务（i）	BPT（ii）	所有服务（iii）	BPT（iv）
互联网变量的对数	0.05 (1.60)	0.12 (3.04)	-0.02 (-0.80)	-0.01 (-0.31)
金融深度	0.34 (5.12)	0.45 (5.70)	0.30 (5.10)	0.41 (5.06)
GDP 的对数	0.78 (12.38)	0.68 (8.80)	0.73 (13.23)	0.75 (9.88)
人口的对数	-0.09 (-2.23)	-0.04 (-0.83)	-0.11 (-3.01)	-0.11 (-2.13)
距离的对数	-0.39 (-5.14)	-0.42 (-4.81)	-0.08 (-1.10)	-0.08 (-0.85)
共同语言	0.49 (6.93)	0.46 (5.50)	0.07 (1.20)	0.02 (0.24)
Adjacency	0.61 (3.63)	0.40 (2.12)	1.29 (8.88)	1.21 (6.85)
考察的样本数	1 977	1 289	2 056	1 328
R^2	0.17	0.63	0.67	0.59

注：同上。

---

① *American Economic Review*, May 2002, p.239.

表 A2.3　美国平均劳动生产率的增长比率,1997—2000 年①

	年度增长率(百分比)			加速度	
	1977—1995 年	1987—1995 年	1995—2000 年	1995—2000 年减去 1977—1995 年	1995—2000 年减去 1987—1995 年
增　值—总　体　衡　量					
私人产业(BEA)	0.92	1.03	1.92	1.00	0.89
私人产业(部门总值)	0.97	0.98	2.29	1.32	1.31
总　产　出—总　体　衡　量					
私人产业	NA	1.24	2.23	NA	0.99
总　产　出—总　体　衡　量					
农、林、渔业	1.38	0.58	-0.28	-1.66	-0.86
采矿业	2.28	3.14	2.16	-0.12	-0.98
建筑业	-1.23	-0.87	-1.65	-0.42	-0.78
耐用品制造	3.14	3.97	6.20	3.07	2.24
非耐用品制造	1.64	1.48	2.72	1.07	1.24
交通运输和公共设施	NA	2.27	2.23	NA	-0.05
批发交易	2.14	3.23	3.99	1.85	0.75
零售交易	0.42	0.97	3.14	2.71	2.17
金融、保险和房地产	NA	2.33	3.40	NA	1.07
服务业	NA	0.40	1.05	NA	0.66
总　产　出—产　业　平　均　值					
61 个产业的平均值	NA	1.68	2.55	NA	0.87
61 个产业的中值	NA	1.50	1.97	NA	0.32
49 个产业的平均值	1.61	1.80	2.69	1.08	0.89
49 个产业的中值	1.45	1.48	1.83	0.58	0.53

注：劳动生产率估计使用了实际增值或每个专职雇员等值(Full-time Equivalent Employees,FTE)的实际总产出。私人产业(BEA)包括了统计误差;私人产业(部门总值)不包括误差。产业的具体数据随着所衡量的时期和产出的可得数据而变化。产业平均值和中值体现了每个时期的平均变化。

① 参照 Kevin J. Stiroh, Information Technology and the U.S. Productivity Revival: What Do the Industry Data Say? *American Economic Review*, December 2002, p.1564。

表 A2.4　1995 年以后产业劳动生产率加速度的抽样变量检验①

	普通最小平方	加权最小平方	生产率增长	除外产业	除外耐用品制造业
常量	1.678*** (0.394)	1.365** (0.497)	— —	— —	— —
1995 年以后的抽样	0.870 (0.529)	0.881** (0.389)	0.964** (0.410)	0.727* (0.391)	0.710* (0.426)
权数		yes	yes	yes	yes
产业固定效应			yes	yes	yes
IT 生产产业				yes	yes
FIRE				yes	yes
耐用品制造					yes
考察的样本数	793	793	793	741	624
产业数	61	61	61	57	48
1977—1995 年对 1995—2000 年					
常量	1.605*** (0.414)	1.139* (0.557)	— —	— —	— —
1995 年以后的抽样	1.084** (0.453)	1.259** (0.511)	1.482*** (0.496)	1.132** (0.492)	1.143** (0.542)
权数		yes	yes	yes	yes
产业固定效应			yes	yes	yes
IT 生产产业				yes	yes
FIRE				yes	yes
耐用品制造					yes
考察的样本数	1 127	1 127	1 127	1 058	874
产业数	49	49	49	46	38

注：依靠的变量是 t 年度产业 I 的劳动生产率增长，当 $t>1995$ 时，1995 年以后的抽样值等于 1，其余情况为 0。第一栏是普通最小平方，其余栏是加权最小平方，权数是 FTE 产业权数。括号内是标准差。所有估计允许相同部门在不同产业之间存在误差，并作了异质修正。产业固定效应的回归当中没有考虑常量是因为它依赖于随机抽取的产业效应。IT 生产产业在 1987—2000 年是机械和设备产业（SIC#35）、电力和其他电器设备及仪器产业（SIC#38）的组合。FIRE 在 1987—2000 年是证券和商品交易所（SIC#62）以及土地和其他投资办公室（SIC#67），在 1977—2000 年是证券和商品交易所。耐用品制造业包括 SIC#24,25,32—39。

*　10% 水平的显著性。
**　5% 水平的显著性。
***　1% 水平的显著性。

---

①　参照 Kevin J. Stiroh, Information Technology and the U. S. Productivity Revival：What Do the Industry Data Say？ American Economic Review, December 2002, p. 1565。

表 A2.5　IT 密集产业 1995 年以后劳动生产率加速度的抽样变量检验 ①

	IT 密集度的主要指数				IT 密集度的替代指数		
	IT 在资本服务中的份额				IT 在产业中的份额	单位 FTE 的 IT 资本	复合（composit）
1987—1995 年对 1995—2000 年							
常量	1.912*** (0.367)	1.177* (0.564)	—	—	—	—	—
IT 密集抽样（A）	−0.252 (0.847)	0.433 (0.861)	—	—	—	—	—
1995 年后抽样（B）	−0.006 (0.448)	−0.604 (0.400)	−0.456 (0.407)	0.456 (0.407)	0.243 (0.376)	0.873 (0.607)	0.259 (0.367)
AXB	1.942** (0.844)	2.192*** (0.457)	2.109*** (0.446)	1.786*** (0.512)	1.320** (0.517)	0.403 (0.716)	1.302** (0.515)
权数	yes	yes	yes	yes	yes	yes	yes
产业固定效应			yes	yes	yes	yes	yes
IT 生产产业抽样				yes			
FIRE 异常值抽样				yes			
考察的样本数	741	741	741	689	741	741	741
产业数	57	57	57	53	57	57	57
1977—1995 年对 1995—2000 年							
常量	1.635*** (0.423)	0.799 (0.643)	—	—	—	—	—
IT 密集抽样（A）	−0.061 (0.562)	0.486 (0.817)	—	—	—	—	—
1995 年后抽样（B）	0.291 (0.309)	−0.413 (0.225)	−0.118 (0.201)	−0.118 (0.201)	0.471 (0.261)	1.160 (0.658)	0.352 (0.263)
AXB	1.620* (0.812)	2.355*** (0.508)	2.262*** (0.465)	1.824*** (0.518)	1.739** (0.597)	1.018 (1.042)	2.085*** (0.507)
权数	yes	yes	yes	yes	yes	yes	yes
产业固定效应			yes	yes	yes	yes	yes
IT 生产产业抽样				yes			

---

① 参照 Kevin J. Stiroh, Information Technology and the U. S. Productivity Revival: What Do the Industry Data Say? *American Economic Review*, December 2002, p. 1568。

（续表）

	IT 密集度的主要指数				IT 密集度的替代指数		
	IT 在资本服务中的份额				IT 在产业中的份额	单位 FTE 的 IT 资本	复合（composit）
	1987—1995 年对 1995—2000 年						
FIRE 异常值抽样				yes			
考察的样本数	1 127	1 127	1 127	1 127	1 127	1 127	1 127
产业数	49	49	49	46	49	49	49

注：依靠的变量是 t 年度 I 产业的劳动生产率增长。当 $t>1995$ 时，1995 年以后的抽样值为 1，其他情况下为 0。当产业在 1995 年的 IT 值超过了当年的中值时，IT 密集度抽样值为 1。第一栏是普通最小平方；其他是加权最小平方，权数是 FTE 产业权数，括号内是标准差。所有估计允许不同产业相同部门之间的误差，并作了异质修正。产业固定效应的回归当中没有考虑常量和 IT 系数，因为它们依赖于随机抽样中的 IT 密集或非 IT 密集效应。IT 生产产业在 1987—2000 年是机器和设备产业（SIC#35）和电力与其他电器设备产业（SIC#36），1977—2000 年是机械和设备产业、电力和其他电器设备及仪器产业（SIC#38）的组合。FIRE 在 1987—2000 年是证券和商品交易所（SIC#62）以及土地和其他投资办公室（SIC#67），在 1977—2000 年是证券和商品交易所。耐用品制造业包括 SIC#24，25，32—39。

* 　　10% 水平的显著性。
* *　　5% 水平的显著性。
* * *　　1% 水平的显著性。

第一栏显示：IT 密集型产业相对于其他产业而言经历了显著的生产率增长；第二栏引入了 FTE 权数计算产业的相对规模；第三栏包括权数和固定效应，差异的程度和显著性都增加了；第四栏对四个异常值产业作了抽样，估计点下降了，但在两个时期还是保持了大的统计上的显著性；第五栏是在名义产出中的 IT 资本服务份额；第六栏是每个工人的 IT 资本服务；第七栏是综合指数。

表 A2.6　持续衡量 1995 年以后 IT 密集度的影响 [1]

	资本服务的 IT 份额			
	1987—1995 年对 1995—2000 年			
常量	1.840 * * (0.757)	−0.204 (0.937)	—	—
IT 密集度（A）	−0.024 (0.344)	0.703 (0.467)	—	—
1995 年以后抽样（B）	−0.510 (0.495)	−0.501 (0.890)	−0.341 (0.867)	−0.129 (0.901)

---

[1] 参照 Kevin J. Stiroh，Information Technology and the U. S. Productivity Revival：What Do the Industry Data Say? *American Economic Review*，December 2002，p. 1570。

(续表)

	资本服务的IT份额			
AXB	0.672** (0.234)	0.591* (0.313)	0.568* (0.325)	0.378 (0.275)
权数		yes	yes	yes
产业固定效应			yes	yes
IT生产产业抽样				yes
FIRE异常值抽样				yes
观察样本数	741	741	741	689
产业数	57	57	57	53
1977—1995年对1995—2000年				
常量	2.095*** (0.611)	-0.204 (1.126)	—	—
IT密集度(A)	-0.237 (0.288)	0.592 (0.563)	—	—
1995年以后抽样(B)	-0.808 (0.448)	-1.423 (0.965)	-0.931 (0.934)	-0.228 (0.764)
AXB	0.915** (0.381)	1.180** (0.446)	1.062** (0.461)	0.615** (0.261)
权数		yes	yes	yes
产业固定效应			yes	yes
IT生产产业抽样				yes
FIRE异常值抽样				yes
观察样本数	1 127	1 127	1 127	1 058
产业数	49	49	49	46

注：依靠的变量是 t 年I产业的劳动生产率增长,当 $t>1995$ 时,1995年以后的抽样等于1,其他情况为0。IT密集度是1995年资本服务中IT份额对数。第一栏是普通最小平方;其他是加权最小平方,权数是FTE产业权数。括号内是标准差。常量和IT密集系数在固定效应回归中未显示,因为它们依赖于随机抽样的IT密集或非IT密集的产业效应。IT生产产业在1987—2000年是机器和设备产业(SIC#35)、电力及其他电器设备产业(SIC#36),1977—2000年是机器设备产业、电力及其他电器设备和科学仪器产业(SIC#38)。1987—2000年FIR异常值是证券和商品交易所(SIC#62)、土地和其他投资办公室(SIC#67),1977—2000年是证券和商品交易所。

* 10%水平的显著性。
** 5%水平的显著性。
*** 1%水平的显著性。

第一栏的估计没有考虑权数,显示了1995年IT在资本服务中的份额与随后的生产率收益之间显著的正相关性;第二栏产业加入了相对规模权数;第三栏加入了权数和固定影响,在两组中结果都是强的;第四栏对四个异常值产业进行了抽样,系数下降了,在最低组是显著的,但在最高组不显著(P值 = 0.17)。

表 A2.7　比较 20 世纪 80 年代早期的劳动生产率加速度 ①

	1977—1982 年	对	1982—1986 年
常量	−0.363 (0.483)	−0.601 (0.478)	−0.404 (0.932)
1982 年以后抽样（A）	2.632*** (0.484)	2.130*** (0.456)	2.270*** (0.486)
IT 密集抽样（B）	—	0.521 (0.665)	—
AXB	—	1.077 (0.919)	—
IT 密集度（C）	—	—	0.022 (0.447)
AXC	—	—	0.188 (0.154)
权数	yes	yes	yes
考察样本数	441	441	441
产业数	49	49	49

注：依靠的变量是 t 年 I 产业劳动生产率的增长，当 $t>1982$ 时，1982 年以后抽样值为 1，其他情况为 0。1982 年 IT 服务份额超过 1982 年中值时，IT 密集度抽样值为 1，其他情况为 0。IT 密集度等于 1982 年 IT 资本服务份额的对数。所有估计是加权最小平方，权数为 FTE 产业权数。括号内是标准差。所有估计允许同一部门在各产业间存在误差，并作了异质性修正。

***　1% 水平的显著性。

---

① 参照 Kevin J. Stiroh, Information Technology and the U. S. Productivity Revival：What Do the Industry Data Say? *American Economic Review*, December 2002, p. 1571。

附录三 专栏及案例分析思考题解题思路

第一章

[案例1.1]该案例体现了比较优势理论的基本原理及其在现实中的应用。对比较优势理论的深刻理解不仅关系到国计民生,而且与每一个地区、每一个单位甚至每一个人的发展都有密切关系。

第二章

[案例2.1]可以联系罗布津斯基定理来分析该案例。劳动密集型的中国,在经济发展的过程中,资本积累的速度快于劳动力增长的速度,则出口品中资本和技术的含量会增长。但同时要注意,比较优势是相对的概念,其他国家(地区)资本技术的含量也在增长,也许增长更快。因此从横向比较看,中国在世界比较优势链上向资本密集度更高的方向转移并不是自发和必然实现的。

第三章

[案例3.1]"不平衡发展"理论假定产品市场和劳动力是同质的,但现实中产品和劳动力不仅有量的差别,还有质的差别。

第四章

[案例4.1]该案例适用产品生命周期理论的解释。依照这一理论,产业领先地位在国际上不断发生转移,有的学者预测,中国将成为世界制造业的中心。

第五章

[案例5.1]该案例适用保护新生工业理论。该理论指出了保护新生工业的时机及手段,对当前发展中国家战略制定有着重要的意义。
[案例5.2]WTO以贸易更自由作为重要的基本原则之一,但贸易自由化不是一蹴而就的状态,而是动态发展的过程,并且存在着具体情况的复杂性。因此在WTO的规则中包含了许多灵活性的例外条款。
[案例5.3]美国作为世界第一大贸易国,其对外贸易政策中还保留着大量的保护性规定。这充分说明在世界贸易体制中,贸易自由化不是绝对的,而是相对的。

第六章

[案例6.1]该案例严格符合WTO争端解决机制的准自动基本程序,执行过程也比较顺利,同时也是发展中国家对发达国家主张权利的经典案例。
[案例6.2]该案例表明,一方面,WTO并不是凌驾于各成员方之上的武断机构,而是尊重各成员方的独立主权;另一方面,WTO规则在各成员方具有宪法性的地位,各成员方应调

整自己的国内法律、法规使之与其在多边贸易体制下的基本义务相符。

[案例 6.3]该案例揭示了在多边贸易体制下发展中国家与发达国家的知识产权纠纷问题,由于 WTO 规则中有交叉报复的制度,知识产权问题可能涉及货物贸易领域,因此发展中国家面临紧迫的对知识产权问题的重视。

第七章

[案例 7.1]该案例表明,在现实政策中,有形形色色隐蔽的做法变相单方面提高关税水平,这违背了多边贸易体制的关税减让和关税约束义务,是应当注意的重要问题。

第八章

[案例 8.1]该案例的重要启示在于:一方面,它揭示了以 GATT 1994"一般例外"为幌子的各种"绿色壁垒"的存在;另一方面,它是发展中国家借助 WTO 争端解决机制向发达国家主张权利的又一经典案例。

[案例 8.2]该案例说明了"禁止数量"原则的重要例外——保障国际收支平衡的运用是有严格条件的,而且是有限度的。

第九章

[案例 9.1]该案例表明,在国外的反倾销案中,中国企业应当积极应诉、联合起来、机智应战。如果一味逃避,只会陷入更加被动的局面。

[案例 9.2]该案例表明,中国已经拿起了反倾销的武器,维护市场的公平竞争。

第十章

[案例 10.1]该案例表明,WTO 的政府采购制度约束的是政府及其附属机构的行为,并不涉及经济活动当中独立的法人实体等经济体。在中国经济转型的过程中,机构改革和调整使原来的某些政府部门成为独立的经济实体,其行为不应受政府采购制度的影响。

[案例 10.2]该案例表明,原产地规则可能构成变相的贸易限制手段。

[案例 10.3]该案例的重要启示在于,SPS 的运用必须符合科学性原则。

[案例 10.4] 该案例是经典的 SPS 争端,其重要启示在于,农产品中 SPS 的运用成为变相的贸易障碍,按照 WTO 的规则,它必须符合科学性原则。

[案例 10.5]该案例的重要启示在于,在 SPS 的实施方面,根据 WTO 透明度原则的要求,我们应当通过各种可能渠道了解其他成员方即将采取的措施,并迅速作出反应。

[案例 10.6]该案例的重要启示在于,SPS 往往涉及巨额的政府支出,因此对于财力有限的发展中国家而言,应当给予适当的宽容。

第十一章

[案例 11.1]该案例表明了"中国—东盟自由贸易区"的基础与障碍,由此可以进一步思考中国的区域合作总体框架及战略实施。

[案例 11.2]该案例体现了地区经济集团与多边贸易体制可能存在的抗衡关系。

[案例 11.3]该案例表明,地区经济集团组建的过程中,不能提高对外的保护程度。

[案例 11.4]该案例表明,地区经济集团的成员有独立行使政策的权利,但必须符合公平

合理的原则。

第十二章

[专栏12.1]该案例值得思考的问题有两点:第一,6日的函电有加注,所附加的条件是否构成对4日函电内容的实质性修改;第二,3日的函电内容是否明确、肯定,是否符合构成接受的条件。

[案例12.1.1]该案B公司在货物到港后未履行收货义务,导致6月22日晚货损发生,该批货物发生损失时风险被视为已经转移给B。同时,DAP术语不要求卖方将货物卸下运输工具,所以卸货费用当由买方承担。B的拒绝收货付款行为不合理。

[案例12.1.2]实际货物术语在运输途中可能面临本案中的价格波动风险,卖方对此应做好必要的准备,出现纠纷时尽可能协商解决,摆脱被动局面。本案中,DAP术语下,买方必须自负风险和费用取得进口许可证及其他核准书,并办理货物进口清关的一切手续和相关税费。

[案例12.1.3]该案例着重要求理解风险转移的前提是货物的特定化。

[案例12.1.4]对比上一个案例,该案例说明在某些行业惯例的影响下,风险转移可以依行业通常做法确定。本案乙无权索要已支付的货款。

[案例12.1.5]该案例涉及的是添加了模棱两可条款的CIF合同,应通过合同履行的过程来解释双方的真实合意。事故发生前买方已付款赎单,说明双方对合同性质的理解仍然是象征性交货,因此这还是CIF性质的合同,风险在装运港发生转移,买方有权得到所有的索赔,卖方无权索要保险赔偿的超额部分。

[案例12.1.6]对比上一个案例,本案涉及的同样是添加了模棱两可条款的CIF合同,应通过合同履行的过程来解释双方的真实合意。买方付款后只拿到提货单,并一直在等待货物的到达。因此从双方履约过程可知,这是一份实际交货的合同,风险没有发生正常转移,买方有权索要已支付的货款。

[案例12.1.7]该案例着重要求理解FOB在Incoterms 2010及《美国定义》中的区别:第一种情况卖方承担出口清关的责任和费用,因此由英方B承担责任;第二种情况买方承担出口清关责任和费用,因此还是由英方B承担责任。

[案例12.1.8]该案例分析必须明确CFR术语下买方安排保险、卖方安排运输的特点,卖方及时发出装运通知是买方办理必要保险的前提条件。所以该案责任由泰方A承担。

[案例12.1.9]该案例添加了与CIF性质相冲突的实际到达条款,一旦发生意外,涉及如何确定风险转移和相关责任的问题。

[案例12.1.10]CIF术语下的价格包含了运费和保险费,但只是正常运费和约定的保险费,该案例绕航的运费是运输中的战争险造成的,因此按照买方承担运输风险的原则,应由买方承担。

[案例12.2.1]该案例涉及对承运人最低限度义务的理解,承运人应提供合理谨慎保证船舶在开航前和开航时的适航。该案承运人已尽到合理谨慎的义务,故不承担责任。

[案例12.2.2]该案例同样涉及对承运人最低限度义务的理解,承运人应提供合理谨慎保证船舶在开航前和开航时的适航。这里关键是判断船离港是否已超出"开航前和开航时"的时间范围。法院裁定承运人不承担责任。

[案例12.2.3]该案例的关键是判断引起货损的是"管船过失"还是"管货过失",承运人

在前者情况下免责,在后者情况下承担责任。根据"近因原则",导致货损的最直接原因是污水沟堵塞,这一问题并不影响行船的安全,因此属于"管货过失",承运人应当承担责任。

[案例12.2.4]该案例涉及共同海损的构成要件分析。第一个问题不满足额外费用的要件,因为船方有义务为备用发动机准备充足的燃料,故不是共同海损;第二个问题符合共同海损的所有要件,构成共同海损。

[案例12.2.5]该案例涉及对共同海损定义和要件的理解。船体的推定全损并非船方有意的人为因素造成,故不构成共同海损。

[案例12.2.6]该案例的关键在于这里的"ARTI"轮已不是共同海损定义中的"船",因为它不符合适航条件。因此共同海损不成立。

[案例12.2.7]该案例涉及对保险责任起讫"仓至仓"条款的理解。买卖合同的劳氏通常保险条件遵循"仓至仓"条款,保险责任从起运地发货人仓库到目的地收货人仓库,收货人仓库指收货人通过合法程序,获得对货物的拥有和处置权的处所。保险合同的规定缩小了保险的承保责任,火灾损失不能获得保险赔偿。CIF合同卖方承担投保义务,卖方未正确履行职责,造成损失不能获得保险赔偿,因此买方可向卖方索赔。

[案例12.2.8]该案例同样涉及对保险责任起讫"仓至仓"条款的理解。第一部分货物已履行合法程序进入"收货人仓库",故此后责任不能获得保险赔偿;第二部分货物尚未进入"收货人仓库",其损失可以获得保险赔偿。

[案例12.2.9]该案例同样涉及对保险责任起讫"仓至仓"条款的理解。"仓至仓"应是正常的单程,这里属于非正常运输,保险公司不负责赔偿。

[案例12.2.10]这是英国的案例,战争险可以单独投保,由买方负责。但买方收到装运通知延迟,而且无法合理预知货物已装船。因此损失应由未及时发出装运通知的卖方承担。

[案例12.2.11]对比上一个案例,本案中买方应当合理预知货物已装船,有及时办理投保的机会而未能把握。故损失由买方承担。

[案例12.3.1]该案例的关键在于卖方提交单据应当合法有效,买方才能履行付款赎单的义务。卖方的理由不成立,战争险是对货物的运输保险,不针对单据的合法性。

[案例12.3.2]该案例分析着重理解信用证业务的"不短路"原则,即开证行是第一性的付款人,卖方无权绕过开证行,直接向买方索要货款。

[案例12.3.3]该案例关键在于理解信用证独立原则,信用证当事人的权利和义务依据信用证来确定,与买卖合同无关。卖方行为符合信用证规定,当然可以拿到信用证下的货款。

[案例12.3.4]该案例分析首先应当理解国际贸易中独立的合同关系:B向A出具的保函修改了买卖合同,但不影响信用证下的权利和义务,因此开证行有权拒付。其次应明确,开证行拒付后有义务保管好单据或退单,而正本提单是提货的凭证,因此当A遇到C的质疑时,应考虑C如何拿到货物。经过调查,承运人是凭正本提单放货的,因此A应当追究开证行未管理好单据的责任。

[案例12.3.5]该案例涉及软条款信用证的欺诈行为。信用证的添加规定赋予进口方控制交易的专权,使出口方完全处于被动局面。

[案例12.3.6]该案例中信用证的软条款为卖方与承运人勾结欺诈提供了机会。

[案例12.3.7]该案例中法官解释了信用证欺诈例外的适用条件：(1)首先肯定独立性原则；(2)本案争议的特点不是违反品质担保，而是故意不装运买方所购之货；(3)允许银行拒付无不利影响；(4)买方证实存在有实质性损害的欺诈。

第十三章

[案例13.1]当时南德集团是民营企业，没有独立的对外贸易经营权，而且自身拥有的资金十分有限。南德集团以四川航空公司的名义进口，将飞机的运营权交给川航，以飞机的所有权作抵押在银行取得贷款支付各省市的货款，川航在银行设立专门账户将运营收益汇入账户归还贷款。整笔进出口业务是易货贸易性质。

[案例13.2]本案中分销协议没有规定双方合作的期限，只规定了笼统的凭合理通知确定。按照相关的法律规定：这种合理通知的期限原则上应为12个月；包销合同的期限为15年，但任何一方可以在第10年结束前6个月通知对方终止合同。B的行为并未构成实质性违反分销协议，但A单方面撤销分销关系。所以B有权向A索赔为实施独家分销而付出的成本。

第十四章

[案例14.1]首先应分析买卖双方面临的竞争形势和各自的优劣势，尽可能详细地了解市场信息，注意资料搜集渠道的准确性和权威性并保留好资料来源，要根据谈判的目标有序安排资料搜集的详略；接着在具体条款的准备过程中主要依据对双方实力及彼此需求强度的分析，可以适当考虑各自的隐蔽议程的差异性，力求达到利益的平衡和"双赢"的结果。

[案例14.2]该案例关键是理解国际贸易中独立的合同关系。A在运输合同关系下的权利独立于信用证合同关系，因此C的理由不成立。

[案例14.3]该案例分析着重要认识到卖方有交单和交货双重义务，不能相互替代。因此卖方的理由不成立。

[案例14.4]该案例分析的切入点仍然是国际贸易中独立的合同关系。这里C用一份可转让信用证支付两份合同的货款，A接受第一份合同下的货款，该行为构成对以英镑为支付货币的信用证支付条件的接受，也构成了对原买卖合同的修改。因此A无权要求第二份合同以肯尼亚先令支付。

第十八章

[案例18.1]印度与中国同属发展中国家和人口大国，但具体国情有重要区别。印度模式提供的经验和教训值得我们借鉴，必须根据中国的实际选择适当的发展时机和发展战略。

教师反馈及教辅申请表

北京大学出版社本着"教材优先、学术为本"的出版宗旨，竭诚为广大高等院校师生服务。为更有针对性地提供服务，请您认真填写以下表格并经系主任签字盖章后寄回，我们将按照您填写的联系方式免费向您提供相应教辅资料，以及在本书内容更新后及时与您联系邮寄样书等事宜。

书名		书号	978-7-301-	作者	
您的姓名				职称职务	
校/院/系					
您所讲授的课程名称					
每学期学生人数	_____人_____年级			学时	
您准备何时用此书授课					
您的联系地址					
邮政编码		联系电话（必填）			
E-mail（必填）		QQ			
您对本书的建议：				系主任签字 盖章	

我们的联系方式：

北京大学出版社经济与管理图书事业部

北京市海淀区成府路 205 号，100871

联系人：徐冰

电话： 010-62767312 / 62757146

传真： 010-62556201

电子邮件：em_pup@126.com   em@pup.cn

Q Q：5520 63295

新浪微博：@北京大学出版社经管图书

网址： http://www.pup.cn